Jutta Billhardt

Hochbegabte – Die verkannte Minderheit

Jutta Billhardt

Hochbegabte – Die verkannte Minderheit

Lexika Verlag®

Die Deutsche Bibliothek – CIP Einheitsaufnahme

Billhardt, Jutta:
Hochbegabte: die verkannte Minderheit / Jutta Billhardt. –
Würzburg: Lexika-Verlag, 1997
ISBN 3-89293-200-X

Druck: Schleununggdruck, Marktheidenfeld

ISBN 3-89293-200-X

Inhalt

Anhang

Einführung

Weißt du, das ist so, du hast Hunger
und dann sagen dir alle, male dir dein Essen.
Jirko

„Hochbegabte Kinder haben schon von Natur aus einen Vorsprung gegenüber anderen. Sie sollten deshalb nicht auch noch besonders gefördert werden." – So lautet die weitverbreitete Meinung zum Thema Hochbegabung. Das vorliegende Buch wurde geschrieben, um verständlich zu machen, daß das Gegenteil zutrifft: Hochbegabte Kinder brauchen eine eigene Förderung, und sie müssen in die soziale Gemeinschaft eingegliedert werden.

Als Mutter zweier hochbegabter Söhne habe ich erfahren, wie stark Eltern, Lehrer, Psychologen und Kinderärzte in dem oben beschriebenen Denken verhaftet sind. Hochbegabte sollten nach Ansicht vieler erst einmal warten, bis die Gleichaltrigen in ihrer Umgebung auf ihrem Stand angelangt sind. Dies führt dazu, daß hochbegabte Kinder sozial ausgegrenzt werden. Unter dem Motto „Du weißt oder kannst das ja schon" werden sie oftmals nur wenig oder gar nicht beachtet. Gleichzeitig ecken sie gerade im Umgang mit Erwachsenen häufig an, weil sie von ihnen als Naseweis oder altklug empfunden werden und weil sie ihren Eltern und Lehrern „Löcher in den Bauch" fragen. Sie sind unbequem und werden deshalb gezwungen, sich an die geltenden Wissens- und Bildungsstandards anzupassen, ihre Neugier zu zügeln und nicht über die vorgegebenen Lernziele hinauszudenken.
Doch gerade in ihrem „Unbequemsein" liegt ihre besondere Bedeutung für unsere Gesellschaft. Lehren wir hochbegabte Kinder nur Anpassungsfähigkeit, weil wir diese als Maßstab für soziale

Kompetenz ansehen, so ersticken wir schon im Keim die geistigen Innovationen, die diese Menschen gerade durch ihr „Mehr-wissen-Wollen" und ihr Querdenken auslösen können. Weite Teile der internationalen Lern- und Lehrforschung haben längst erkannt, daß Innovationen nur dort möglich sind, wo sich Menschen aus vorgegebenen, standardisierten Denk- und Lernschemata lösen. Genau dies tun hochbegabte Kinder.

In diesem Buch will ich vermitteln, wie ein hochbegabtes Kind sich, seine Begabung und sein soziales Umfeld erlebt. Um dies beschreiben zu können, bin ich in die Rolle eines erstgeborenen Sohnes Jirko geschlüpft, dessen Erfahrungen, Probleme und massiven Nöte, die er mir in unzähligen Gesprächen berichtet hat, hier wiedergegeben sind. Und natürlich sind auch meine eigenen Erfahrungen und Beobachtungen als Mutter zweier hochbegabter Söhne mit eingeflossen.

Die in anderer Schrift hervorgehobenen Texte am Ende eines jeden Abschnitts betten die subjektiven Erfahrungen des Kindes ein in die gesellschaftlichen Gegebenheiten in der heutigen Bundesrepublik Deutschland. Im Anhang finden Sie Kriterien zur objektiven Feststellung von Hochbegabung durch den Intelligenztest sowie praktische Hilfen, zum Beispiel Firmenkurse für Kinder. Diese Hilfen haben wir als Gründer der Hochbegabtenförderung e.V., Bochum, zusammen mit betroffenen Eltern, Pädagogen, Psychologen einerseits und Interessierten aus Wirtschaft und Hochschule andererseits entwickelt und bieten sie bundesweit als private Initiativen an.

Das Buch wendet sich an einen großen Leserkreis: an Orientierung suchende Eltern, Verwandte und Freunde von verhaltensauffälligen Kindern ebenso wie an Kinderärzte und Familientherapeuten, an Psychologen, die sich mit Intelligenztests befassen, sowie an schulpsychologische Dienste, Lehrer und Erzieher aller Schulformen, Bildungsbeauftragte, Personalentwickler von Unternehmen und nicht zuletzt auch an Erwachsene, deren besondere Begabung in der Kindheit nicht erkannt wurde.

Daß sich manche Leser/innen, die beruflich mit Kindern umgehen, durch die Darstellungen angegriffen fühlen, ist beabsichtigt: Gerade die eigene Betroffenheit über Mißstände, ob als Elternteil, Lehrer, Psychologe oder Kinderarzt, das Erkennen der Unzulänglichkeiten in der Ausbildung und die daraus resultierende Hilflosigkeit bergen Chancen zur Veränderung.

Jutta Billhardt

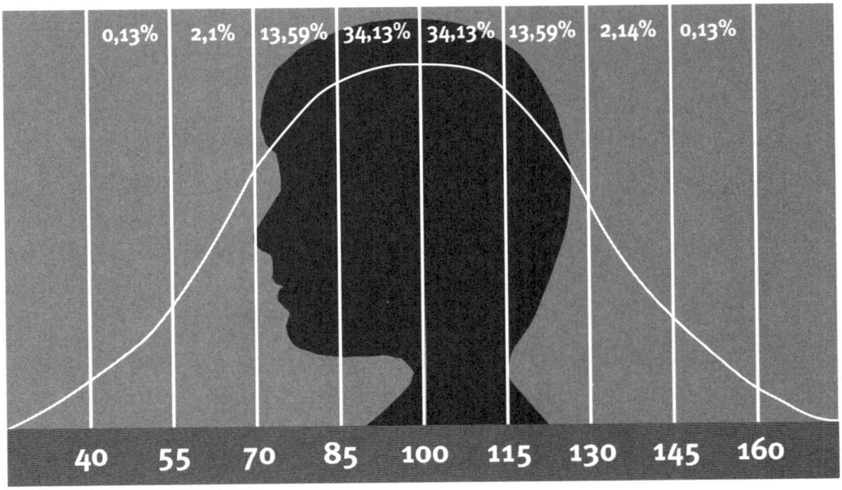

Aus der Sicht eines Unternehmens

Unsere Gesellschaft, jede Gesellschaft, lebt durch die Vielfalt und die Unterschiede der Menschen in ihr. Interessen und Fähigkeiten, Talente und Begabungen ebenso wie Herausforderungen im Bereich des sozialen Miteinander sowie die Überwindung von Hindernissen sind es, die unser Zusammenleben und unsere Kultur prägen und Fortschritt begründen.

Die unterschiedlichen Fähigkeiten und Begabungen zu fördern, ist eine Aufgabe der Gesellschaft, wenn sie sich dazu bekennt, daß es die Leistung ist, die unseren Wohlstand und damit unser Zusammenleben in Gerechtigkeit und sozialem Frieden begründet. Wohlstand muß immer wieder neu erarbeitet werden, und dies in einem ständig härter werdenden, weltweiten, wirtschaftlichen und kulturellen Wettstreit der Volkswirtschaften. Deutschland ist ein Land, das seinen Wohlstand weder auf seine Bodenschätze, noch auf eine besonders günstige geographische Lage begründet. Wie in den vergangenen 150 Jahren, so wird unser Land auch zukünftig seine Position nur durch herausragende Leistungen sicherstellen können. Gefordert sind hier nicht nur die Leistungen einzelner in den Bereichen Wissenschaft, Technik, Kultur und Politik, sondern die Leistungen aller in der Gemeinschaft.

Hochbegabte besitzen Fähigkeiten, die die Gemeinschaft dringend braucht – Fähigkeiten des übergreifenden Denkens und Kombinierens, Fähigkeiten des Erfindens und des Lenkens. Diese Begabungen zu erkennen und zu fördern, ist unsere gemeinsame Aufgabe. Nur so können wir die Basis schaffen für die soziale Integration dieser Menschen, die in keiner Gemeinschaft so sehr wie in der unsrigen zu den Benachteiligten gehören.

Wer Hochbegabten nicht die Chance zu einer würdigen, ihren Möglichkeiten entsprechenden Entwicklung gibt, handelt nicht nur unsozial gegenüber diesen Menschen, sondern auch kurzsichtig der Gemeinschaft gegenüber, der er die Fähigkeiten der Hochbegabten vorenthält.

BMW unterstützt die „Hochbegabtenförderung e.V.“, weil wir uns zu einer Gesellschaft bekennen, die von Leistung getragen wird und sich der sozialen Gerechtigkeit verschrieben hat. Als global agierendes Unternehmen brauchen wir ein breites Bekenntnis zur Leistungsgesellschaft ebenso wie intellektuelle Spitzenleistungen, um dauerhaft erfolgreich sein zu können.

Insbesondere liegt uns aber daran, daß diese jungen Menschen nicht nur als nutzbringender „Braintrust“ gesehen werden, sondern als wertvolle Mitglieder unserer Gesellschaft, die nicht am Rande stehen dürfen. Die soziale Integration, die Akzeptanz ihrer Belange in der Gemeinschaft und die Förderung von Teamfähigkeit sehen wir als eine unserer vordringlichsten Aufgaben in dieser Sache an.

Wir wünschen der engagierten Hochbegabtenförderung e.V., daß es ihr gelingen möge, hochbegabten Kindern den Weg frei zu machen in eine Zukunft, die von ihren Fähigkeiten mitgetragen werden soll, und die sie einbettet in unsere gesellschaftliche Verantwortung.

Anneliese Schillinger
Leiterin Gesellschaftspolitik BMW AG

Meine Geburt

Hurra, ich bin eben zur Welt gekommen. Ich bin einer der vielen neuen Erdenbürger in Deutschland 1974. Nichts Außergewöhnliches, so eine Geburt. Wir leben im Land des Wirtschaftswunders, mir wird es gutgehen; ich bin ein Wunschkind in dieser herrlichen Region, meine Eltern sind finanziell gutgestellt, eine richtige durchschnittliche Wohlstandsfamilie. Da kann doch nichts schiefgehen!

In dieser warmen, wohligen Enge, in der ich fast neun Monate „hausen" durfte, ging einfach nichts mehr. Ich war zu groß geworden, und meine Mummi ist eine sehr kleine, zierliche Frau. Also entschloß ich mich, vierzehn Tage früher als so ein komischer Kalender aussagt, auf dieser Erde zu erscheinen.

Mein Vater, der bei der Geburt dabei war, sah sehr müde und abgespannt aus. Schon einmal hatte er einen Sohn auf die Welt kommen sehen, der jedoch nach drei Tagen starb. Er war geistig so stark behindert, daß ein eigenständiges Leben niemals möglich gewesen wäre. Die Angst, dieses Schicksal könne sich wiederholen, hielt alle Anwesenden im Raum in Bann. Aber ich war kerngesund und voller Energie.
Normalerweise schlafen Babys nach der Geburt vor Erschöpfung ein. Die Welt um mich herum interessierte mich aber so sehr, daß meine Augen einfach nicht zufallen wollten.
Zweimal kam die Schwester an meinem Wärmebettchen vorbei und fragte ganz erstaunt: „Na, willst Du nicht ein bißchen schlafen? Du

mußt doch müde sein!“ Ich konnte sie ja noch nicht erkennen, aber ihrer Stimme lauschte ich und natürlich der altbekannten Stimme meiner Mummi, die jetzt doch ein wenig anders klang, als ich es gewohnt war. Aber ich konnte diese vertraute Stimme doch ganz deutlich von allen anderen unterscheiden. Und sie zu hören, hatte ich wirklich reichlich Gelegenheit, da meine Mummi ganz schön schnell und viel spricht.

Also, schlafen wollte ich nun wirklich nicht; auch nicht, als ich in so ein kleines Plastikkörbchen verlegt wurde. Das Licht veränderte sich. Das war wohl das einzige, was ich bemerken konnte, und während ich vorher auf der Seite lag und mit großen, runden Augen die neue und unbekannte Welt betrachtet hatte, mußte ich nun eine Bauchlage einnehmen, die ganz erheblich mein Blickfeld beeinträchtigte. Also quakte ich etwas los, und meine Mummi erzählte mir, daß jetzt eigentlich so ein kleines Baby schlafen müsse. Wieder kam die Schwester vorbei. Sie beugte sich über mich, erklärte mir, daß es ganz ungewöhnlich sei, so lange nach der Geburt noch wach zu sein, und meinte, ich sei ja ein ganz besonders neugieriges Baby.

Die Stimme meiner Mummi, die sich mit mir unterhielt, hörte ich noch eine ganze Weile. Dann mußte ich eingeschlafen sein und wurde erst wieder wach, als ich Hunger hatte. Aber ich schrie nicht wie alle anderen Babys gleich los, sondern nuckelte am Daumen im Vertrauen, daß diese großen Menschen schon wüßten, was sie mit uns machen sollen. Dann hörte ich wieder die Stimme meiner Mummi: Sie nahm mich in den Arm, sprach mit mir ganz ruhig, und ich tat, als verstände ich alles. Die Schwestern hatten bald einen Spitznamen für mich: das ewig wache Baby.
Meine Mummi legte sich auch prompt meinetwegen mit dem Arzt

an, ich konnte ihre Erregung in der Stimme hören. Mich kümmerte die ganze Aufregung nicht, war ich doch mit einer Lichtquelle beschäftigt, die hinter den Schultern meiner Mutter leuchtete. Und genau diese Lichtquelle war es auch, die den ganzen Wirbel verursacht hatte. Ich sollte trinken, mein erster Versuch, Milch aus Mummis Busen zu saugen. Aber hinter ihr war dieses geheimnisvolle Licht. Das interessierte mich weit mehr. Nach etlichen unsanften Versuchen der Schwester, mir die Brustwarze schmackhaft zu machen, indem sie einfach meinen Kopf festhielt, blieb mir nichts anderes übrig, als diese Brustwarze endlich anzunehmen. Erleichtert ließ die Schwester meinen Kopf los, und schwupps setzte ich meine Erkundungen fort. Meine Mummi fing an zu lachen, ein Lachen, das ich schon gut bei ihr kannte.
Da ich jedoch auch einmal trinken mußte, setzte sich Mummi ans Fußende des Bettes, weil sie meinte, daß mich das Licht dort nicht stören könne. Wir versuchten das Anlegen noch einmal. Aber über mir war nun so ein heller Fleck, die große Zimmerlampe, und ich drehte wieder meine Augen zu dieser Lichtquelle. Ich hörte Mummis Seufzen: „Das darf doch nicht wahr sein!“ Plötzlich war es ganz dunkel um mich, sie hatten einfach das Licht ausgemacht und nun trank ich gierig. In diesem Augenblick betrat der Stationsarzt das Zimmer, knipste das Licht wieder an, und vorbei war's. Es entstand eine lebhafte Debatte. Meine Mummi und die Schwester beschrieben mein Verhalten und erklärten dem Arzt den Zusammenhang. Der Arzt aber sagte, das sei alles Unsinn, so ein kleiner Mensch könne noch überhaupt nichts sehen und meine Mummi sollte sich doch wie gewohnt ins Bett setzen. Widerwillig tat sie es – zu meinem Vergnügen, denn nun konnte ich wieder das Licht betrachten, das ich anfangs sah. Trinken war unwichtig. Schwester und Arzt versuchten verzweifelt, mich in die richtige Richtung zu lenken. Zum Schluß gab der Arzt auf, meinte, wir sollten machen, was wir woll-

ten, Hauptsache, das Baby käme zu seiner lebensnotwendigen Nahrung. Na, und wie sah die Lösung aus? Mummi wieder am Fußende, Dunkelheit ringsum, und ich wurde satt.

Meine Mummi war ziemlich durcheinander, weil sie sich nicht vorstellen konnte, daß ich bereits die Dinge anders wahrnahm als die anderen Babys. Aber sie akzeptierte es, versuchte, mich nicht zu Dingen zu zwingen, die ich nicht mochte. Ganz früh fing sie an, mich genauer zu beobachten, auf meine Mimik, mein Schreien, mein Wohlbefinden besonders eingehend zu achten. Auch die Schwestern überraschte meine Wachheit. Ich war brennend interessiert an allem. Die sind doch verrückt zu glauben, daß jedes Baby eine bestimmte Zeit des beginnenden Lebens verschlafen müßte. Mummi verstand mich und unterhielt sich viel mit mir. Ich versuchte mit meinen Händen zu antworten. Es war eine wirklich schöne Zeit im Krankenhaus. Nachts mußte ich allerdings wie alle auf die Babystation. Da war ein Lärm, der mich so wütend machte, daß auch ich ab und zu losschrie. Aber wenn ich bei meiner Mummi war, war ich das friedlichste Baby, das man sich vorstellen konnte.

Nach sechs Tagen wurden wir gemeinsam ins Leben entlassen. Mummi und ich hatten bereits eine funktionierende Verständigungsbrücke. Instinktiv ahnte sie, was ich brauchte und auch wollte. Zu Hause angekommen, wartete das berühmte Körbchen, mit Liebe von Omis, Tanten oder Freundinnen vorbereitet. Dann kam der Augenblick, als die ganze Familie den neuen Erdenbürger ausgiebig betrachtete, bis sich alle einig waren, daß das kleine Baby nun Ruhe brauche.

Sie legten mich also in dieses schönste Möbelstück einer jungen Familie. Ich schrie wie am Spieß. Ich erkannte nur weiße Flächen, kein Licht, keine tanzenden Schatten, nichts zu sehen, nichts zu erspähen. Mein Geschrei rief meine Mummi auf den Plan. Sie nahm mich erschrocken sofort aus dem Körbchen, schmuste mit mir – ich hatte wieder genug zu entdecken und war friedlich. Das konnte natürlich nicht so weitergehen. Also, zurück ins Körbchen, wieder mein jämmerliches Geschrei, wieder Mummis Erscheinen. Die Stimmung der Anwesenden ging allerdings langsam in den Keller. Also dieses Baby! Nach dem fünften Mal verabschiedeten sie sich entnervt, nicht ohne leise anklingen zu lassen, daß das der beste Weg sei, sich von einem Baby tyrannisieren zu lassen. Mummi war sehr betroffen und meinte, so ein kleiner Mensch könne das überhaupt noch nicht bewußt machen, und wenn ich schrie, hätte ich meinen Grund.

Richtig, ich konnte nichts sehen. Meine Neugierde wurde eingeengt, und durch mein Geschrei hatte ich erreicht, daß meine Mummi den Panoramakinderwagen in die Wohnung holte. Eine wunderbare Gelegenheit, viele Dinge beobachten zu können. Verwandte und Freunde meiner Eltern meinten, ich würde ein nervöses Baby werden, und es wäre ja kein Wunder, wenn ich bei der Reizüberflutung so wenig schliefe. Ein Glück, daß ich eine Mummi hatte, die sich nicht von anderen irre machen ließ. Wir beide verstanden schon, wie wir miteinander leben konnten.

Fehlende Untersuchungen im Säuglingsalter

In der Deutschland gibt es keinerlei Untersuchungen im Säuglingsalter, ob ein neu geborenes Kind mit einer erhöhten geistigen Wahrnehmungsfähigkeit zur Welt gekommen ist. Alle Untersuchungen haben das Ziel, mögliche Defizite zu erkennen, damit rechtzeitig Gegenmaßnahmen ergriffen werden können. Hat aber nicht ein hochbegabtes Baby ebenfalls den Anspruch auf Förderung und Forderung? Auch Eltern wissen nur, daß es Entwicklungsstörungen auf allen Gebieten geben, nicht aber, daß eine Entwicklungsbeschleunigung vorliegen kann. Insofern haben hochbegabte Babys schon zu Beginn ihres Lebens einen Nachteil: Niemand erkennt sie, und es ist dem Zufall überlassen, ob sie auf verständnisvolle Eltern stoßen oder eine Behandlung so wie alle anderen Babys erhalten. Gerade im Säuglingsalter ist es jedoch sehr wichtig, die besonderen Bedürfnisse von hochbegabten Babys zu erkennen, damit die Eltern bewußter auf das „Anderssein“ reagieren können. Vermutlich machen nicht erkannte hochbegabte Babys eine Phase des Protestschreiens durch, ohne daß die Eltern sich bewußt sind, warum das so ist. Hier können bereits die ersten emotionalen Störungen bei den Kindern entstehen. Ein hochbegabtes Baby fordert die Eltern in weit größerem Maße in Bezug auf Zuwendung, Zeit und Liebe.

Die Kleinkindzeit

Der Panoramakinderwagen war die beste Idee, die Mummi haben konnte. Alle Seiten waren offen, ich konnte so viel „sehen“, wie ich wollte, und schlief zufrieden ein, wenn ich genug beobachtet hatte. Während ich schlief, deckte Mummi die Seiten schnell wieder zu, damit ich nur ja nicht geweckt würde. Die geschlossenen Seiten quittierte ich nach dem Erwachen mit einem wütenden Geschrei. Wenn ich wach wurde, wollte ich sofort so viel wie möglich von dieser wunderbaren Umgebung um mich herum entdecken. Inzwischen konnte ich schon die unterschiedlichsten Geräusche orten, vor allem Kinderstimmen faszinierten mich. Irgendwie hatte ich mit den vielen Kindern, die mich täglich besuchten, schon Kontakt aufgenommen, denn anders ist es nicht zu erklären, daß sie mir ständig neue Anreize durch Spielsachen gaben, und ich vor Vergnügen heftig strampelte.

Sehr bald begrüßte ich Mummi mit meinem ersten Lächeln. Da war ich so ungefähr sechs Wochen alt, und mit Windeseile lernte ich jeden Tag mehr, mich allein durch meine Mimik mit Mummi zu verständigen. Auch meine Hände waren daran beteiligt. Irgendwann merkte ich, daß meine Hände mein verlängerter Wille waren, und bald schon fing ich an, nach Dingen zu greifen. Unermüdlich übte ich, diese Greifwerkzeuge einzusetzen, die Kugeln und Klappern, die über dem Kopf baumelten, an mich heranzuziehen. Ich freute mich, wenn ich wieder einmal so ein Ding auf Anhieb in meine Hände bekam, und Mummi, die neben mir saß und arbeitete, freute sich mit mir. Immer wieder sagte sie mir, ich solle doch mal eine Pause machen. Meine Energie nahm sie zwar wohlwollend zur Kenntnis, blickte mich aber manchmal sorgenvoll an, wenn sie meinte, es wäre für mich genug. Ich aber war für jede neue Anregung offen. Ich war ein glückliches Baby, fühlte mich pudelwohl, nicht eingeengt und vor allem nicht überbehütet. Mummi war anscheinend nicht die Art Mutter, die der Ansicht war, nur durch ständiges „Behüten" ihrem Kind gerecht zu werden. Wütend wurde ich nur, wenn Omis und Freunde versuchten, mich zum Schlafen zu bewegen. Sie montierten jedesmal meine ganze „Übungskette", bestehend aus Klappern, Schlüsseln, Teddies und bunten Kugeln ab und schoben mich in ein langweiliges, ruhiges Zimmer. Das quittierte ich mit sofortigem, wütendem Gebrüll. Mummi holte mich dann wieder, montierte alle Dinge an meinen Wagen und lächelte mir wissend zu. Sie hatte schon bemerkt, daß fremde Personen einfach nicht sehen konnten, was ich brauchte. Wenn Mummi mir in solchen Situationen half, quietschte ich vor Vergnügen zurück und fing gleich wieder mit meinem Ausdauertraining an. Alle Beteiligten an dieser Prozedur schüttelten mißbilligend den Kopf und bezeichneten meine Mummi als verrückte Mutter, die anscheinend Sklave ihres Kindes wurde. Sie aber machte sich nichts daraus und argumentierte, daß ein schreiendes Baby uns mit Sicherheit etwas sagen wolle und nicht schreie, um uns zu tyrannisieren. Mein strahlender Gesichtsausdruck war Beweis genug. Diese Angriffe hörten dann relativ schnell auf, und die Erwachsenen konnten nun ohne Babygeschrei ihre Gespräche führen.

Eigentlich sah nur Mummi, was ich wirklich wollte. Eine unglaubliche Neugierde ließ mich keine Minute länger schlafen, als unbedingt erforderlich war. Mit sechs Monaten hatte ich die Krabbelphase abgeschlossen und fing an, mich überall hochzuziehen. Die Verlockung, die Welt stehend sehen zu können, ließ mich unermüdlich an den Gitterstäben, an den Tischkanten, Stühlen, an der Couch, aber auch an den Beinen von Menschen üben, die Senkrechte zu erreichen. Eine wahrlich anstrengende Zeit. Nicht jeder Gegenstand war mir dabei auch wirklich eine Stütze, und so sammelte ich schon früh Erfahrungen, wem und welchen Dingen ich trauen durfte. Meistens war meine Mummi bei all diesen Experimenten in der Nähe. Über unseren Blickkontakt verstand ich, was ich machen durfte und was nicht. Wir verstanden uns ohne Worte, und Mummi unterstützte mich in meinen Versuchen. Nie half sie mir direkt, ließ mich alles alleine machen, nur wenn ich in Gefahr geriet, spürte ich plötzlich ihre Hand. Mit acht Monaten lief ich mit Unterstützung und konnte bereits rund 80 Worte sprechen. Mummi führte ein Wörterbuch, sie sagte Wörter vor – aber nicht in meiner Babysprache, – und ich versuchte, den Laut nachzumachen. Wir machten uns einen riesigen Spaß daraus. Auf diese Weise führten wir schon richtige Gespräche.

Meine erste Geschichte erzählte ich ihr mit acht Monaten. Ich turnte im großen Ehebett auf ihrem Bauch herum. Wenn ich auf Mummis Bauch stand, konnte ich aus dem Fenster sehen, und was sah ich? Mein Vater war eben mit dem Auto vorgefahren, öffnete die Tür, nahm seine Aktentasche aus dem Auto, schloß die Fahrzeugtür und sperrte sie ab. Dann ging er über den Parkplatz auf die Haustür zu, die Treppen hinauf. Ich hatte Mummi alles genau erzählt, lief mit ihrer Hilfe schnell zur Tür und bevor Pumi klingeln konnte, hatte Mummi die Tür geöffnet. Die beiden sahen sich an, Mummi berichtete ihm die Geschichte, die ich ihr gerade erzählt hatte, und mein Vater stutzte einen Moment, ging dann aber nicht weiter auf dieses Geschehen ein. Mummi war traurig, denn sie wollte sich mit ihm darüber unterhalten, ob diese Fähigkeiten seines Sohnes „normal“ seien.

Immer öfter beobachtete Mummi jetzt bewußt andere Kinder. Sicherlich, es fielen ihr zu gleichaltrigen Mädchen und Jungen Unterschiede auf: Ich lief bereits, konnte deutlich sprechen und meine Koordination von Armen und Beinen funktionierte schon sehr gut. Bei den Vorsorgeuntersuchungen, die Mummi gewissenhaft wahrnahm, hieß es immer: „Ein hellwaches, munteres Kerlchen, schon sehr weit für sein Alter". Das war aber auch alles. Einmal hörte ich, wie Mummi eine Freundin befragte, die ein gleichaltriges Kind hatte. Sie wollte wissen, wieviel Stunden eigentlich der Sohn ihrer Freundin schlief. Es waren mindestens vier Stunden am Tag mehr. Mummi konnte sich das überhaupt nicht vorstellen und fragte voller Skepsis, ob das andere Baby denn wirklich schlafen wolle oder ob das eventuell nur der Wille der Eltern sei. Ich jedenfalls wollte nicht so lange schlafen. Gleich nach dem Mittagessen gingen wir in der Mittagssonne auf den Spielplatz, den ich in dieser Zeit fast für mich allein hatte, da alle anderen Kinder den berühmten Mittagsschlaf hielten. Meine Mummi saß mit mir in der Sandkiste, und wir „sprachen" viel zusammen. Ich mußte natürlich immer Neues ausprobieren: Rutschen, zuerst auf dem Po, dann auf dem Bauch mit dem Kopf zuerst. Alles kein Problem.

Die anderen Kinder hatten inzwischen ausgeschlafen und trudelten auf dem Spielplatz ein. Ein Junge in meinem Alter sah meine Experimente und wollte sie nachmachen. Seine Mummi unterhielt sich sehr intensiv mit einer anderen Mutter und hatte ihn deshalb nicht im Auge. Der Junge benutzte am Ende der Rutsche nicht seine Hände zum Abstützen und knallte mit dem Kopf auf die Erde. Ein Zähnchen in seinem Mund überlebte diese Aktion nicht. Er brüllte fürchterlich, es tat ja auch mächtig weh, und alle Mummis eilten erschrocken zu dem Kind. Sofort wurde nachgefragt, wie das passieren konnte. Und plötzlich war ich der Schuldige, weil ich die Rutsche nicht ordnungsgemäß benutzt hatte und angeblich andere Kin-

der so zum Unsinn verführte. Das sollte nun einer verstehen. Gespannt wartete ich darauf, was Mummi dazu sagen würde. Natürlich nahm sie den Vorwurf nicht so gelassen hin und verteidigte mich. Warum sollte ich nicht machen dürfen, was ich schon konnte? Die anderen Eltern hätten auf ihre Kinder aufpassen und ihnen erklären müssen, wie man einige Dinge machen könne. Es gab eine richtige Auseinandersetzung, die ich nutzte, wieder auf die Rutsche zu steigen und meine Methode des Rutschens zu demonstrieren. Wutentbrannt rannte eine der anderen Mütter auf mich zu, hob mich einfach hoch und setzte mich sehr unsanft an das obere Ende der Rutsche auf meinen Po mit der Bemerkung, so würde man rutschen. Ich war empört und schrie wie am Spieß. Wie konnte ein Erwachsener einfach so einen Übergriff wagen. Nicht ein Stück rutschte ich, sondern hielt mich am Geländer fest. Mit aller Gewalt wollte die Mutter meine Hände lösen, das gelang ihr aber nicht. Inzwischen war Mummi bei mir, bat die andere Mutter, mich loszulassen, fragte mit ruhiger Stimme, wie ich rutschen wollte, und ich antwortete ihr, auf dem Bauch. Empörung bei den anderen Muttis darüber, daß Mummi mich gefragt hatte, es sei doch unmöglich, die Entscheidung einem so kleinen Kind zu überlassen.
Mummi und ich hatten nun wirklich keine Lust mehr, uns mit den Müttern herumzuschlagen. Wir packten meine Spielsachen ein und gingen nach Hause. Für mich war im Augenblick nicht zu erkennen, ob Mummi böse auf mich oder böse auf die anderen war. Deshalb fragte ich sie, warum ich nicht machen dürfe, was ich schon konnte. Die anderen Kinder sollten eben nur das alleine ohne die Hilfe der Mutter ausprobieren dürfen, zu dem sie in der Lage waren. Mummi fand meine Argumentation ganz in Ordnung, und ich wußte nun, daß sie auf die anderen böse war. Abends hörte ich sie über den Vorfall mit meinem Vater reden. Aus diesem Gespräch, das ich heimlich belauschte, entnahm ich, daß Mummi irgendwie

entsetzt darüber war, daß ich alles genau mitbekommen hatte. Den Äußerungen meines Vaters konnte ich entnehmen, daß ihn diese ganze Angelegenheit nicht sehr berührte. Die feinen Unterschiede in den Handlungsweisen, das war nicht so ganz sein Fall. Mummis Stimme konnte ich anhören, daß sie enttäuscht darüber war, niemanden zu finden, mit dem sie sich austauschen konnte. Ich fühlte mich schuldig, obgleich ich nicht wußte, warum.

Abends kamen Freunde meiner Eltern zu Besuch, und sie unterhielten sich auch über den Vorfall vom frühen Nachmittag. Aber auch die Freunde sahen Mummis Ausführungen nicht ein, die da lauteten: „Jedes Kind hat das Recht, seine Spielweisen nach seinen Fähigkeiten einrichten zu dürfen. Die Erwachsenen sind aufgefordert, ihre Kinder so zu leiten, daß diese keinen Schaden erleiden, wenn die Fähigkeiten noch nicht vorhanden sind." Diese Verletzung sei doch nur eingetreten, weil die Mutter ihrer Aufsichtspflicht des Beobachtens nicht nachgekommen sei. Mummi argumentierte, daß ihr Sohn sich ja nicht verletzt habe und deshalb seinen Fähigkeiten entsprechend die Rutsche benutzen dürfe. Es entbrannte eine heftige Diskussion, in deren Verlauf Mummi der Vorwurf gemacht wurde, sie kümmere sich viel zu viel um mich.

Mummi wurde nun vorsichtig, meine Fortschritte zu erzählen. Irgendwie hing ständig der Vorwurf in der Luft, sie würde vielleicht ihren Sohn zu Dingen zwingen, die nicht altersüblich waren. Und obwohl das nicht der Fall war, konnte es doch vordergründig so erscheinen. Ich fing an, mich im Alter von ein bis zwei Jahren für Zahlen zu interessieren. Alles mußte gezählt werden, und irgendwann kam ich hinter die Geheimnisse. Ich war gerade zwei Jahre alt geworden. Wir standen mit Freunden an einem großen Busbahnhof. Weiß eigentlich ein Erwachsener, wie langweilig es für ein Kind ist, wenn sich Erwachsene stundenlang über ein Ereignis unterhalten, das in zwei Sätzen abgehandelt werden kann? Ich zählte die Busse, es waren dreißig und verkündete mitten ins Gespräch, da stünden dreißig Busse. Verärgerte Gesichter bei den Freunden meiner Eltern, da ich gewagt hatte, das Gespräch zu unterbrechen und Verärgerung darüber, so einfach sinnloses Zeug in die Runde zu werfen. Nur Mummi sah mich liebevoll an, klinkte sich für einen Moment aus dem Erwachsenengespräch aus, zählte die Busse nach, nahm mich kurz auf den Arm, gab mir einen Kuß und flüsterte mir zu, ich hätte recht: dreißig Busse. Im Laufe des anschließenden Spaziergangs fragte Mummi mich, woher ich zählen könne. Ich erklärte ihr, daß in Omis Treppenhaus ganz viele Stufen sind, und immer wenn ich dort sei, ginge ich mit Omi die Stufen zu Fuß hoch. Zuerst hätte Omi gezählt, aber inzwischen könne ich schon bis fünfzig allein zählen.

Manchmal war ich mir nicht sicher, ob Mummi sich über meinen Wissensdrang freute, oder ob sie dadurch verunsichert wurde. Sie wußte es wohl selbst nicht. Solange wir beide allein waren, war das auch nie ein Problem zwischen uns. Ich durfte fragen, und das tat ich den ganzen Tag und bekam auch immer von ihr eine Antwort. Aber wenn Fremde in der Nähe waren, bemerkte ich, daß es Mummi nicht so recht war, wenn ich meine Fragen so schnell hintereinander an sie oder auch an die Erwachsenen richtete. Bald hatte ich mir die Fragerei im Beisein anderer abgewöhnt. Einmal beantwortete ein Freund der Familie eine Frage von mir mit den Worten, ich sollte doch „nicht so blöd den ganzen Tag fragen, sondern selbst nach einer Antwort suchen“. Na, der ist vielleicht selbst von vorgestern! Meint er, ich würde fragen, wenn ich die Antwort wüßte und schon in der Lage wäre, mir die Frage selbst zu beantworten? Im Gegensatz zu Mummi hatte er wohl nicht bemerkt, daß meine

Fragen nicht einfach dumme Kinderfragen waren – wenn es die überhaupt gibt – sondern immer Fragen mit einem Hintergrund, den ich noch nicht erkennen konnte. Wer genau hinhörte, konnte das bemerken.
Die Kinderärztin machte Mummi dann zuerst auf meine mögliche intellektuelle Begabung aufmerksam. Mummi konnte damit jedoch nichts anfangen. Sie meinte nur, ihr mache es ja Spaß, nur die Mitmenschen reagierten so eigenartig auf mich.

Eine befreundete Mutter mit einem fast gleichaltrigen Sohn begann, morgens für zwei Stunden mit meiner Mummi zu arbeiten. Die beiden Mütter hatten sich das so schön gedacht: Sie arbeiten, die Kinder spielen zusammen um sie herum. Natürlich freute ich mich, wenn Mark morgens mit seiner Mutter kam. Mark war nur wenige Wochen jünger als ich. Auf den breiten Lehnen unserer Couch konnten wir herrlich Autostraßen einrichten. Bequem konnten zwei Autos aneinander vorbei fahren. Mark konnte noch nicht gut sprechen, und ich mußte ihm immer zweimal erzählen, was er machen sollte, da er mich oft nicht verstand. Es wurde mit der Zeit sehr mühsam, mit ihm zu spielen, da er sooo langsam war. Ich wollte ihm helfen und zeigte ihm mit seinen Autos den Weg. Bis er bemerkte, daß eines seiner Autos schon wieder um die Couch gefahren war, hatte ich meine Autos schon zweimal die Runde fahren lassen. Mark reagierte immer irritierter. Dabei erklärte ich ihm, was passieren würde. Ich fragte ihn auch, ob er es so wolle. Aber er erfaßte einfach den Zusammenhang nicht, sagte oft einfach „ja" oder „nein", ohne wirklich verstanden zu haben, was ich meinte. Immer wieder versuchte ich, ihm unser Spiel zu erklären. Mummis Blick zu uns herüber signalisierte mir, daß es so wohl nichts werden würde. Hinzu kam, daß ihm Marks Mutter manchmal ziemlich unwirsch nochmals erklärte, was ich meinte.

War es denn möglich, daß Mark mich nicht verstand? Mummi nahm mich zur Seite und erklärte mir, ich dürfe nicht so schnell die Autos von einem Punkt zum anderen fahren, Mark könne da nicht folgen. Ich solle vielleicht auch nicht so schnell sprechen. Ich bemühte mich, nahm Marks Auto ganz langsam, und zeigte ihm, wo es langfahren sollte. Aber Mark fing an zu weinen, flüchtete sich auf den Schoß seiner Mutter. Dabei hatte ich ihm doch nichts getan, ich war sprachlos über die Reaktion, ging auf die beiden zu und erklärte wohl ziemlich ratlos, daß wir doch so überhaupt nicht spielen könnten.

Marks Mutter versuchte, mir begreiflich zu machen, daß Mark durch meine Schnelligkeit Angst bekäme. Womit sie leider recht hatte: In den zwei Stunden Spiel der nächsten Tage raffte Mark alle meine Autos zusammen und legte sie auf den Schoß seiner Mutter, damit sie sie bewache. Später brachte er dann sein eigenes Spielzeug mit, das ich nicht anfassen durfte und spielte nicht mehr mit mir. Da verstehe einer die Welt! Mein Kinderzimmer stand jedem Kind offen. Alle Kinder, die zu mir kamen, durften mit meinen Spielsachen spielen. Wenn ich mich Mark näherte, fing er sofort an zu schreien.
Die beiden Mütter brachen das Experiment, gemeinsam zu arbeiten, während die Kinder miteinander spielten, ab.

Ungleiche Denk- und damit Handlungsgeschwindigkeiten

Da im allgemeinen davon ausgegangen wird, daß es nur „normal entwickelte" Kinder und eventuell „Verzögerungen" in der Entwicklung eines Kindes gibt, wirkt eine „Schnellerentwicklung" im normalen Umfeld bedrohlich. Eltern, die keine hochbegabten Kinder haben, können nicht nachvollziehen, daß diese Kinder sich schon sehr viel früher völlig selbständig viele Dinge des Lebens aneignen. Die Eltern von hochbegabten Kindern laufen der Entwicklung ihrer Kinder ständig hinterher, da sie mit den Entwicklungsfortschritten ihrer Kinder nicht rechnen. Sie stellen sehr bald fest, daß ihre Kinder überwiegend alles allein machen wollen. Dies ist gekoppelt an eine unglaubliche Willenskraft ihrer Kinder und manchmal auch an eine Perfektion in der Durchführung, die oft die hochbegabten Kinder selbst überfordert, da die körperliche Entwicklung mit der geistigen noch nicht schritthalten kann. Wutanfälle, für einen unwissenden Betrachter völlig unbegründet vom Kind inszeniert, sind häufig die Folge. Oft resignieren hochbegabte Kinder bereits in diesem Alter, wenn sie nicht verstanden werden, und ihnen niemand die Zusammenhänge erklärt. Gerade ein hochbegabtes Kind, das sich aufgrund seines geistigen Vorstellungsvermögens körperlich überfordert, braucht liebevolle Eltern, die es emotional, also gefühlsmäßig, mit dieser Situation nicht allein lassen.
Mark und mein Sohn Jirko stießen mit ihrer geistigen Unterschiedlichkeit bei uns Müttern auf absolute Laien. Instinktiv war uns jedoch klar, daß in dieser Situation keinerlei Vermittlung möglich war, da die Unterschiede zu gravierend waren. Das eine Kind konnte nicht aufgefordert werden, langsamer zu spielen, und vom anderen konnte nicht verlangt werden, daß es schneller begreifen solle. Die einzige Möglichkeit war die Trennung der Kinder, um Schäden auf beiden Seiten zu vermeiden.

Daß normal begabte Kinder Angst vor der Schnelligkeit hochbegabter Kinder bekommen, ist eine Erfahrung, die viele hochbegabte Kinder schon recht früh im Umgang mit anderen Kindern machen. Oft kommen schon in diesen jungen Jahren die ersten Hinweise des hochbegabten Kindes: „Das dauert mir zu lange, ich möchte nicht ständig warten, die anderen Kinder spielen so blöde Sachen, die reden wie kleine Babys". Die Erwachsenen erschrecken über solche Argumentationen und nicht selten versuchen sie, dem hochbegabten Kind einzureden, daß es sich anders verhalten müsse: fatale Auswirkungen für ein hochbegabtes Kind, denn natürlich hat es aufgrund seiner hohen analytischen Befähigung schon klar die Zusammenhänge erkannt und muß nun erfahren, daß selbst seine nächsten Vertrauenspersonen nichts begreifen. Schlimmstenfalls wird ein hochbegabtes Kind auch noch bestraft, wenn es sich nicht altersgemäß verhält.
Unverständlich ist jedoch, daß ein hochbegabtes Kind bereits in diesem Alter aufgrund seiner „anderen" Bedürfnisse als unsozial bezeichnet wird. Ihm wird erklärt, es dürfe nicht nach seinen Bedürfnissen leben, da diese so verschieden von denen der anderen Kinder sind. Viele hochbegabte Kinder verlieren schon jetzt ihre Unbekümmertheit.

Hochbegabte Kinder können drei Dinge gleichzeitig machen, und viele Eltern und Freunde gehen davon aus, daß die Kinder friedlich spielen. Das mag durchaus zutreffen, nur gleichzeitig lauschen sie aufmerksam den Gesprächen der Erwachsenen. Auch der Irrtum vieler Erwachsenen, das lauschende Kind wäre noch zu klein, um den Inhalt der Gespräche zu erfassen, stellt sich oft als unwahr heraus. Deshalb ist es für Eltern sehr wichtig, relativ früh zu erfahren, ob ein Kind hochbegabt ist oder nicht. Die Verhaltensweisen der Erwachsenen müßten darauf bereits Rücksicht nehmen.

Aufgrund der hohen Verbalisierung, die ein hochbegabtes Kind oft im Alter von zwei bis drei Jahren bereits entwickelt, kommt aus dem Umfeld häufig der Hinweis: „ein altkluges Kind" oder „Das Kind spricht wie ein kleiner Professor". Der Wissensstand eines hochbegabten Kindes ist durch seinen Wissensdurst und sein ausgezeichnetes Gedächtnis seinem Alter weit voraus. Komplizierte Puzzles, anspruchsvolle Gesellschaftsspiele, (z.B. kann Monopoly bereits mit drei Jahren gespielt werden), Kartenspiele, Knobelaufgaben, Zahlen, Buchstaben und natürlich Computer finden sehr früh das Interesse hochbegabter Kinder.

Auch die ersten philosophischen Fragen über das Leben treffen die Eltern von hochbegabten Kindern schon zu diesem Zeitpunkt. Vor allem der Tod, die Entstehung des Lebens, das Funktionieren unseres Körpers, aber auch Fragen über Liebe, Haß, Wut, Enttäuschung, Freude usw. werden zur Überraschung der Eltern gestellt. Viele Eltern geraten über diese Fragen in Panik. Mit den Hinweisen ihrer Freunde im Ohr, das Kind entwickele sich überhaupt nicht altersgemäß, tauchen besorgte Eltern bereits jetzt bei Psychologen auf und erhoffen sich eine Beantwortung ihrer Frage: „Ist mein Kind eigentlich normal?" Was soll ein Psychologe, der infolge fehlender Thematisierung während seines Studiums im Bereich Hochbegabung üblicherweise keine Ausbildung und damit Erfahrung hat, sagen? Mit einer „08/15-Psychologie" kann kein hochbegabtes Kind erkannt werden. Vielfach wird in Therapien den hochbegabten Kindern beigebracht, wie und mit was ein normal begabtes Kind in diesem Alter spielt und vor allem, welche Bedürfnisse es noch nicht haben darf. Oft wird den Eltern empfohlen, das Kind doch liebevoll und emotional zu begleiten und auf Sport oder Musik auszuweichen. Der Tip vieler Psychologen an die Eltern: „Schmusen Sie recht häufig mit Ihrem Kind" läßt viele Eltern von hochbegabten Kindern ernsthaft an ihrer Zuneigung zu ihrem Kind zweifeln. Wer ein hochbegabtes Kind im Haus hat, weiß, daß diese Ratschläge und Therapien an den Bedürfnissen der Kinder vorbeigehen, und die Kinder erkennen ebenfalls, daß beim Schmusen so manche Frage unbeantwortet bleibt.

Tatsache ist: Ein hochbegabtes Kind weiß selbst nicht, daß es hochbegabt ist. Es geht davon aus, daß alle anderen Kinder und auch Erwachsenen die gleichen Denkgeschwindigkeiten und -möglichkeiten haben. Das erklärt auch, daß ein hochbegabtes Kind überhaupt nicht erkennen kann, welchen Entwicklungsstand die anderen Kinder haben. Voller Entsetzen bemerkt es bereits im Alter von drei bis vier Jahren, daß es mit Gleichaltrigen nicht zurecht kommt, und sich daher lieber ältere Kinder, oft mit einem Altersunterschied von drei bis vier Jahren, zum Spielen einlädt. Verwandte und Freunde, die Kinder im gleichen Alter hatten oder noch haben, sparen hier nicht mit Angriffen an die Adresse der Eltern eines hochbegabten Kindes, da sich ihre eigenen Kinder ja völlig anders – eben normal und gesund – entwickelt hatten und haben.

Das hochbegabte Kind macht aber auch trübe Erfahrungen im Umgang mit anderen Erwachsenen. Da es sehr schnell reagiert, wird ihm sehr häufig das Spielzeug aus der Hand genommen und einfach einem anderen Kind gegeben. Denn vielfach herrscht unter den Erwachsenen noch die Meinung, ein Kind, das immer vorne ist, müsse gebremst werden, da andere Kinder auch zum Zuge kommen müßten. Diese Verhaltensweisen hinterlassen bei einem hochbegabten Kind schwere Störungen in seiner sozialen Orientierung. Es ist ja nicht mit Absicht so schnell; es kann überhaupt nicht begreifen, daß ihm etwas von Erwachsenen abgenommen wird, oft ohne Erklärung, vielleicht noch mit einem bösen Blick, als hätte es etwas falsch gemacht.

Eltern aller Kleinkinder kann ich deshalb nur raten, sich vehement für die Bedürfnisse ihrer Kinder einzusetzen. Ratschläge aus dem nächsten Umfeld müssen – so sie an den Bedürfnissen des eigenen Kindes vorbeigehen – ignoriert werden: zum Wohl des eigenen Kindes. Die Eltern von hochbegabten Kindern müssen sehr früh lernen, ein ausgeprägtes Selbstbewußtsein zu entwickeln. Als Erziehungsmaßstab für die eigenen Kinder entwickelte ich für mich folgende Einstellung: Die Kinder dürfen alles anders machen als andere, sie dürfen nur dabei keinem anderen schaden.

Der Kindergarten

Jirko: „Hallo, Mummi, schläfst du noch?"
Mutter: „Hm, Jirko, wie spät ist es denn?"
Jirko: „Ganz spät, es ist schon zehn Uhr und darüber. Mummi, wenn der große Zeiger über der zwölf ist, wie sagt man dann? Wenn er davor ist, sagt man doch ‚vor' und sagt man dann ‚nach', wenn er über die Zwölf gelaufen ist?"
Mutter: „Hm, Jirko, das ist so."
Jirko: „Warte, dann sag ich dir gleich, wie spät es genau ist. Aber nicht wieder einschlafen, komme gleich wieder. Also, Mummi, es ist genau acht Minuten nach zehn Uhr."
Mutter: „Jirko, auf welcher Uhr hast du nachgesehen?"
Jirko: „Auf der Küchenuhr".
Mutter: „Aber da stehen doch keine Minuten!"
Jirko: „Das kann man doch schätzen".
Jirko: „Darf ich zu dir ins Bett?"
Mutter: „Natürlich, komm unter die warme Decke, du hast schon ganz kalte Füße. Wie lange bist du denn schon wach?"
Jirko: „Ganz lange schon, es war noch dunkel."
Mutter: „Und was hast du so lange gespielt?"
Jirko: „Ich habe nicht gespielt, ich habe gearbeitet."
Mutter: „Und was?"
Jirko: „Ich habe alle A und B in einem Bilderbuch gesucht. Dann habe ich ein Buch gefunden, da ging's mit Buchstaben weiter und ich glaube, jetzt kann ich sie alle."
Mutter: „Aber, Jirko, das mußt du doch jetzt noch nicht alles kön-

nen, das kommt doch viel später."
Jirko: „Mummi, wieviel später?"
Mutter: „Na, in so ungefähr drei Jahren, wenn du sechs Jahre alt bist und in die Schule kommst. Jetzt kommt erst einmal der Kindergarten. Ich habe noch keinen festen Kindergartenplatz für dich bekommen, aber ab Montag kannst Du in eine Spielgruppe gehen."
Jirko: „Muß ich da spielen oder darf ich da spielen?"
Mutter: „Ja, spielst du denn nicht gerne mit anderen Kindern?"
Jirko: „Doch, vielleicht schon. Ich möchte so gerne 'Mensch ärgere dich nicht' mit vielen Kindern und vielen Brettern gleichzeitig spielen. So ähnlich, wie ich das neulich mit dir und drei Brettern gespielt habe."
Mutter: „Es könnte aber sein, daß die anderen Kinder etwas anderes spielen wollen."
Jirko: „Aber bestimmt nicht alle. Mummi, du schläfst so viel, viel mehr als vorher. Warum?"
Mutter: „Jirko, ich wollte dir das eigentlich noch nicht sagen, aber da du ja bereits merkst, daß Mummi anders als früher ist: Mummi bekommt ein Baby."
Jirko: „Au, fein, dann habe ich ja bald einen Bruder, der mit mir spielen kann. Mummi, wie lange dauert das, bis das Baby da ist? Das Baby wächst doch in deinem Bauch? Das weiß ich schon. Kann es uns denn schon hören? Dann würde ich dem Baby schon ganz viele Geschichten erzählen und ihm schon mal ‚Mensch ärgere dich nicht' mit drei Brettern erklären. Ist das nicht langweilig für so ein Baby im Bauch? Was macht es denn dort den ganzen Tag? Mummi, ist es da nicht dunkel? Das Baby kann ja überhaupt nichts sehen. Mummi, wie ist das Baby denn in deinen Bauch gekommen? Wie groß ist es denn jetzt in deinem Bauch?"
Mutter: „Jirko, welche Frage soll ich denn jetzt als erste beantworten?"
Jirko: „Alle, natürlich."

Na, da hatte Mummi was zu tun. Hatte ich wirklich so viel gefragt? Mein Vater erinnerte uns an das Frühstück. Aber das war völlig unwichtig. Wichtig war das Baby. Hoffentlich würde es nicht so langweilig wie die anderen Babys, die ich bisher kannte.

Ich beschloß, auf Mummi ganz gut aufzupassen. Aber ich mußte jetzt jeden Morgen in die blöde Spielstunde. Ich hatte Mummi gesagt, daß ich da nicht gerne hinging. Ich traf zwar alle Kinder aus der Nachbarschaft, und viele kamen nachmittags zu mir, um mit mir zu spielen, aber was die spielten, war so was von öde! Vor allem die blöde Singerei. Die konnten überhaupt nicht richtig singen; es tat mir in den Ohren weh, und dann sangen sie immer so langweilige Lieder von Häschen und vom Kuckuck. Wir hatten zu Hause so schöne Schallplatten. Dort sangen die Menschen richtig toll. Also, singen mochte ich in der Spielstunde nicht mehr. Die Kindergärtnerin hatte es Mummi schon ganz vorwurfsvoll gesagt. Mummi wußte doch, daß ich Musik liebte und daß ich auch selbst schon ganz gut und richtig nachsingen konnte. Sie verstand deswegen nicht, warum es in der Spielstunde Schwierigkeiten geben sollte.
Jirko: „Mummi, muß ich heute in die Spielstunde?"
Mutter: „Aber Jirko, warum denn nicht?"
Jirko: „Ich darf dort überhaupt nicht machen, was ich möchte. Immer, wenn ich was machen will, was mir Spaß macht, kommt Thea und nimmt mir, was ich gerade habe, wieder weg und sagt, daß ich das noch nicht wissen darf, das wäre nur für ältere Kinder. Dann gibt sie mir wieder so ein Papier, damit ich malen kann. Ich will aber nicht mehr malen. Nur richtige Maler können auch richtig schön malen. Wir können doch nur kriggeln, und dann tun die Erwachsenen immer so, als ob wir ganz toll wären. Ich komme mir so blöd dabei vor. Und dann reden die dort mit uns, als ob wir Babys wären. Weißt du, so wie Omi früher mit mir gesprochen hat,

bevor du ihr gesagt hast, sie möchte bitte mit mir ganz normal reden. Mummi, muß ich dort wirklich jeden Tag hin? Kannst du nicht sagen, ich sei krank, das merkt doch keiner. Oder noch besser, du sagst, du würdest mich brauchen, um auf dich und das Baby aufzupassen."
Mutter: „Und was willst du den ganzen Morgen hier zu Hause machen?"
Jirko: „Aber Mummi, wir können uns doch was erzählen, und ich kann auch im Kinderzimmer alleine spielen. Ich kann auch alleine mit mehreren Personen Monopoly spielen. Hab' ich schon ausprobiert. Die Kinder in der Spielstunde möchten alle diese Spiele nicht machen, und Thea gibt ihnen immer recht, wenn sie nein sagen. Aber ich muß diese öden Kreisspiele mitmachen und mir immer die doofen Geschichten anhören, die sie vorliest. Findest du das gerecht?"
Mutter: „Also gut Jirko, du kannst hier bleiben. Du mußt mich aber auch arbeiten lassen."
Jirko: „Mummi, kann ich dir vielleicht bei deiner Buchhaltung helfen? Dann bist du schneller fertig und wir könnten zusammen das neue Quartett spielen, weißt du, das dort oben im Regal liegt und von dem du sagtest, daß es erst für fünfjährige Kinder sei. Sag mal, Mummi, ist das bei den Erwachsenen auch so, daß viele Dinge, die ihr machen wollt, nach Alter gehen? Darfst du mit den gleichen Sachen spielen, mit denen auch Omi spielt?"
Mutter: „Jirko, bei uns Erwachsenen ist das anders. Aber du hast recht, ich habe darüber noch nie nachgedacht, warum bei Kindern immer das Alter auf den Spielsachen steht. Du kannst mir nachher bei der Buchhaltung helfen und dann spielen wir das Quartett."

Ich hatte erreicht, daß ich nur noch ab und zu in die Spielstunde mußte. Zu Hause war es viel interessanter. Mummi ging in der Buchhaltung immer mit Zahlen um. Sie nahm mich auf den Schoß, und ich suchte auf der Seite alle Dreien oder Fünfen, oder ich setzte mich daneben, und versuchte, die Zahlen so abzuschreiben, wie sie da standen. Das machte Spaß, und ich brauchte gar nicht lange zu üben, und die Zahlen standen von Eins bis Zehn richtig auf dem Papier. Na, und dann ging es los. Ich schrieb viele Zahlen hintereinander und fragte Mummi, wie groß die Zahl sei. Bald kam ich hinter den Mechanismus und konnte schon kurz darauf Zahlen von über 100 schreiben und erkennen. Mein nächstes Ziel waren die Tausender.

Mummi hatte festgestellt, daß ich kaum Erklärungen benötigte. Sie freute sich mit mir, wenn ich durch Überlegungen zum richtigen Ergebnis kam. So gut wie nie sagte sie mir die Ergebnisse, sondern wartete geduldig, bis ich selbst am Ziel war. Stundenlang konnte ich so neben Mummi arbeiten. Ich liebte die Zeiten, in denen wir gemeinsam arbeiten durften. Aber nicht nur die Zahlen interessierten mich, sondern auch die Buchstaben.
Jirko: „Mummi, das ist ein U, oder?"
Mutter: „Nein Jirko, das ist ein Z."

Na bitte, jetzt hatte ich die Methode gefunden, an das Wissen über Buchstaben zu kommen. Im Gegensatz zu den Zahlen hatte Mummi bei den Buchstaben keine Lust, mir eine Antwort zu geben. Immer wieder sagte sie mir, daß die Buchstaben später in der Schule gelernt werden, und ich dürfe sie doch nicht jetzt schon kennen. Ich wollte es aber bereits wissen, da ich mir ganz sicher war, daß diese Buchstaben in der richtigen Reihenfolge einen Sinn ergaben. Also riet ich einfach einen Buchstaben. Und durch die Berichtigungen und Bestätigungen lernte ich nacheinander das gesamte Alphabet. Nur wußte ich noch nicht, wie man die Buchstaben zusammenfügte.

Damit ich nun doch noch unter Kinder kam, hatte Mummi mich zur musikalischen Früherziehung angemeldet. Einmal in der Woche durfte ich dort auf den Klangstäben die Noten lernen. Anfangs machte mir das auch Spaß, bis ich bemerkte, daß die Kinder wieder so lange brauchten, um die Noten zu begreifen, und wir deswegen nicht vorankamen. Ich konnte nicht immer hingehen, da Mummi öfter zum Arzt mußte und mich dann mitnahm. So kam es, daß ich manchmal nicht wußte, was die Kinder neu in der Musikstunde gelernt hatten. Da aber jedes Kind immer das neu Gelernte vorführen mußte, reichte die Wiederholung von zwei Kindern aus. Ich mußte überhaupt nicht üben und konnte es trotzdem. In einer dieser Stunden hatte die Musiklehrerin sich über mich gewundert. Obwohl ich das neue Stück der letzten Stunde verpaßt hatte, machte ich mit meinem Nachbarn Quatsch, anstatt dem Vorspiel der anderen zu lauschen. Als ich mit Vorspielen an der Reihe war, konnte ich das Stück perfekt, obgleich ich es nicht geübt hatte, konnte die neuen Noten auch benennen, wußte, wo sie standen und konnte meiner Lehrerin auch erzählen, warum mein Nachbar und ich so gelacht hatten. Sie sah mich mit großen Augen an und lobte mich richtig toll.
Als Mummi mich abholte, hatte sie ein längeres Gespräch mit der Musiklehrerin. Sie meinte, ich hätte mit Sicherheit eine hohe mathematische Begabung und ich könne drei Dinge gleichzeitig machen. Sie hätte mich während dieser Stunde sehr genau beobachtet, ich müsse ein fantastisches Gedächtnis haben. Mummi solle auf mich aufpassen, damit ich immer genug zu tun bekäme. Eigentlich müßte ich eine Einzelstunde in Musik haben, da ich so schnell lernen könne. Mummi war sprachlos und meinte, gerade die Gruppe wäre für mich doch so wichtig, da ich ja schon die Spielgruppe abgelehnt hätte. Na, meinte die Musiklehrerin, vielleicht lehnt er ja auch demnächst die musikalische Früherziehung ab, weil es ihm

einfach zu lange dauert, bis die anderen Kinder gelernt haben. Mummi sprach auf dem Nachhauseweg mit mir darüber. Das fand ich immer so toll bei uns: Die Erwachsenen unterhielten sich zwar über mich, aber Mummi sprach dann anschließend mit mir über die Gespräche. So kam ich mir nie vor wie ein Nichts, das keine Meinung zu den Vorfällen haben darf. Ich versprach Mummi, in der musikalischen Früherziehung zu bleiben, auch wenn es mal langweilig würde. Einmal in der Woche ist ja nicht jeden Tag, wie in der Spielstunde.

Inzwischen waren die Buchstaben nicht mehr ganz so wichtig. Mummis Baby war schon ganz schön groß geworden. Ich konnte fühlen, wenn das Baby strampelte, und Mummi und ich unterhielten uns viel mit dem Baby. Inzwischen hatte ich über die Geburt alles genau erfragt und war deshalb nicht überrascht, daß Mummi eines Tages ziemlich schnell ins Krankenhaus mußte. Mein Vater und meine Omi kümmerten sich um mich. Mit Omi hatte ich beim Spielen von Gesellschaftsspielen Schwierigkeiten, sie schummelte, um mich absichtlich gewinnen zu lassen. Ich war empört darüber, weil mir dann das Spielen überhaupt keinen Spaß machte. Ich würde es Mummi erzählen, wenn ich sie im Krankenhaus besuchen durfte, denn ich hatte eine Schwester bekommen und war schon ganz neugierig auf sie. Eigentlich hatte ich mir immer einen Bruder vorgestellt, an die Möglichkeit einer Schwester hatte ich überhaupt nicht gedacht.
Aber dann wurde ich doch herb enttäuscht. Was mir als Geschwisterkind vorgestellt wurde, war ein schreiendes Bündel, das noch nicht spielen konnte. Alle Menschen, die ich kannte, taten jetzt so, als ob ich überhaupt nicht mehr existierte. Aber über eines habe ich mich riesig gefreut. Meine kleine Schwester hatte mir in ihrer Tragetasche aus dem Krankenhaus ein Buch über Buchstaben mitge-

bracht. Voller Interesse stürzte ich mich auf die Buchstaben. Mummi war sowieso immerzu mit dem Baby beschäftigt, so daß sie meine Fortschritte überhaupt nicht mehr bemerken konnte.

Langsam begann ich mich für unseren Familienzuwachs zu interessieren. Ich beobachtete Swenja genau. Auch für sie war das Körbchen nur Anlaß zum Schreien, und wieder zog der Panoramakinderwagen als Daueraufenthaltsort für Swenja in unser Heim ein. Swenja reagierte sehr bald auf mich. Ich konnte richtig beobachten, wie sie sich freute, wenn sie mich hörte, und ich übernahm jetzt für längere Zeit am Tag ihre Betreuung und Unterhaltung. Es war erstaunlich, wie schnell Swenja lernen konnte. Mummi versuchte verzweifelt, mich zu bremsen, damit Swenja sich nicht so schnell entwickelte. Es war jedoch zwecklos. Irgendwann stöhnte einmal Mummi bei ihrer Mutter: Noch so ein Schnellentwickler im Haus. Aber vielleicht ist das auch alles normal und kommt nur uns so eigenartig vor. Bei Swenja wolle sie aufpassen, daß sie nicht so voller Neugierde auf alles Neue werde und sich „normal“ entwickele, damit sie es als Mädchen später nicht so schwer habe.
Meine Buchstaben hatten plötzlich einen Zusammenhang bekommen. Ich kann überhaupt nicht erklären, wie das gekommen ist. Ich sah eine Werbung für ein Magazin mit einer Riesenwelle auf Hawaii. Zuerst konnte ich das Wort Riesenwelle entziffern, dann das Wort Hawaii. Da ich nicht wußte, was Hawaii ist, fragte ich Mummi. Sie sagte mir, daß es eine Insel sei und zeigte sie mir auf dem Atlas. Sie mußte selbst lange suchen, bevor sie sie fand, und meinte, daran könne sie erkennen, wie schnell man Erlerntes vergißt, wenn man es nicht anwendet.
Abends im Bett erzählte ich ihr von der Riesenwelle auf Hawaii, wie hoch sie war, wieviele Menschen getötet worden waren. Außerdem machte ich mir Gedanken, wie man eventuell so eine Welle

vorher berechnen und die Menschen warnen könnte. Mummi erwiderte auf all diese Dinge nichts. Wir machten wie jeden Abend unser Lieblingsspiel: Erzähl du mir, was am Tag ganz besonders schön war und was Mist, und ich erzähl dir meine Erlebnisse. Das war jedesmal sehr spannend, weil Mummi einige Ereignisse, die mich betrafen, überhaupt nicht wahrgenommen hatte, und ich erfuhr oft von ihr, warum sie sie nicht hatte sehen können. Sicherlich spielte Swenja da eine entscheidende Rolle. Manchmal wurde ich richtig böse auf sie, weil sie so viel Zeit von Mummi in Anspruch nahm. Aber erstaunlicherweise kümmerte sich unser Vater jetzt verstärkt um uns, der sich jedoch im Augenblick viel stärker zu Swenja hingezogen fühlte. Ich ging ihm manchmal mit meiner Fragerei ganz schön auf die Nerven.
Kurz nach unserer Abendplauderei kam Mummi noch einmal zurück, gab mir die Werbung eines Magazins in die Hand und forderte mich auf, ihr die Buchstaben vorzulesen. Mühelos las ich die Sätze. Es war die Beschreibung der Riesenwelle auf Hawaii. Mummi gab mir einen dicken Kuß und meinte total verwirrt: Du kannst lesen, weißt du das eigentlich? Also, wenn das Lesen war, dann konnte ich das schon eine ganze Weile. Bis vor kurzem verstand ich manchmal jedoch noch nicht den Inhalt. Da hatte ich wohl noch Fehler gemacht. Aber jetzt konnte ich fast alles lesen und verstand es auch. Mummi meinte, sie hätte noch kein Kind gesehen, das sich selbständig das Lesen mit knapp vier Jahren beigebracht hätte, und wir müßten das ganz sicher für uns behalten.

Eine fantastische Welt eröffnete sich mir plötzlich. Nicht nur, daß ich Überschriften entziffern konnte, auch Bücher konnte ich nun selbst lesen und war nicht mehr auf das Vorlesen angewiesen. Alles, was mir unter die Finger kam, las ich und bemerkte, daß einige Sachen, die ich gerne gelesen hätte, einfach verschwanden. Ich

sprach Mummi daraufhin an, und sie meinte, alles könnte ich noch nicht lesen, da vieles für Erwachsene bestimmt sei und Kinder sich zu viele Gedanken darüber machen würden.
Aber ich wollte alles lesen und dann mit Mummi besprechen, was ich nicht verstand. In dieser Zeit hatten wir stundenlange Gespräche. Swenja probierte gerade das Laufen und versuchte, sich in unsere Unterhaltung einzumischen. Auch Swenja konnte schon viele Wörter sprechen und sich mit zirka zehn Monaten richtig mit mir unterhalten. Und auch sie schlief sehr wenig. Mummi war fix und fertig. Bei Swenja fiel mir bald auf, daß sie, sobald sie einen Wunsch nicht erfüllt bekam, ihn sofort zurücknahm. Manchmal mußte ich ihre Wünsche vertreten, weil sie sie einfach nicht durchsetzen konnte. Nie geriet sie in Zorn, wenn jemand nicht tat, was sie wünschte, sondern fand sich mit den Dingen einfach so ab, wie sie kamen.

Swenja war ein gescheites Mädchen. Voller Raffinesse hatte sie unseren Vater für sich gewonnen und setzte bei ihm viele Dinge durch, die bei unserer Mummi nicht möglich waren. Natürlich versuchten wir, wie wahrscheinlich alle Kinder, Lücken herauszufinden, durch die wir schlüpfen konnten. Nur bei Mummi hatten wir leider keine Chance. Sie durchschaute unsere Manöver zu schnell. Bei unserem Vater konnten wir wesentlich mehr riskieren. Und Swenja sowieso: als kleines, liebes Mädchen. Als Swenja anfing, mehr zu fragen: „Warum?“, „Wieso?“, „Weshalb?“, bekam sie von meinem Vater häufig nur ein Küßchen, aber keine Antwort. Mummi ging zwar auf die Fragen ein, beantwortete sie jedoch nie so intensiv, wie sie es bei mir getan hatte. Also kam Swenja zu mir, und ich stellte bald fest, daß Swenja sich mit Fragen beschäftigte, die auch ich in ihrem Alter hatte. Swenja und ich verstanden uns prächtig.
Swenja schob für ihre Fragen manchmal mich vor, da sie erkannt hatte, daß dann umfangreichere Antworten zurückkamen. Swenja

war eine äußerst verschmuste kleine Katze und sah sehr niedlich aus. Sie beherrschte sehr schnell alle Spiele, die ich ihr erklärte, und forderte mich regelrecht zu den Spielen heraus. Mummi dachte oft, Swenja könne das alles noch nicht, nahm Swenja dann von den tollen Spielen weg und spielte selbst Swenjas Partie zu Ende. Swenja war sehr traurig darüber, setzte sich jedoch nicht zur Wehr. Irgendwann sagte ich Mummi, daß Swenja lieber selber weiterspielen würde, aber Mummi meinte, Swenja sei noch zu klein dazu. Ich war sehr wütend, weil das überhaupt nicht stimmte.

Nach dem Besuch in der Spielgruppe sollte ich eigentlich in den Kindergarten gehen, danach in die Vorschule. Aber auch die ersten Tage im Kindergarten machten mir überhaupt keinen Spaß. Swenja wäre jetzt im richtigen Alter (zweidreiviertel Jahre), um das alles mit Freude zu machen, was die Fünf- bis Sechsjährigen dort machten. Mummi war schon ein wenig verzweifelt über mein Verhalten. Freunde machten sie darauf aufmerksam, daß ich evtl. vorzeitig eingeschult werden müsse, da ich ja schon seit langem lesen, schreiben und rechnen konnte. Zahlen bis 1 000 und mehr waren für mich schon ein Begriff, und ich konnte damit auch schon rechnen. Als ich Mummi beim Einkaufen plötzlich sagte, wieviel Wechselgeld gleich zurückklimpern würde, war die Verwirrung der Erwachsenen, die an der Kasse standen, komplett.

Plötzlich war allen klar, daß ich in die Schule mußte. Am glücklichsten darüber war ich selbst. Allein die Vorstellung, doch noch in den Kindergarten zu müssen und dann erst in die Vorschule zu kommen, hatte mich ganz traurig gemacht. Auch das, was die Kinder in der Vorschule machten, hatte ich gleich an meinem zweiten Tag herausbekommen. Alles Sachen, die ich schon längst konnte. Aber Mummi war im Hinblick auf meine Einschulung etwas zögerlich. Sie wollte einfach noch kein Schulkind haben, sondern die Zeit mit uns genießen und den Kindern ihren eigenen Rhythmus lassen. Ich ging zum Beispiel abends oft erst recht spät schlafen, mochte aber morgens nicht gerne früh aufstehen. Nicht, daß ich noch schlief, nein, ich las gerne morgens im Bett oder erzählte mir mit Swenja lustige Geschichten. Auch Swenja interessierte sich sehr für Zahlen und Buchstaben. Aber sie ging selten zu den Erwachsenen, sie hatte ja mich für ihre Fragen. Swenja lernte genauso schnell wie ich. Sie wurde regelrecht wütend, wenn ich etwas zu lange erklärte. Mit wenigen kurzen Sätzen von mir war sie oft direkt am Ziel. Mir fiel jedoch auf, daß Swenja immer häufiger bei Erwachsenen die Begriffsstutzige spielte. Damit bekam sie ihre Aufmerksamkeit, und es machte ihr bei Erwachsenen überhaupt nichts aus, Dinge nochmals erklärt zu bekommen, die sie schon längst wußte. Irgendwann fragte ich sie, warum sie das denn mache. Sie meinte, die Erwachsenen reagierten ganz böse auf sie, wenn sie sich nichts erklären ließe oder wenn sie Erwachsene bei Fehlern ertappe. Bloß nichts sagen, sondern immer so tun, als ob die Erwachsenen die Größten seien. Ich sah Swenja fassungslos an und meinte, das wären doch aber Lügen.

Mummi hatte mich zum Schultest angemeldet. Den hatte ich erfolgreich absolviert. Also, was ich dort machen mußte, war ja wohl ein Witz! Der Schulleiter hatte zum Beispiel beide Hände hochgehalten und jeweils einen Finger abgeknickt, und wir sollten das nachmachen. Ich wußte, daß Swenja so etwas schon konnte. Aber ich machte alles ganz brav mit, da ich unbedingt in die Schule wollte. Mummi wurde vom Schulleiter am Telefon darüber informiert, daß ich ohne Bedenken eingeschult werden könne. Der Schulleiter merkte Mummis zögerliche Haltung. Er bot ihr an, daß eine Schulpsychologin einen Intelligenztest mit mir machen sollte. Es war die schönste und beste Aufgabenstellung, die ich bis jetzt bekommen hatte. Diesen Test hätten sie immer weiter mit mir machen können. Es machte mir so einen Spaß, die Aufgaben dort zu lösen, insbesondere weil auch noch eine Stoppuhr mitlief. Das Testergebnis sagte aus, daß ich weit über dem Durchschnitt intellektuell befähigt sei. Das Ergebnis holten wir – Mummi, Swenja und ich – persönlich bei der Psychologin ab. Swenja war immer sehr neugierig, wenn sie in fremde Gebäude kam, und ich begleitete sie dann auf ihrer Entdeckungstour. Die Schulpsychologin hatte mein Verhalten bemerkt und meinte zu meiner Mutter, so ein soziales hochbegabtes Kind hätte sie noch nicht gesehen. Die drei hochbegabten Kinder, die sie in der letzten Zeit bewußt erlebt hätte, wären alle schon verhaltensauffällig. In Mummis Gesicht zeichnete sich Entsetzen ab. Ich hatte das Gespräch sehr wohl verfolgt, ging es doch um mich, paßte aber auf Swenja gleichzeitig auf, die oben auf den Sideborden spazierengehen wollte. Sie sprachen über einen IQ, und Mummi wußte nicht mal, was das war. Das stellte ich draußen auf dem Schulhof fest, als ich wissen wollte, was ein IQ ist. Der Schulleiter kam auf uns zu, gratulierte uns und meinte, ich würde ohne Schwierigkeiten als sehr guter Schüler durch die Schule gehen. Mummi war sehr nachdenklich und fragte ihn schließlich: „Wenn ein Kind so weit von einer Norm abweicht, braucht es dann nicht eine ganz andere Erziehung, einen ganz anderen Lehr- und Lernstoff?“ Der Schulleiter beruhigte meine Mummi: Bis jetzt wäre doch alles optimal gelaufen, ein gesundes, in sich ruhendes, neugieriges, hilfsbereites Kind ohne Auffälligkeiten. Mummi erwähnte, daß ich mich geweigert hätte, in die Spielstunde, in den Kindergarten und in die Vorschule zu gehen. Aber nach ihrer Auffassung mußte die Vorschule unbedingt sein, damit ich mich an Kinder gewöhnte und auch an all die anderen Dinge, die die Erwachsenen vor der Einschulung für so wichtig hielten.

Die Vorschule, in die ich nun sofort gehen mußte, akzeptierte ich erst, als mir eine Erzieherin, die von meinem IQ gehört hatte, Schach beibrachte. Nur leider fanden wir in der Vorschulgruppe kein weiteres Kind, das so schnell Schach erlernen konnte, und so blieb dieses Schachspielen auf wenige Augenblicke beschränkt. Ich lebte während der Vorschulzeit von diesen wenigen Schachspielen, denn die Bücher, die sie mir empfahlen zu lesen, waren mehr als langweilig. Ich las inzwischen zu Hause Magazine, auch schon Bücher für Jugendliche und sollte dann diese Babybücher gut finden. Immer wieder wurde ich aufgefordert, diese blöden Bücher den anderen Kindern vorzulesen. Manchmal machte ich es, aber meistens weigerte ich mich und brachte für die Kinder von zu Hause Bücher mit, die ich dann jedoch nicht vorlesen durfte, da die anderen Kinder sie nicht verstehen würden.
Ich sei unsozial, hörte ich meine Erzieherinnen zu Mummi sagen. Mummi machte den Vorschlag, daß ich einmal eines meiner Lieblingsbücher, es war damals der Atlas, mitbringen dürfe. Selig nahm ich ihn mit in die Vorschule in der Hoffnung, den anderen Kindern einen Gefallen zu tun. Ich kannte alle Kontinente und hatte über einige Länder schon Bücher gelesen. Ich wußte, wieviele Meilen die Kontinente auseinanderlagen, wie lange ein Flugzeug an Flugzeit zu den Hauptstädten der anderen Länder brauchte. All das erzählte ich den Kindern. Nach fünf Minuten wurden viele unruhig, hörten nicht mehr zu, und kurze Zeit später unterbrach mich meine Erzieherin mit dem Argument, die Kinder könnten nicht begreifen, was ich meinte. Fassungslos starrte ich sie an. Ich war entsetzlich enttäuscht, daß auch nicht ein Kind sich dafür interessierte.
Als Mummi und Swenja mich an diesem Tag abholten, weinte ich bitterlich. Mummi verstand mich, und Swenja versuchte mich zu trösten: Sie würde so gerne mit mir den Atlas anschauen. Das taten wir dann auch ausgedehnt den ganzen Nachmittag. Swenja ist

drei Jahre jünger als ich, und wenn sie in der Lage war, über die Länder mit mir zu sprechen, sich Gedanken darüber zu machen, wie die Menschen dort aussehen, welche Sprache sie sprechen mochten und daran Spaß hatte, wieso konnten es die Kinder nicht, die in meinem Alter waren?
Andere Eltern hatten sich bei der Erzieherin der Vorschule darüber beschwert, daß ich über die anderen Länder gesprochen hatte. Sie meinten, eine Erzieherin sollte nicht noch den Ehrgeiz von Müttern unterstützen, die ihre Kinder trimmen würden. Sie solle vielmehr darauf achten, daß dieses arme, überforderte Kind „kindgerecht" spielen lernen dürfe.

Dieser Vorfall in der Vorschule bewirkte, daß ich zum nächsten Kindergeburtstag meines Freundes nicht mehr eingeladen wurde. Was alle nur nicht wußten: Ich mochte diese Kindergeburtstage überhaupt nicht. Mummi war sehr traurig darüber und dachte wohl auch, sie müßte mir etwas ganz Besonderes an diesem Tag bieten. Ich durfte mir etwas wünschen. Da ich immer sehr gerne mit Bahnen und Bussen unterwegs war, wünschte ich mir, mit dem Zug zu einer Stadt zu fahren und von dort mit einem echten Doppeldecker weiterzufahren. Die Fahrt im Doppeldecker sollte ganz lange dauern. Swenja mußte mit, da die Omis sich wegen Überforderung durch diese lebhaften Kinder weigerten, auf sie aufzupassen. Mummi hatte zuerst Bedenken wegen Swenja, aber es wurde ein richtig gelungener Tag für uns drei.

Die ablehnende Haltung anderer und der Druck zur Anpassung

Ein hochbegabtes Kind weiß – wie bereits erwähnt – selbst nicht, daß es hochbegabt ist. Es geht davon aus, daß alle anderen Kinder mit der gleichen Denkmöglichkeit und Denkgeschwindigkeit ausgestattet sind, und es erfährt relativ früh die ablehnende Haltung der anderen Kinder. Aus dieser Unsicherheit heraus lernt ein hochbegabtes Kind in der Gemeinschaft sehr schnell, seine Bedürfnisse zu unterdrücken. Anscheinend entwickeln hochbegabte Mädchen bereits in der Kleinkindphase eine Perfektion in der Tarnung der eigenen Bedürfnisse. Swenja zum Beispiel wird nie einen Atlas oder etwas Vergleichbares mit zur Schule nehmen, sondern in Zukunft ängstlich darauf schielen, daß sie nur an den Dingen Interesse hat, an denen die anderen Kinder auch Interesse zeigen. Manchen Eltern fällt dieses eigenartige Verhalten ihres hochbegabten Mädchens zwar auf, aber sie wissen nicht, warum ihr Kind so reagiert. Zu Hause liest sie bereits Jules Verne, im Kindergarten findet sie die Hasenbücher hochinteressant. Sobald fremde Personen zusehen, schraubt sie blitzschnell ihre Bedürfnisse zurück, damit nur ja nicht auffällt, daß sie andere Interessen hat. Sollte das Mädchen sich versehentlich „geoutet" haben, beobachten wir meist ein sofort anschließendes babyhaftes Verhalten, praktisch als Kompensation des eben versehentlich bekanntgegebenen Andersseins.

Viele hochbegabte Kinder sind schon bis zu ihrem sechsten Lebensjahr so verunsichert, daß sie nur noch an Mammis Händchen etwas unternehmen wollen. Viele kauen ihre Nägel bis zur bloßen Haut ab, machen wieder ins Bett, bekommen „Ticks", knabbern ständig an Ecken ihrer Kleidung herum, wollen Fläschchen trinken, haben sich bereits aus der Gemeinschaft verabschiedet. Nur im häuslichen Umfeld fühlen sie sich sicher. Aber nur solange die Eltern sie in ihren Bedürfnissen nicht auch noch stoppen. Sollte das geschehen, hat ein hochbegabtes Kind keinerlei Chance, sich seinen Fähigkeiten entsprechend zu entwickeln.

Hinzu kommt noch die Schwierigkeit, daß ein hochbegabtes Kind oft die Banalitäten des Lebens nicht so wahrnimmt wie ein normal begabtes Kind. Ständig sind hochbegabte Kinder in gedankliche Operationen verwickelt, und es kann vorkommen, daß ein hochbegabtes Kind im Schlafanzug zur Schule gehen will oder in Hausschuhen, oder mit einer Jacke nach Hause kommt, die einem anderen Kind gehört. Wir alle kennen den Ausdruck „der zerstreute Professor". Nur, der Mensch wird ja nicht erst Professor und dann zerstreut. Die Veranlagung, ständig denken zu müssen, läßt diesen Menschen die Nebensächlichkeiten des Lebens nicht wahrnehmen, und das bereits schon zu Kinderzeiten.
Durch diese Unwissenheit entstehen die meisten kaum wiedergutzumachenden Schäden, die Erwachsene einem hochbegabten Kind zufügen können. Sollte ein hochbegabtes Kind seine geistigen Fähigkeiten gegen den Willen von Erwachsenen einsetzen, führen sie als Strafe die nicht wahrgenommenen Banalitäten des Lebens gegen das Kind ins Feld, – der „richtige" Weg, um einem so kleinen Menschen zu signalisieren: Ich liebe Dich!!! Hier liegen die Ursachen dafür, daß hochbegabte Jugendliche, die zu spät erkannt wurden, die Eltern mit den Worten strafen: „Ich habe Eure Liebe vermißt, Eure Fähigkeit, mich zu verstehen." Noch eine Eigenheit ist bis zu diesem Lebensabschnitt bei vielen hochbegabten Kindern zu beobachten. Sie malen äußerst ungern, da sie bereits festgestellt haben, daß ihre Fingerfertigkeit nicht zu einem realen Gestalten ausreicht. Folglich bleiben die Buntstifte im Kasten. Ein Defizit in der Feinmotorik ist oft jetzt bereits festzustellen. Hinzu kommt ein fast unglaublicher Wille zur Perfektion. Sie können sich geistig

bereits vorstellen, wie etwas auszusehen hat. Wehe, es gelingt nicht. Entweder sie werfen die angefangenen Dinge dann achtlos und resigniert in die Ecke oder sie verbeißen sich so in die selbst gestellte Anforderung, daß sie an sich selbst verzweifeln. In beiden Fällen brauchen sie unsere Hilfe, um diese Situationen meistern zu lernen. Erkennen wir nicht die Zusammenhänge, lassen wir sie mit diesen Situationen allein. Hochbegabte Kinder empfinden das als Lieblosigkeit. Liebe bedeutet, die Bedürfnisse eines Menschen zu erfassen und Liebe bedeutet, sich für den anderen Menschen Zeit zu nehmen, damit er seine Bedürfnisse ausleben kann. Im Idealfall stimmen die Bedürfnisse zweier Menschen überein. Langzeitfreundschaften sind nur möglich, wenn Menschen ähnliche Bedürfnisse haben. Das ist auch ein Grund, warum hochbegabte Kinder oft schon vor der Einschulung so wenig Freunde haben.

Die Einschulung

Endlich rückte der lang ersehnte Tag näher. Ich konnte es kaum abwarten. Vorher hatten wir natürlich die vielen Dinge, die für meinen ersten Schultag notwendig sind, besorgt. Einen Schulranzen durfte ich mir aussuchen, Hefte, Buntstifte (die aber nur widerwillig), auch einen Tuschkasten und mehrere Pinsel. Unsere Lehrerin hatte uns schon in den Ferien einen Brief geschrieben, in dem sie uns mitgeteilt hatte, was wir alles brauchen werden, und uns auch wissen lassen, daß sie sich auf uns freue. Ich hatte Mummi darauf hingewiesen, daß sie das gar nicht sagen könne, da sie uns doch nicht kenne. Mummi meinte darauf, es sei doch gut, daß sie sich erst einmal über alle Kinder freue, die kommen würden.

Und dann war der Tag da. Swenja hatte mit mir immer wieder die Schultasche ein- und ausgepackt, als ob sie auch schon eingeschult würde. Ich hatte ihr versprochen, sie jeden Tag an meinem neuen Wissen teilhaben zu lassen, denn auch sie war immer sehr frustriert in ihrer Spielstunde. Heute durfte Swenja natürlich mit zur Schule. Alle Omis, Opis, Tanten und Onkels begleiteten die Schulanfänger zur Schule. Eine richtige Karawane setzte ein. Wir wohnten ja auch in einer recht großen Siedlung mit vielen Kindern. Fast alle Kinder und Eltern kannte ich. Ich wollte möglichst schnell in die Schule. Deshalb ärgerte es mich ein wenig, daß Omi so langsam lief. Und warum mußte sie mich denn überhaupt immer an die Hand nehmen? So etwas Albernes. Mit Swenja lief ich dann einfach schneller los. Den Weg zur Schule kannte ich schon lange. Die Schultüte hatte ich meinem Vater in die Hand gedrückt, da ich es auch albern fand, deren Inhalt in die Schule zu tragen. Vor der Eingangshalle staute sich die Karawane. Mit Swenja an der Hand war es mir gelungen, ganz nach vorne an die Glastür zu gelangen, damit ich ihr schon einmal die Gänge zeigen konnte. Es war einfach ein Hobby von mir, jedes Gebäude genau zu erforschen und die Gänge dann aus der Erinnerung aufzuzeichnen. Swenja hatte ich die Schule schon auf diese Weise gezeigt, und nun sollte sie die Gänge und ihre Anordnung in der Wirklichkeit mit mir ablaufen. Es kamen immer mehr Familien. Viele der Kinder kannte ich ja schon von der Vorschule, aber sie standen alle ganz lieb und brav bei ihren Eltern. Einige Kinder waren meine Freunde von der Straße, aber auch sie hatten anscheinend überhaupt kein Interesse an dem Schulgebäude. Sie verstanden im Augenblick auch nicht, daß ich mich für das Gebäude interessierte. Schließlich erschien der Schulleiter und bat alle Kinder und Eltern in die große Aula. Und dann kam erst einmal eine ziemlich lange Rede des Schulleiters, der immer wieder betonte, wie wichtig dieser Tag für uns sei, da wir nun viel lernen dürften. Na ja, dachte ich, das wissen wir doch nun alle, warum wird noch so lange darüber geredet? Langsam fing ich an, mich über die Erwachsenen zu ärgern, die uns Kinder immer zwingen, uns still hinzusetzen und ihren Ausführungen zuzuhören, die doch allen bekannt sind.

Eine ältere Klasse führte ein kleines Theaterstück auf, wenigstens eine Abwechslung, aber das war wieder so albern kindisch, so richtig was für Swenja, die auch kräftig mitlachte und ordentlich klatschte. Warum nur dachten die Erwachsenen immer, wir wären alle noch Babys? Endlich war auch dieses Stück vorbei, und es kam Bewegung in die Sitzreihen. Wir Kinder saßen alle in den ersten Reihen, die Eltern hinter uns. An Mummis Blick konnte ich erkennen, daß sie mich mahnen wollte, ruhig zu bleiben, sitzen zu bleiben, zuzuhören. Nun wurden die Klassen eingeteilt. Drei Lehrerinnen waren nach vorn getreten und riefen der Reihe nach die Namen der Kinder auf, die zu ihnen in die Klassen kamen. Die bereits aufgerufenen Kinder stellten sich hinter der entsprechenden Lehrerin auf. Es ging nach dem Alphabet, und da ich bei den ersten beiden Durchgängen nicht dabei war, konnte ich mir ausrechnen, daß ich sofort nach dem „A" drankommen würde, und stellte mich schon einmal in Startposition. Meine Lehrerin sah mich kurz groß an, da ich bereits loslief, bevor sie meinen Namen genannt hatte.

Während meiner Wartezeit hatte ich mir die drei Lehrerinnen genau angesehen und hätte ich mich entscheiden dürfen, wäre meine Wahl auf die älteste der drei gefallen. Sie machte nicht so auf künstlich freundlich, wenn sie einem Kind zur Begrüßung die Hand gab. Und ich kam zu ihr. Unser Handschlag war kurz und sachlich. Sie marschierte dann mit uns los. Viele Kinder aus unserer Straße waren in meiner Klasse, auch meine beste Freundin. Die konnte malen, einfach unglaublich. Fast jeden Tag war sie zu uns gekommen, da wir immer so viele Buntstifte und Papier hatten. Swenja und ich malten ja kaum. Jetzt kam sie auf mich zu, und ich hatte den Eindruck, sie hatte etwas Angst. Im Klassenzimmer angekommen, sah ich kleine Namenskärtchen auf den Tischen und fand auch gleich meinen Namen. Meine Freundin saß neben mir. Ich zeigte ihr den Platz, wurde dann aber zurückgerufen zu den anderen Kindern. Die Lehrerin wollte uns unsere Plätze zeigen. Irgendwie verstand ich das nicht ganz, denn es dauerte jetzt sehr lange, bis jedes einzelne Kind, von unserer Lehrerin geleitet, den Platz gefunden hatte. Mir ging das viel zu langsam, und so fragte ich meine Lehrerin, ob ich ihr helfen könne, indem ich auch ein paar Kinder auf ihre Plätze führte. Meine Lehrerin bat mich jedoch, sie jetzt nicht zu unterbrechen, sondern ruhig dort an der Tür wie alle anderen Kinder zu

warten. Ich hatte inzwischen gelernt, daß man sich für jedes Hilfsangebot bei Menschen bedanken sollte, auch wenn man es nicht benötigte. Mummi hatte mir das auch verständlich erklärt: Wenn jemand einem anderen hilft, gibt er von seiner Zeit einem anderen etwas ab, und das ist nicht immer selbstverständlich. Für diese Bereitschaft allein schon sollte man sich bedanken.
Meine Lehrerin hatte das anscheinend nicht gelernt. Irritiert stellte ich mich gelangweilt an die Wand neben der Tür und wartete. Ich kam als letzter dran, obgleich ich im Alphabet doch ziemlich weit vorne war, und mein Schultisch auch nicht ganz hinten stand. Ich hatte den Eindruck, die Lehrerin nahm mich absichtlich als letzten dran. Das war irgendwie komisch, da sie doch bemerkt haben mußte, daß ich meinen Platz auch allein finden konnte. Es war so sinnlos, bis zum Schluß dort an der Wand zu stehen. Endlich saßen wir alle auf den Plätzen. Ich hatte in Windeseile den Inhalt meiner Schultasche auf den Tisch gelegt, in der Annahme, die Dinge gleich benutzen zu können, durfte sie jedoch auf Anweisung der Lehrerin gleich wieder einpacken, denn erst müsse sie uns einige Dinge erklären: Endlose Erklärungen für all die Dinge, die wir im Schulranzen hatten. Ich kam mir vor, als sei ich blöd. Wofür ein Bleistift da ist und wofür ein Heft. Das einzige, was mich interessierte, war, ob wir eine Fibel bekämen. Das geschah aber erst am nächsten Tag. Und dann kam der größte Schock für mich: „Na, dann nehmt doch mal den Malblock heraus, wir wollen für heute erst einmal ein Bild malen." Ich starrte die Lehrerin fassungslos an. Ich war in die Schule gekommen und nicht in den Kindergarten. Hatte sie uns verwechselt? Staunend sah ich, mit welcher Begeisterung die anderen Kinder den Malblock auf den Tisch legten und die Buntstifte dazu. Ja, was sollten wir denn malen? Die Lehrerin fragte einige Kinder, was sie denn wohl am liebsten malen würden. Da kamen Vorschläge wie ein Haus, eine Wiese, einen Baum oder ein Tier. Sie hör-

te sich das alles in Ruhe an. Ich hatte mich auch gemeldet, und sie nahm mich zum Schluß dran. Voller Begeisterung sagte ich ihr, ich würde gern die Zahlen von 1 bis 1 000 aufschreiben. Ihr Gesicht wurde ganz ernst, und sie sagte mir, das wäre kein Malen. Ziemlich enttäuscht klappte ich den Malblock zu. Aber auch die anderen Kinder waren enttäuscht, denn sie durften nicht ihre Vorschläge malen, sondern alle sollten sich selbst malen. Ich war empört. „Die ist ja so, wie so viele andere Erwachsene auch“, dachte ich. Erst fragen sie, was wir möchten, und dann ordnen sie einfach an, ohne darauf einzugehen. Da brauchen sie doch erst gar nicht zu fragen, wenn sie schon wissen, daß all die Vorschläge von Kindern doch nicht verwirklicht werden sollen. Ich wußte ganz genau, daß ich mich selbst nicht malen konnte. Natürlich, ich hätte so eine Witzfigur malen können, wie sie jetzt die anderen aufs Papier brachten. Nicht im Entferntesten hatten die Strichmännchen etwas mit den Kindern gemein, die hier saßen. Bis auf meine kleine Freundin. Die konnte sich schon sehr real malen, und ich sah ihr fasziniert zu. Nur selbst brachte ich nichts aufs Papier. Das wollte ich auch überhaupt nicht. Inzwischen waren die Eltern mit Anhang ins Klassenzimmer gekommen. Mein Blick zu Mummi sagte ihr alles. Die Familienangehörigen sollten ihre Kinder in Ruhe malen lassen und sich an der Wand herum verteilen. Mein Blatt blieb leer, und ich beschloß, es auch leer zu lassen. Die Lehrerin kam auf mich zu, da sie nichts auf meinem Papier sah. Ich sagte ihr, ich sei heute unsichtbar, und so hätte ich mich gemalt. Sie wurde eine Nuance blasser im Gesicht, und ihre Augen hatten plötzlich ein böses Schimmern. Ich solle ihr doch nicht so einen Blödsinn erzählen, unsichtbare Menschen gäbe es nicht. Aber natürlich, antwortete ich ihr, in fast allen Märchenbüchern ständen doch Sachen, die es gar nicht gibt. Also wäre mein Blatt jetzt wie ein Märchen, und im Märchen gäbe es eben alles. Sie drehte sich einfach um und ging zum nächsten

Kind; mit einer maßlosen Übertreibung lobte sie das Gekritzel dort auf dem Blatt. Endlich war schließlich diese Malstunde vorbei. Nun hoffte ich, es würde in der nächsten Stunde so richtig losgehen. Aber weit gefehlt, die Schule war für heute aus. Das war alles!

Meine Enttäuschung über den ersten Schultag konnte ich nicht verbergen. Dem Schulgebäude entronnen, schimpfte ich ordentlich los. Swenja unterstützte mich. Sie plapperte immer wieder nach: scheiß Malen, scheiß Malen. Nur ich allein wußte, daß Swenja nicht nur nachplapperte, sondern daß sie es selbst meinte. Alle versuchten, mich zu trösten. Das sei doch nur der erste Tag gewesen. Das Lernen würde sicherlich schon bald losgehen. Nur das Argument, daß morgen die Fibel komme, konnte mich einigermaßen beruhigen.

Am nächsten Tag wollte ich natürlich allein zur Schule gehen. Ich kannte den Weg ja schon, aber alle anderen Muttis brachten ihre Kinder noch zur Schule, also ging Mummi auch mit. Die anderen Mütter erzählten, wie toll ihre Kinder den ersten Schultag gefunden hätten. Meine Mummi sagte kein Wort. Das war gut so, denn ich hätte ihr nie verziehen, wenn sie nicht bei der Wahrheit geblieben wäre. Aber sie wurde auch nicht gefragt, wie ich denn den ersten Schultag gefunden hätte. Eine Mutti fragte stattdessen mich, und ich sagte der Wahrheit entsprechend: langweilig. Keiner außer Mummi nahm es zur Kenntnis.

Der zweite Tag Schule begann. Die Namensschilder standen immer noch auf dem Tisch. Einige Kinder hatten sich den Platz nicht gemerkt, und ich half ihnen, ihren Platz zu finden. Die Kinder fanden es gut, daß ich ihnen half, aber die Lehrerin verbot es mir nach dem sechsten Kind. Sie sollten es allein machen. Welch ein Blödsinn: Wenn sie ihren Platz gewußt hätten, säßen sie ja da. Das Resultat:

ein Ratespiel, das für einige Verwirrung in der Klasse sorgte, da einige Kinder aus Verunsicherung einfach den nächsten Platz angesteuert hatten, der natürlich eigentlich einem anderen Kind gehörte. Ein Mädchen fing bitterlich an zu weinen, weil sie auf dem falschen Platz saß. Und nun machte die Lehrerin genau das, was ich schon vorher gemacht hatte. Sie fragte die Kinder nach dem Namen und führte sie auf den Platz.

Sie hätte mir ja gleich sagen können, daß sie den Kindern allein helfen wollte. Das hätte ich ja verstanden. Aber so hintenherum die Dinge zu steuern, fand ich nicht gut. Irgendwie hatte ich das Gefühl, daß ich sie doch nicht so mochte, wie es beim ersten Ansehen schien. Vielleicht ging es ihr auch so.

Fast eine halbe Stunde hatten wir nun für die Platzsuche vertrödelt. Mit lächelnder Stimme meinte unsere Lehrerin, einige Kinder wären gestern mit dem Bild ja noch nicht fertig gewesen, und deshalb könnten wir bis zum Klingeln noch weitermalen oder auch noch Verbesserungen vornehmen. Das durfte doch nicht wahr sein: noch einmal malen! Ich konnte es nicht fassen und wäre am liebsten aufgestanden und gegangen. Aber ich hatte den Eindruck, daß das meine Lehrerin sehr ärgerlich gemacht hätte. Also holte ich den verhaßten leeren Malblock auf den Tisch. Na warte, wenigstens zu einigen Zahlen werde ich jetzt kommen. Also, mein Mensch auf dem Bild ist ja unsichtbar, aber er hält eine Tafel in der Hand, die nicht unsichtbar ist, und auf der Tafel stehen lauter Zahlen. Eine Tafel konnte ich malen und natürlich auch die Hand, die die Tafel hält. So müßte sie mir auch glauben, daß es den unsichtbaren Menschen auf dem Papier gibt. Ich dachte mir nun lauter große Zahlen aus, zum Beispiel 12 349. Große und kleine Zahlen wechselten sich ab. Einige Zahlen übersprangen eine andere Zahl. Es sah richtig gut aus. Zwischendurch bemerkte ich, daß ich die Zahlen wie ein Puzzlespiel aufschreiben konnte. Das machte mir Spaß.

Ein Kopf beugte sich von hinten über mich und dann hörte ich eine ziemlich erregte, ärgerliche Stimme sagen: „Also Jirko, ich hatte als Aufgabe gestellt, daß du dich malen solltest und von Zahlen hat hier keiner etwas gesagt. Du mußt wohl erst lernen, daß du genau das tun sollst, was ich sage. Du wolltest schon ein Schulkind sein, bist aber eigentlich noch ein Jahr zu jung. Und nun mußt du nachlernen, daß du nur die Dinge machst, die ich dir sage. Sonst wirst du hier nichts lernen können."
Protest, Protest, Protest. Ich antwortete ihr ziemlich wütend, daß ich bereits den zweiten Tag zur Schule ginge und nichts gelernt hätte. Das, was wir hier gemacht hätten, haben wir tage- und wochenlang in der Vorschule bereits getan. Ich hatte wohl sehr schnell gesprochen, denn ich war sehr ärgerlich. „Also Jirko, ich muß schon sagen, so wie du da sprichst, spricht eigentlich kein Kind. Kannst du dich nicht anders ausdrücken? Und vielleicht sollten wir einmal ein Gespräch mit deiner Mutter suchen." Was hatte denn nun meine Mummi damit zu tun? Sollte das eine Drohung sein? Ich fühlte mich doch absolut im Recht. Die erste Pause rollte an. Alle Kinder machten einen Bogen um mich, bis auf meine kleine Freundin. Sie kam auf mich zu und meinte: „Jirko, ich glaube, wir sind hier in einer Malschule. Ich male ja gerne, aber für dich ist das wirklich sehr blöd." Ein anderer Junge, den ich nicht kannte, gesellte sich in der Pause zu uns. Auch er sagte mir, er fände die Schule blöd. Wir alle drei hofften, daß vielleicht in der nächsten Stunde die neue Fibel ausgeteilt würde. Dann müßte die Lehrerin ja mit der Malerei aufhören. Und so kam es dann auch. Wir erhielten endlich die Fibel. Voller Neugierde blätterte ich sie auf und traute meinen Augen nicht. Seitenweise ging es dort um eine Figur namens Fu. Ganz große Buchstaben, die Worte Oma, Opa, Mama. Ich dachte, ich würde verrückt. Da mußte ich mal gleich auf die letzte Seite sehen. Tatsächlich eine halbe Seite Text. Ich begann dort zu lesen. Plötz-

lich wurde mir das Buch aus der Hand genommen und zugeklappt. Meine Lehrerin war schon wieder wütend und meinte: „Jirko, die letzte Seite eines Buches liest man erst, wenn die anderen Seiten gelesen sind. Ich verbiete dir in Zukunft, die letzten Seiten von Büchern früher aufzuschlagen. Ein Buch wird stets von vorne gelesen."
Auf diesen Blödsinn wußte ich nun wirklich so schnell nichts zu sagen. Hatte sie denn nie Leser in Büchereien beobachtet, die sich ein Buch aussuchten? Zuerst lasen sie ein paar Zeilen vorne, dann in der Mitte und dann zum Schluß. Nur so konnte der Leser doch herausfinden, ob er das Buch lesen will. Hilfe, meine Lehrerin kennt anscheinend die einfachsten Methoden nicht. Ich ließ es heute dabei und sagte nichts mehr. Und nun ging es eine Stunde um die Figur Fu in dem Buch. Den ersten Buchstaben F sollten wir Kinder heute lernen. Das muß man sich mal vorstellen, fast eine ganze Schulstunde beschäftigten wir uns mit dem F. Und dann bekamen wir diesen Buchstaben auch noch als Hausaufgabe auf. Nein, nicht gleich Fu, sondern nur das F. Drei volle Zeilen. Das konnte ich Swenja geben, die würde das mit Freude machen. Ich konnte doch schon ganze Sätze schreiben.

Meine Enttäuschung konnte ich gerade noch bis nach Hause im Zaume halten. Aber dann überschüttete ich meine Mummi mit all dem Frust, der mich plötzlich überkam. Ich wollte endlich lernen, und ich hatte eine Lehrerin, die mich nicht verstand. Das war mir klar, und ich sagte es auch genauso klar meiner Mummi. Sie versuchte, mich zu trösten. Sie versprach, mit meiner Lehrerin zu sprechen, gleich heute nachmittag. Außerdem hatte sie heute das Magazin, das ich so gerne las, besorgt und drückte es mir in die Hand. Selig verschwand ich damit ins Kinderzimmer, und für eine Weile war meine Welt wieder in Ordnung. Dann sollte ich die dämliche Schularbeit machen. Swenja fiel mir ein und auch mein Versprechen, sie über alles zu informieren. Ich zeigte Swenja das F und wie das in die Zeilen sollte. Nur, Swenja konnte den Stift noch nicht so gut führen, und ihre Fs landeten ein wenig über und unter den Zeilen. Zwischendurch schrieb ich dann ein fast perfektes F. So pinselten wir die Zeilen aus. Sah richtig lustig aus, zwischen den mißglückten Fs ein schönes F. Swenja fand die Arbeit toll und versprach mir, immer zu helfen.

Mummi hatte nicht bemerkt, daß Swenja mir geholfen hatte. Ich zeigte ihr unsere Arbeit und sie meinte nur, alle anderen Fs müßten auch so wie einige schön geschriebene Fs aussehen. Ich gab ihr schmunzelnd recht.

Nachmittags rief Mummi dann tatsächlich die Lehrerin an. Das Gespräch dürfte nicht gerade erfreulich verlaufen sein. Mummi meinte, ich müßte nach Ansicht der Lehrerin erst einmal lernen, Anweisungen zu befolgen. Ich erklärte Mummi, daß diese Anweisungen so blöde und unsinnig seien, daß man sie nicht befolgen könne. Mummi war ratlos: genauso ratlos, wie ich am Morgen bei der Platzsuche war.

Am nächsten Tag ging ich schon nicht mehr so fröhlich in die Schule. Mummi hatte mir den Rat gegeben, einfach geduldig zu warten, bis es weiterging. Kann sie sich eigentlich vorstellen, wie entsetzlich es ist, nur sitzenbleiben zu müssen, nichts tun zu dürfen, was einem Spaß macht und endlose Erklärungen über sich ergehen lassen zu müssen über Dinge, die man schon längst weiß und für deren Erlernung man nur Minuten benötigt hatte, und damit wurden dann auch noch Stunden zugebracht. Heute sollten wir endlich auch mit Rechnen anfangen. Wir bekamen deshalb einen großen Zettel mit den Zahlen 1 und 2 und sollten die vielen Zeichnungen auf dem Papier ausmalen. Das ist ein Apfel. Das sind zwei Äpfel. Ausmalen, ausmalen, ausmalen. Ich hatte das Gefühl, daß die Schule mit jedem Tag dümmer wurde. Ich überlegte, ob die Kinder vom

Ausmalen eines Apfels etwas lernen würden. Ich malte nach zehn Äpfeln keinen mehr aus. Sollte es jetzt wieder zu einer Diskussion kommen, würde ich meiner Lehrerin klar sagen, daß ich hierzu keine Lust hätte.
Und so kam es dann auch. Meine Verweigerung nahm sie zur Kenntnis, und ich sagte ihr, hier könne ich nichts lernen. Sie meinte, wir sollten überlegen, ob ich nicht zurück in die Vorschule gehen sollte. Hatte die Frau einen Knall? Was machte es denn für einen Unterschied, ob Vorschule oder Schule? In beiden Schulen hatte ich bis jetzt nichts gelernt. Das, was ich gelernt hatte, habe ich mir selbst zu Hause beigebracht. Vielleicht brauchte ich überhaupt keine Schule? Ach ja, dann kam noch die Diskussion über die „Fs“. Meine Lehrerin meinte, die schönen „Fs“ hätte wohl meine Mutter ins Heft geschrieben. Ich ließ sie in dem Glauben, da ich bereits erkannt hatte, daß diese Frau nichts begreifen würde, oder besser, nichts begreifen wollte.
Mummi erzählte ich vom dritten Schultag in meinem Leben. Nun wurde auch sie ärgerlich. Bis jetzt hatte sie sich neutral verhalten, aber nachdem sie unsere Arbeiten in der Schule gesehen hatte, verstand sie mich. Sie versprach mir, mit dem Schulleiter zu sprechen.

Swenja

Aber nicht nur ich hatte Schwierigkeiten. Auch Swenja war unglücklich. Mummi hatte zwar eine andere Spielgruppe für Swenja gefunden, aber Swenja hatte immer solche Bauchschmerzen, wenn sie morgens aufstand. Oft ging sie nicht in die Spielstunde, sondern blieb zu Hause. Manchmal beneidete ich Swenja, aber bald merkte ich, daß Swenja von Arzt zu Arzt geschickt wurde, weil niemand die Ursache für die Bauchschmerzen fand. Aber wenn Swenja und ich nachmittags im Kinderzimmer spielten, war jeglicher Schmerz bei ihr verflogen. Was Mummi nicht wußte: Ich machte immer mit Swenja zusammen meine Hausaufgaben. Swenja machte sie gerne für mich, kam sie sich doch richtig groß vor. Und mir machte es einfach Spaß zu sehen, wie schnell Swenja lernen konnte. Eigentlich hätte Swenja mit ihren knapp vier Jahren schon in meine Klasse gehen können. So schnell wie Swenja konnten viele meiner Klassenkameraden nicht lernen. Ich hatte Mummi mal von den enormen Fortschritten von Swenja erzählt. Doch Mummi wollte nichts davon hören, und ich mußte ihr versprechen, Swenja mit diesen Schuldingen in Ruhe zu lassen, obwohl ich ihr gesagt hatte, daß Swenja gerne jetzt schon lernen wollte.

Mummi kam eines Nachmittags von der Kindergärtnerin zurück. Sie war ziemlich verwirrt, weil die Kindergärtnerin Mummi darauf hinwies, daß es durchaus möglich sei, daß auch Swenja eine überdurchschnittliche Intelligenz besitze. Mummi nahm diesen Hinweis zwar zur Kenntnis, weigerte sich jedoch, Maßnahmen für Swenja zu ergreifen. Und Swenja hatte weiter Bauchschmerzen.

Langsam begriff ich, warum Mummi nicht die Kraft hatte, sich für uns so einzusetzen, wie ich es doch eigentlich von ihr gewohnt war. Ihr Bauch wurde immer runder: Sie bekam noch ein Baby. Ich erzählte Swenja, daß Mummi ein Baby bekäme, und war etwas erbost darüber, daß Mummi es mir nicht gesagt hatte. Aber sie meinte, es wäre besser gewesen, da mich doch der Ärger in der Schule so sehr beschäftigt und belastet hätte.

Es war gar nicht so einfach, die Schule zu kapieren. Jeden Tag hoffte ich darauf, daß es endlich interessanter würde. Aber vergebens. Langsam begriff ich, daß ich so lange warten mußte, bis alle das Lesen, Schreiben und Rechnen gelernt hatten. Und das konnte noch ewig dauern. Mummi fragte mich eines Tages, was sie bei einem Gespräch mit der Lehrerin von meiner Seite aus an Wünschen vorbringen solle. Voll Wut sagte ich, sie solle jeden Tag eine Seite im Mathebuch machen. Dann wären wir in 64 Tagen mit diesem blöden Buch durch und könnten das nächste Mathebuch bearbeiten. Ich wurde jeden Tag wütender und fing fast täglich gleich nach der Schule Streit mit Swenja oder mit Mummi an und konnte mich selbst nicht mehr leiden. Swenja fand es gemein, daß ich nicht mehr so nett wie früher war. Sie hatte sich bei Mummi über mich beschwert, und Mummi sprach anschließend mit mir darüber. Aber ich selbst konnte ja auch nichts dafür, daß ich im Augenblick so war. Ich hätte mich so gern mit so vielen tollen Sachen beschäftigt, hatte jedoch Angst, daß das alles dann später irgendwann in der Schule drankam. Also beschloß ich, vorerst überhaupt nichts mehr zu tun. Das Ergebnis: Ich fing immer wieder Streit an, ohne es zu wollen. Verzweifelt versuchte ich, mir selbst zu helfen. In der Schule hatten wir eine kleine Bücherei, und ich hatte festgestellt, daß an bestimmten Tagen die Kinder dort Bücher ausleihen konnten. Also ging ich an einem dieser Tage dorthin und holte mir ein Buch, von dem ich meinte, daß es mich interessieren könnte. Dieses Buch las ich still unter der Bank, während die anderen Kinder immer noch bei der dummen Fu-Fibel waren. Ich konnte sie einfach nicht mehr hören, diese blöden Geschichten. Meine Lehrerin erlaubte mir natürlich nicht, unter der Bank zu lesen, sie beschimpfte mich sogar: Ich wäre wohl etwas Besseres, ich brauchte wohl nicht aufzupassen. Tief gekränkt kam ich an diesem Tag aus der Schule. Mummi machte sich erhebliche Sorgen um mich, und nach diesem Vorfall wollte sie nun unbedingt den Schulleiter sprechen. Gespannt wartete ich auf ihre Rückkehr. Was mochte sie erreicht haben? Sie fragte mich, ob ich an eine andere Schule zu einer anderen Lehrerin möchte. Mir fiel ein Stein vom Herzen, denn ich hatte für mich beschlossen, nicht mehr jeden Tag in die blöde Schule zu gehen. Damit Mummi sich in ihrem Zustand jedoch nicht so viele Sorgen machte, wollte ich heimlich die Schule schwänzen.

Mit meinem Vater wollte ich darüber nicht sprechen. Aus Gesprächen mit Mummi hatte ich entnommen, daß er meiner Langeweile und meinen Problemen keine große Bedeutung beimaß. Er war der Ansicht, alle Kinder hätten sich den Bedingungen anzupassen, da sie ja auch später nicht immer das machen konnten, was sie wollten. Mummi versuchte, mir Pumis Meinung verständlich zu machen, und ich antwortete ihr: „Weißt du, das ist so, du hast Hunger, und dann sagen dir alle, male dir dein Essen!" Mummi fand diesen Vergleich toll und versprach mir, alles zu tun, um mir zu helfen und erklärte, daß es schwer werden würde. Eine Umschulung in eine andere Klasse konnte nicht erfolgen, weil die anderen Klassen zu voll waren, und der Schulleiter war auch nicht der Meinung, daß die anderen Lehrerinnen besser geeignet wären. Mummi hatte, glaube ich, ganz schön Theater in der Schule gemacht. Jedenfalls war sie sehr häufig beim Schulleiter gewesen und hatte sich ganz massiv über unsere Lehrerin beschwert, da sie noch immer in fast jeder Stunde mit uns malen wollte. Selbst wenn Mathe angesagt war, machte sie die Stunde zur Malstunde. Das Schlimme war nur, sie ließ die Kinder nicht nach deren Phantasie malen. Vielmehr mußten wir nach ihren Vorstellungen malen. Malen braucht ihr ein Leben lang, war ihre ständige Begründung. Dabei kannte ich so viele Erwachsene, die nicht malen konnten, und es auch nicht wollten und brauchten, dafür aber andere Sachen gut konnten. Auch meine kleine Freundin hatte schon nach wenigen Wochen die Lust am Malen verloren. Dabei konnte sie doch so gut zeichnen und hatte bis jetzt immer Freude dabei empfunden!

Mummi war jetzt auf der Suche nach einer anderen Schule. Letztlich war der Auslöser ein Vorfall, den Mummi nun wirklich nicht mehr akzeptieren konnte. Ich hatte den Satz „Da war die Maus Acht tage krank gewesen“ in einer kleinen Geschichte geschrieben, die ich mir selbst ausgedacht hatte. Mummi fragte mich, wie ich darauf gekommen sei, die Acht groß und die Tage klein zu schreiben. Ich erklärte ihr, meine Lehrerin hätte gesagt, alles, was man malen könne, schriebe man groß. Und die Acht konnte ich malen, die Tage eben nicht. Mummi raste am nächsten Tag zu meiner Lehrerin und zum Schulleiter. Es gab, glaube ich, ein heftiges Streitgespräch zu dritt, in dessen Verlauf meine Lehrerin wohl gesagt hatte, sie verlange von so kleinen Kindern noch kein logisches Denken. Das käme erst später. Und überhaupt: Was uns denn eigentlich einfiele, schon jetzt dem Kind beibringen zu wollen, was erst viel später komme! Mummi hatte in diesem Gespräch erhebliche Schwierigkeiten, meiner Lehrerin klarzumachen, daß ich aus mir heraus gerne schreiben wolle. Mummi war über die Lehrerin sehr verärgert.

Dem Schulleiter wurde das Ganze jetzt wohl auch zu riskant, und er schlug Mummi vor, eine andere Schule zu suchen. Die einzige Schwierigkeit war, daß die Kinder diejenige Grundschule besuchen mußten, die für ihr Wohngebiet zuständig war. Endlose Debatten schlossen sich zu Hause nach all den Schulgesprächen an. Pumi begriff zwar vage, was Mummi meinte, hatte aber vor Lehrern immer großen Respekt. Deshalb ging er auch nicht mit in die Gespräche. Irgendwie tat mir das alles furchtbar weh, weil Mummi doch nun kurz vor der Entbindung stand. Und dann all dieser Ärger: Swenja unglücklich im Kindergarten, ich unglücklich in der Schule.

Und dann bekamen wir noch einen Bruder.

Was ist Hochbegabung?

Lehrer haben in Deutschland in bezug auf hochbegabte Kinder in den meisten Fällen keinerlei Ausbildung erhalten. Jahrzehntelang gingen Wissenschaftler und damit auch die Bildungspolitik von der Annahme aus, Hochbegabung wäre eine einseitige Begabung im Hochformat und damit für alle sichtbar. Und gleich kam dann der Satz dahinter: „Bitte laßt Eure Kinder Kinder sein."

Wenn es denn so wäre, hätten sie alle meine volle Unterstützung. Die Kindheit kann nicht dazu da sein, Superleistungen auf bestimmten Gebieten zu trainieren. Die Kindheit ist dazu da, viele Dinge, aber auch viele Talente, zu entdecken, sie zwar zu fördern, aber nicht zur Schau zu stellen. Deshalb bin ich auch gegen die selbsternannten Förder-Wettbewerbe. Ein hochbegabter Jugendlicher formulierte die Wettbewerbe, an denen er teilnehmen mußte, einmal so: bekanntes Wissen aus den Büchern im Hochformat lernen, sich dann an die Meßlatte stellen lassen, um herauszufinden: Bin ich der Größte, der Beste, der Schönste? Nach etlichen Veranstaltungen dieser Art, die er trotz seiner Abneigung teilweise als Bester absolviert hatte, zog er sich aus den in seinen Augen unsinnigen Veranstaltungen zurück, auch mit der Bemerkung, mit diesem vorgezogenen Schulwissen nichts anfangen zu können, da die Schule ja auf diese bereits erworbenen Fähigkeiten keine Rücksicht nehme.

Hochbegabung meint die intellektuelle, d.h. eine besondere geistige Befähigung auf allen Gebieten. Genausowenig wie man ein geistig behindertes Kind danach fragen kann, auf welchem Gebiet es behindert ist, kann ein hochbegabtes Kind nach seinem Begabungsgebiet befragt werden. Die gesamte Wahrnehmung, und davon hängen die Handlungsweisen und der Lernerfolg ab, ist Veranlagung und verläuft bei einem hochbegabten Kind schneller, im Gegensatz zum geistig behinderten Kind, bei dem sie eben verzögert ist. Kein Trainingsprogramm kann aus einem geistig behinderten Kind ein normal begabtes Kind machen oder aus einem normal begabten Kind ein hochbegabtes Kind.

Bei jedem Menschen ist ein gewisses Potential an Denkstrukturen angelegt. Werden sie gefördert, fühlt sich der Mensch von der Gemeinschaft akzeptiert und kann sie entsprechend positiv entwickeln. Werden diese Potentiale vernachlässigt, kann der Mensch niemals zu seiner Entfaltung gelangen. Das gilt sowohl für geistig behinderte als auch für hochbegabte Kinder. Eine Demokratie lebt von der Akzeptanz der unterschiedlichsten Veranlagungen von Menschen. Sollten Randgruppen keine Beachtung finden, muß ernsthaft nachgedacht werden, ob wir in einer funktionierenden Demokratie leben.

In Deutschland sind hochbegabte Kinder in der Bildungspolitik vergessen worden. Es existieren keinerlei Programme in den Schulen für geistige Überflieger, ja nicht einmal die Lehrer erkennen – bis auf seltene Ausnahmen – hochbegabte Kinder. Deshalb sind Äußerungen von Lehrern, sie hätten in ihrer 30jährigen Dienstzeit keine hochbegabten Kinder gesehen, rein formell betrachtet, korrekt.
Nach einer wissenschaftlichen Erkenntnis, der Gaußschen Kurve, haben wir jedoch zwei Prozent hochbegabte Menschen unter uns. Ihre Denkgeschwindigkeit und Denkmöglichkeit weicht erheblich von den Möglichkeiten normal begabter Menschen ab. Sie benötigen kaum Erklärungen, finden oft selbst Lösungswege, haben ein gutes Gedächtnis, eine hohe Konzentrationsfähigkeit, aber vor allem können sie Fakten in andere Zusammenhänge setzen. Diese besondere Fähigkeit bezeichnen wir als abstrakt logisches Denken.
In den USA zum Beispiel werden hochbegabte Kinder in einigen

Staaten in separaten Klassen unterrichtet. Auch China, Israel, Japan – um nur einige weitere Länder zu benennen – verfügen über eine spezielle Förderung für hochbegabte Kinder. Deutschland ist auf diesem Gebiet ein Entwicklungsland.

Die angesprochenen enormen Denkgeschwindigkeiten und -möglichkeiten der Kinder sind nur in speziellen Klassen ihren Bedürfnissen entsprechend zu fördern. Normal begabte Menschen bekämen Angst und wären restlos überfordert. Auch geistig behinderte Kinder benötigen einen eigenen Unterricht, da sie dort die Dinge erlernen können, die für sie lebenswichtig sind.
Einige glauben, es sei sinnvoll, alle Kinder in einer Klasse zu unterrichten. Fragen wir diese Personen einmal, ob sie an ihrem Arbeitsplatz auch geistig behinderte Menschen neben sich sitzen haben, die sie in ihre Arbeit zu integrieren versuchen (d.h., daß sie sich deren speziellem Lern- und Arbeitstempo anpassen müßten), dann bekommen wir mit Sicherheit einen Negativbescheid. Es wäre auch überhaupt nicht durchführbar. Für Kinder ist jedoch die Schule, was für uns die Arbeit ist. Als „Versuchskaninchen“ werden Kinder benutzt, um etwas ertragen zu müssen, was die Erwachsenen, die es fordern, selbst nicht leisten: nicht nur weil sie es nicht leisten wollen, sondern weil sie es auch nicht leisten können.

Deshalb ein Vorschlag für Deutschlands Schulen im Jahr 2000: alle Kinder an eine Schule, aber in unterschiedliche Klassen. Gefeiert wird gemeinsam, unterrichtet jedoch getrennt. Und dann lernen wir, Toleranz zu üben. Die Lehrer werden in diesem Modell die größten Schwierigkeiten haben, da sie sich von der Vorstellung trennen müssen, alle Kinder seien gleich. Sie müssen lernen, die Unterschiedlichkeiten von Kindern zu akzeptieren und sie vor allem den Kindern verständlich zu machen.

Die dritte Dimension und das Dilemma, weiblich zu sein

Alle unsere kleinen Sorgen blieben ab sofort unbeachtet. Wir hatten einen Bruder bekommen und eine Herausforderung dazu: Das war selbst für eine sehr tolerante Familie einfach nicht zu übersehen. Swenja und ich waren nach den Erzählungen unserer Mutter liebe Babies gewesen, zwar anstrengend und herausfordernd, aber ruhig und zufrieden, wenn wir etwas zu tun bekamen. Unser neuer Familienzuwachs war ein kleines Monster. Daß er auch wenig schlief, war ja in Ordnung, aber wenn er wach war, stellte er gleich seine nicht zu überhörende Sirene an. Er konnte in allen Varianten schreien, ob zufrieden oder unzufrieden, Hauptsache Gebrüll. In den wenigen Tagen seines Daseins schaffte er die ganze Familie. Swenja und ich wollten Mummi helfen, indem wir ihr sofort zu Hilfe eilten, wenn unser Bruder schrie. Aber wir alle drei waren vollkommen hilflos, ihn zur Ruhe zu bringen. Wir dachten uns jeden Tag neue Varianten aus, ihn zu beschäftigen. Stundenlang beratschlagten Swenja und ich abends im Bett neue Strategien, ihn auch nur eine kleine Weile zufriedenzustellen. Außerdem hatte Mummi eine gute Freundin gebeten, ihr am Anfang zu helfen. Diese Freundin war nach ein paar Tagen fix und fertig und bat um eine kleine Pause. Oft saß ich jetzt am Panoramakinderwagen, der natürlich für Chris wieder Einzug gehalten hatte, und versuchte zu ergründen, warum er nur so maßlos schreien mußte. Was uns alle so aufbrachte, war der fordernde Ton in seinem Gebrüll, so ungeduldig und schrill, daß jeder nur gleich bemüht war, diese Sirene abzustellen. Aber nicht nur, daß er laut war, er war auch noch so zappelig dabei, daß er vor lauter Bewegung überhaupt nicht in der Lage war, auf uns zu achten bzw. uns zu hören.

Ich dachte mir mit Swenja ein richtiges System aus, um Chris zu überlisten. Wir hatten bemerkt, daß er, wenn der Wecker klingelte und seine Lautstärke übertönte, für ein paar Minuten erstaunt war. In diesen Momenten nahm er dann wahr, daß wir um ihn herumwaren, mit ihm sprachen, Klappern hin und her bewegten und ihn streichelten. Nach diesem Muster schafften wir es, ihn jedesmal, wenn er losschreien wollte, mit irgend etwas anderem, was auch laute Töne von sich gab, zu überraschen. Swenja spielte beispielsweise auf ihrer Flöte einfach nur laute Töne, und ich antwortete ihr von der anderen Seite des Panoramakinderwagens mit einer Kindertrommel. Ohne daß wir es merkten, dachten wir uns eine richtige Melodie dabei aus, und das Erstaunliche war: Chris war ruhig und hörte uns zu.
Swenja und ich waren uns einig, daß unser Bruder uns schon erkannte, ja schon auf uns wartete, und es dauerte nicht lange und er begrüßte uns nicht mehr mit Gebrüll, sondern mit wonnigem Gekreische. Mummi atmete auf, sie hatte uns jedesmal ganz verzweifelt angesehen und schon gedacht, Chris könnte ja auch irgendwie Schmerzen haben. Nun waren wir uns sicher, daß es ihm gut ging, denn sonst hätte ja unsere Musiknummer keine Wirkung gezeigt. Aber wir mußten auf Chris wirklich gut aufpassen. Er war schon aus der Wippe gestürzt, konnte sich in einer Affengeschwindigkeit durchs Zimmer rollen und fing an, sich mit den Knien vorwärts durch die Zimmer zu schieben. Chris hatte eine solche Ausdauer, uns zu beschäftigen, daß Swenja und ich fast nicht mehr zum Spielen kamen. Mummi hatte uns aufgetragen, Chris keine Sekunde aus den Augen zu lassen, wenn er nicht schlief. Mit vier Monaten konn-

te er bereits perfekt krabbeln. Wenn andere Kinder bei uns klingelten, um uns zum Spielen abzuholen, durchbrach Chris wieder und wieder unsere Sperren an der Eingangstür und sauste in Windeseile kopfüber die wenigen Treppen nach unten.
Mummi gewöhnte sich an, Chris auf ihre Hüften zu setzen, sobald es klingelte, damit sie ihn unter Kontrolle hatte. Zuerst hatte sie das Gitterbettchen als sicheren Aufbewahrungsort für Chris gewählt, aber sein Geschrei war einfach nicht auszuhalten. Immer wieder erklärte ich Mummi, daß Chris schon ganz klar zum Ausdruck bringen wollte, was ihm paßte und was nicht.

So viel wie Chris am Anfang auch geschrien hatte, so entwickelte sich sein Schreien bald zu einer Gesichtskomik, über die wir alle immer wieder lachen mußten. Egal, was er tat, er zeigte auch jede Regung mit dem Gesicht. Meine kleine kunstbegabte Freundin von nebenan, die immer Theater mit uns spielen wollte, meinte eines Tages, er wäre der beste Schauspieler für unser geplantes Theaterstück, und sie wollte tatsächlich Chris als Hauptdarsteller engagieren. Nur Chris konnte und wollte noch nicht so mitspielen, wie sie es ihm immer wieder zu erklären versuchte.

Meine Situation in der Schule spielte immer weniger eine Rolle, weder für mich noch für meine Familie. Manchmal ging ich morgens einfach nicht hin. Ich machte es so wie Swenja, ich hatte Kopfschmerzen. Wir alle hatten herausgefunden, daß es mir nicht schadete, einfach mal nicht in die Schule zu gehen. Das, was sie dort lernten, konnte ich eh schon, und so beschäftigte ich mich zu Hause mit Swenja, die sich immer mehr für meine Arbeiten und Bücher in der Schule interessierte, oder Chris hielt uns in Atem.
Mummi hatte weder die Kraft noch die Lust und sah vielleicht auch nicht die Notwendigkeit ein, mich nun jeden Tag in den ungelieb-

ten Unterricht zu schicken. Wir alle sprachen kein Wort darüber. Es herrschte eine stillschweigende Übereinkunft zwischen Mummi, Swenja und mir, daß ich nicht jeden Tag die Langeweile über Stunden ertragen mußte.

Swenja konnte auch bereits lesen, tat es aber nur heimlich, weil die Erwachsenen Mummi immer davor warnten, Swenja irgend etwas Schulisches beizubringen. Und Swenja und ich hatten beschlossen, diese Tatsache einfach zu verheimlichen, damit Mummi sich keine Sorgen machen mußte. Es reichte ja, wenn Swenja zu mir kam, wenn sie etwas gelesen hatte, was sie nicht verstand. Ich konnte ihr das meiste erklären. Aber manchmal wußte ich auch nicht weiter. Swenja las einfach alles, was ihr unter die Finger kam, und dann fragte sie mich nach Fachausdrücken, die auch ich nicht kannte. Wenn ich Mummi danach fragte, war das in Ordnung. Sie beantwortete mir fast jede Wissensfrage, achtete aber darauf, daß Swenja nicht dabei war. Manchmal dachte ich, sie müßte doch merken, daß Swenja das eigentlich wissen wollte. Irgendwie entwickelten wir langsam eine Kommunikation über drei Ecken. Swenja fragte mich eines Tages, ob das daran liegen könnte, daß sie ein Mädchen sei. Sie hatte beobachtet, daß, wenn sie fragte, immer als Antwort kam, sie möge sich doch noch nicht mit solchen Fragen beschäftigen. Statt einer Antwort erhielt sie dann von Mummi eine Schmuseeinheit anstelle der ausführlichen Antworten, die ich stets bekam. Ich wollte von ihr wissen, ob sie das nur bei Mummi beobachtet hätte oder auch bei unserem Vater. Swenja meinte nur, bei unserem Vater hätte sie überhaupt keine Chancen, eine Antwort auf Fragen zu erhalten. Bevor sie überhaupt fragen könne, nähme er sie schon in den Arm, um mit ihr zu schmusen. Manchmal fände sie die Schmuserei echt fürchterlich. Komisch, ich hätte gern ein wenig mehr Schmuserei und hatte die Welt schon als ungerecht betrachtet. Es lag wirklich anschei-

nend daran, daß Swenja ein Mädchen war und noch dazu ein recht niedliches, wie immer wieder alle Erwachsenen betonten. Manchmal konnte ich richtig eifersüchtig werden, wenn Swenjas Niedlichkeit so gelobt wurde. Swenja machte es meist verlegen, und sie versuchte dann immer, den Erwachsenen vorzuführen, daß sie auch schon sticken und häckeln sowie viele Fremdwörter bewußt benutzen konnte, und sie war traurig, daß das alles nicht zählte, sondern im Gegenteil immer herabgesetzt wurde.
Eines Tages hatte die Erzieherin in Swenjas Spielstunde erneut Mummi darauf hingewiesen, daß möglicherweise auch Swenja hochbegabt sein könne und vorzeitig eingeschult werden müsse. Mummi weigerte sich jedoch, Swenja testen zu lassen, auch wenn Swenja den Kindern das Einmaleins von drei mit Bausteinchen erklärt hatte. Was Mummi einfach nicht wußte: Swenja konnte schon lesen, sie konnte bereits meine Schulaufgaben machen, sie wußte fast schon so viel wie ich. Mummi wollte es einfach nicht sehen. Swenja fand das überhaupt nicht gut, und ich war empört, daß Erwachsene so ungerecht sein konnten. Was ich nicht verstand: Mummi war doch auch weiblich und bestimmt nicht dumm. Aber warum ignorierte sie Swenjas enorme Fortschritte? Als ich es einfach nicht mehr aushielt, sprach ich sie ganz offen darauf an. Mummi war entsetzt und erklärte mir, das hätte sie nicht bewußt mit Swenja gemacht. Allerdings wollte sie mir auch klarmachen, daß Swenja als Mädchen nicht ganz so schnell zu lernen brauchte, da sie sonst mit den anderen Mädchen Schwierigkeiten bekäme. Ich antwortete ihr, die hätte Swenja schon, und sie wäre darüber sehr traurig. Denn sie spielte nicht wie ihre Freundinnen mit Puppen.

Meine Schulsituation spitzte sich immer mehr zu. Es mußte etwas geschehen. Eines Tages sagte Mummi zu mir, wir würden demnächst umziehen, und sie brächte mich jetzt schon einmal jeden

Morgen in die neue Schule. Ich war selig und natürlich neugierig, ob die Kinder dort etwas anderes lernten. Nun war das natürlich nicht so einfach, mich jeden Tag in eine neue Schule zu bringen. Den neuen Stadtteil, in den wir ziehen wollten, konnten wir morgens nur mit einer ungefähr dreißigminütigen Autofahrt erreichen. Ich war jedoch selig, weil in dieser halben Stunde Mummi mir ganz allein gehörte, und wir im Auto über viele Dinge sprechen konnten. Swenja fand diese Umschulung überhaupt nicht gut, denn sie mußte nun wirklich jeden Morgen in den Kindergarten, damit die Omi, die nun täglich anreiste, nur Chris für ein paar Stunden zu beaufsichtigen hatte. Das war für sie mehr als genug!

Meine neue Lehrerin war ganz anders als meine alte. Malen war für sie nicht wichtig, sie wollte wirklich ernsthaft mit uns arbeiten. Da ich alle Arbeiten immer gut erledigte, hatte ich keinerlei Schwierigkeiten mit ihr – jedenfalls nicht am Anfang. Mummi atmete auf, obgleich es für sie nicht einfach war, mich jeden Morgen etliche Kilometer weit zu fahren. Während ich in der neuen Schule war, beaufsichtigte Mummi den Bau unseres neuen Domizils. Viel später erst erfuhr ich, daß meine Eltern diese Strapazen nur auf sich genommen hatten, weil meine schulische Situation mittlerweile unerträglich geworden war.
Mummi hatte endlose Debatten an der alten Schule mit meiner Lehrerin geführt, für die Intelligenz anscheinend keine Rolle spielte. Mummi war zunächst der Ansicht gewesen, die Lehrerin brauche nur Zeit, um meine Situation zu verstehen und mich dann zu fördern und zu fordern. Denn auch der Schulleiter war ja dieser Ansicht und wies die Lehrerin, wie er Mummi stets beteuerte, immer wieder darauf hin. Aber Mummi hatte sich geirrt. Die Lehrerin wurde mir gegenüber sogar bösartig. Ich hatte das mit Erschrecken bemerkt und natürlich auch erzählt.

Nach dem Besuch der neuen Schule durfte ich oft noch mit zur Baustelle, und alles war so interessant, daß die Schule erst einmal für mich eine untergeordnete Rolle spielte. Sicherlich, auch hier ging es im Unterricht nur ganz langsam vorwärts, und ich ging deshalb ebenfalls manche Tage einfach nicht hin, aber es war erträglicher als in der alten Klasse. Nur lernen, so wie ich es wollte und konnte, war auch hier nicht möglich. Das hatte ich schon bald herausgefunden und mich inzwischen damit abgefunden. Manchmal war ich noch stocksauer auf die blöden Schularbeiten und ließ meinen Frust bei den anderen Familienmitgliedern ab, aber so langsam bekam ich auch das in den Griff. Der kleine Chris war eine große Hilfe für mich, da er so viel Zeit von mir verlangte, und auch Swenja wollte ständig etwas von mir wissen. Es gab Tage, da versanken Swenja und ich in Büchern im Kinderzimmer. Wir wollten durch niemanden und nichts gestört werden. Andere Kinder benötigten wir dazu nicht, da sie kein Interesse für unsere Bücher zeigten. Für Swenja und mich bedeutete daher der Umzug auch keine unüberwindlichen Verluste an Zuneigung zu den Spielkameraden. Umgekehrt hörten wir jedoch, daß unsere Spielkameraden aus dem Haus uns doch sehr vermißten. Für sie war das Spiel mit uns anscheinend doch wichtig gewesen.

Im neuen Haus hatten wir wesentlich mehr Platz, und Mummi fing an, sich Sorgen darüber zu machen, warum so wenige Kinder nachmittags bei uns spielten. Swenja hatte nun eine neue Vorschulgruppe, die sie auch schon nach kurzer Zeit blöd fand.

Daß ich als Junge wenig mit anderen Jungs spielte, war in den Augen meiner Mutter nichts Außergewöhnliches. Es war eben so mit mir, da konnte man nichts machen. Aber daß Swenja keinen Anschluß an andere Mädchen fand, wurmte Mummi sehr, und sie versuchte verstärkt, Mädchen für Swenja zu finden. Swenja versuchte deshalb, ihr mehr und mehr verständlich zu machen, daß die anderen Mädchen sie nicht interessierten. Swenja interessierte sich vielmehr für wissenschaftliche Themen, besonders für die Medizin. Sie versuchte aus jeder Apotheke, von jedem Arzt die ausgelegten Broschüren mitzunehmen. Mummi hatte nichts dagegen, denn sie glaubte, Swenja sähe sich nur gern die Bilder an. Swenja hatte sich endlich mit einem kleinen dunkelhaarigen Mädchen aus der Vorschule angefreundet. Sie war nachmittags zu Besuch bei uns, als Swenja gerade einen besonders interessanten Artikel über den Blutkreislauf beim Menschen gefunden hatte. Voll Begeisterung las sie der Freundin diesen Artikel im Kinderzimmer vor. Die Freundin hörte eine kleine Weile zu, stand dann auf und hüpfte auf einer Matte hin und her. Swenja fragte sie, ob sie denn nicht zuhören wolle. Ihre Freundin schüttelte den Kopf und fragte, ob Swenja nicht auf der Matte hüpfen wolle.

Ich konnte die Szene von meinem Zimmer aus beobachten und sah auch Mummi, die nun plötzlich erkennen mußte, daß Swenja lesen konnte. Fassungslos stand sie am Türpfosten und beobachtete Swenja. Ob sie nun endlich begriff, daß Swenja auch schon so viel konnte wie ich? Oder wußte sie es schon längst? Aber dann hätte sie Swenja auch vorzeitig zur Schule schicken müssen. Am Abend sprach ich mit ihr im Bett über Swenja. Mummi meinte, da Swenja doch ein Mädchen sei und sich hervorragend an die Situationen anpassen konnte, wäre es nicht so wichtig, für sie schulische Maßnahmen zu ergreifen. Ich sagte Mummi daraufhin, daß Swenja aber sehr darunter litt, nicht tun zu dürfen, was sie konnte. Ich erzählte ihr, daß Swenja schon seit langem meine Schularbeiten machte. Mummi war ganz entsetzt und meinte, Swenja müsse sich in der Schule langweilen, wenn sie schon alles könne. Ich antwortete, ich hätte ja auch schon alles gewußt, was wir lernen sollten. Swenja hätte sich das auch schon vorher beigebracht. Und was war mit Chris? Der konnte schon in ganzen Sätzen sprechen und nörgelte oft, weil er Swenja und mir nacheifern wollte, jedoch noch nicht konnte.

Pumi war überhaupt nicht überzeugt, daß wir hochbegabt seien. Immer wenn Mummi das Thema ansprach, versuchte er, sich aus dieser Diskussion davonzuschleichen. Manchmal fand ich das richtig gemein, da es doch um uns ging und nicht darum, was er meinte oder dachte.
Das Ergebnis: Swenja wurde nicht getestet. Keiner wollte wissen, ob sie vielleicht hochbegabt sei, und sie litt dadurch einfach still weiter. Einmal sagte sie ganz traurig zu mir: „Ich glaube, Jirko, ich bin dumm." Und ich sagte ihr, auch ich glaubte das manchmal von mir. Ich versuchte ihr zu erklären, daß ich nie begriff, warum die Lehrer in der Schule so lange über eine Sache sprechen mußten. Jedesmal dachte ich, jetzt ist es ganz besonders schwer, weil so viel erklärt wird, und dann stellte ich hinterher fest, daß da überhaupt keine Schwierigkeit drin war, sondern daß alles in drei Minuten hätte gesagt werden können.

Keiner in der Familie hatte mehr richtig Zeit, um Swenja und mir zuzuhören. Der kleine Chris riß alle in den Bann. Er raste mit zehn Monaten wie ein Wiesel durch das Haus, verlor manchmal das Gleichgewicht, und fast jede Woche entstand eine neue Beule oder Schlimmeres, was uns ärztliche Hilfe in Anspruch nehmen ließ. Er war eine geladene Portion Energie, kletterte überall hoch und war dabei hart im Nehmen. Bei den vielen mißglückten, schmerzhaften Versuchen mußte er doch eigentlich vorsichtiger werden. Aber das Gegenteil war der Fall. Mummi war durch diesen Irrwisch total genervt. Swenja und mir machte es jedoch Spaß, ihn mit in unsere

Spiele einzubeziehen. Er begriff unglaublich schnell, benötigte nur wenige Erklärungen. Swenja und ich nahmen dieses Energiebündel als Bereicherung mit in unser Spiel auf. Seine Sprache war für uns schon recht verständlich, und Chris war ein stets fröhliches Kind, voller Komik und Ungewöhnlichkeit.

Hochbegabte Kinder in der Familie

Es ist sehr wichtig, innerhalb der Familie zu wissen, welche Intelligenz die Kinder besitzen. Leider wissen zu wenige Eltern darüber Bescheid, und dementsprechend sieht dann auch die Erziehung aus. Sollte das erste Kind zum Beispiel hochintelligent sein, das zweite jedoch normal begabt, könnte eine Überforderung des zweiten Kindes eintreten, ohne daß die Eltern wissen, welcher Schaden bei dem nächsten Kind entstehen kann. Insofern kann Unwissenheit Hilfe unmöglich machen.

Sollte das älteste Kind normal begabt sein, das zweite Kind hochbegabt, könnte sich das erste Kind durch die schnelle Auffassungsgabe des Jüngeren und sein Herankommen an die eigene Intelligenzleistung massiv bedroht fühlen. Auch hier bedürfen die Kinder unserer Hilfe, die jedoch nur dann gewährleistet ist, wenn die Zusammenhänge auch erkannt werden. Aus Erfahrung weiß ich, daß gerade bei Psychologen, Kinderärzten und Lehrern dieser Zusammenhang bisher überhaupt keine Rolle spielte, von Ausnahmen einmal abgesehen. Folglich waren Ratschläge, Therapien und evtl. Medikamente bestimmt nicht immer zum Wohl der Kinder.

In unserer fiktiven Familie sind alle drei Kinder – Jirko, Swenja, Chris – hochbegabt. Das ist zwar ungewöhnlich, kommt jedoch häufiger vor als vermutet. Für Eltern ist das eine riesige Herausforderung, vereinfacht aber das Zusammenleben innerhalb der Familie. Es ist mit Sicherheit für Eltern kaum möglich, hohe Intelligenzunterschiede der eigenen Kinder entsprechend zu berücksichtigen, ohne daß sich irgendeines der Kinder falsch angefaßt fühlt.
In seltenen Fällen kam es in Familien auch vor, daß geistig behinderte Kinder, sei die Behinderung angeboren oder erworben, und

hochbegabte Kinder in der Geschwisterfolge waren. Ein für Unbeteiligte nur sehr schwer nachvollziehbarer Spagat für die betroffenen Eltern!
Diese Eltern berichteten jedoch, es sei mit ihren geistig behinderten Kindern nicht so unerträglich gewesen, da die Akzeptanz der Umwelt diesen Kindern gegenüber schon sehr groß war. Viel schwieriger sei es gewesen, den hochbegabten Kindern zu helfen, da den Eltern unterstellt wurde, sie würden jetzt das Kind in ihrer Familie auf dem Hintergrund des behinderten Kindes sehen. Verständlicherweise sei das „normal begabte" Kind sehr viel weiter. Den hochbegabten Kindern in diesen Familien zu helfen, dürfte doppelt schwer sein.

Die günstigste Familiensituation in Deutschland wäre, normal begabte Kinder in die Welt zu setzen. Gott sei Dank haben wir Eltern keinerlei Einfluß auf die Beschaffenheit unserer Kinder und müssen lernen, sie so zu lieben und anzunehmen, wie sie uns geschenkt werden. Wer das begriffen hat, kann eigentlich nie wieder von einer Elitebildung sprechen, denn wir bilden keine Elite, wir haben sie. Wir bilden auch keine geistig behinderten Kinder, sondern viele dieser Kinder werden so geboren, so sie nicht durch äußere Umstände, Krankheiten, Unfälle usw. zu Schaden kamen.

Es ist für Eltern sehr schwer, das Los anzunehmen, Kinder zu haben, die aus der Norm fallen. Dabei ist es ohne Wertung, nach welcher Seite die Kinder abweichen. Beide Seiten brauchen Liebe, mehr Verständnis, Geborgenheit, Annahme und damit Förderung.

Neue Schulprobleme

Zunächst ging es mir in der neuen Grundschule ganz gut. Vielleicht hatte es daran gelegen, daß ich erst einmal die neue Umgebung, die neuen Menschen kennenlernen mußte. Nur ganz langsam fing die Langeweile wieder an. Sie hatten hier zwar eine andere Fibel und ein anderes Schreiblehrgangsbuch, auch ein anderes Mathematikbuch. Nur ich hatte die neuen Bücher bereits nach drei Wochen wieder durchgearbeitet. Gerade die neue Fibel fand ich hier schon besser als diese blöde Fu-Geschichte, aber auch der neue Ulli war mit der Zeit recht öde. Sicherlich, Mummi hatte mir manchmal aufgezeigt, daß im neuen Ulli nicht immer alles ganz so einfach war, aber von einer echten Herausforderung konnte jedoch niemand sprechen. Hinzu kam natürlich meine Enttäuschung, daß es in der neuen Schule doch nicht so viel schneller ging als in der alten, und diese zu verbergen, hatte ich auch nicht vor.

Und dann kam eines Tages ein Knall, und ich wußte überhaupt nicht, wie er zustande kam. Es war ungefähr in der Mitte der vierten Grundschulklasse. In einer Unterrichtsstunde wurden Zettel ausgeteilt, die ich schon vor Jahren einmal ausgefüllt und an denen ich damals großen Spaß gehabt hatte. Mit Begeisterung füllte ich die Reihen aus und war schon längst fertig, bevor das Kommando von der Lehrerin kam „bitte alle umblättern". Es sollte eine Zeitmessung dabei sein, nur, ich stellte fest, ich war schon fertig und

mich konnte damit ja niemand messen. Aber die Testaufgaben waren einfach prima gewesen, endlich einmal etwas, das mir richtig Spaß gemacht hatte.
Voller Begeisterung erzählte ich Mummi von der tollen Arbeit. Mummi wurde sehr nachdenklich, und ich glaube, ihr war überhaupt nicht recht, daß der Intelligenztest noch einmal gemacht wurde. Es kam, wie es kommen mußte. Unsere Lehrerin hatte vor dem Test die Aufgabe bekommen, uns zu beurteilen und sie hatte mich eigentlich ins Mittelfeld beordert. Normalerweise dürfen die Testergebnisse nicht mit den Eltern besprochen werden. Was für ein Blödsinn, wir gehören doch den Eltern und nicht der Schule, aber in meinem Fall mußte die Lehrerin mit Mummi darüber sprechen, denn ich hatte unerwartet hohe Werte, die mit genauer Zeitmessung wahrscheinlich noch höher gelegen hätten. Mummi wurde also in die Schule zitiert, und als sie der Lehrerin zu verstehen gab, daß sie schon lange über die hohe Intelligenz ihres Sohnes Bescheid wußte, wurde nun meine Lehrerin sauer. Sie beschimpfte meine Mummi, sie hätte das doch sagen müssen, da ihr Sohn seinen ganzen IQ „verpenne". Ich wäre während des Unterrichts nur körperlich anwesend, jedoch nicht geistig und das stimmte ja haargenau: Der Inhalt dessen, was ich täglich dort machen mußte, war so was von banal und öde, da mußte ich einschlafen.
Mummi versuchte ihr klarzumachen, daß sie schon einmal umgezogen sei, weil die andere Schule die hohe Intelligenz des Sohnes kannte, und die dortige Lehrerin versucht hatte, diese zu zügeln. Damit so etwas nicht noch einmal passieren konnte, hätte sie nichts gesagt, in der Hoffnung, die Lehrerin hier würde von allein darauf kommen. Na, da hatte Mummi sich eben schon wieder geirrt. Auch diese Lehrerin hatte mich nicht erkannt, ich hatte das schon lange bemerkt und richtete mich nach ihrer Erwartungshaltung. Dann ließ sie mich meist in Ruhe und die Kinder auch. Zwischenzeitlich

baute ich immer einige Fehler in die Arbeiten ein, denn wenn ich so eine Zwei oder Drei hatte, war das Leben erträglich. Dann war ich ein ganz normales Kind. Ich hatte inzwischen die Erfahrung gemacht: Einser-Schüler wurden ständig von den anderen geärgert und gehänselt, und auch die Lehrer versuchten, das Kind von der Eins wegzubekommen, damit es auch einmal lerne, Niederlagen einzustecken. Manchmal benutzten die Lehrer dazu richtig fiese Methoden. Die Einser-Schüler – nein, überwiegend waren es ja Mädchen – bemerkten diese Methoden anscheinend überhaupt nicht, denn sie wehrten sich nicht dagegen. Meine Nachbarin hatte zum Beispiel einmal zwei Fehler angestrichen bekommen, da die Drei nicht hundert Prozent genau geschrieben war. Es gab aber noch viele andere Dreien in der Arbeit. Konsequenterweise hätten auch diese angestrichen sein müssen, aber dann hätte es als Note eine Sechs geben müssen. Also wurden nur zwei Dreien bemängelt, und die Note Eins war flöten. Das Mädchen nahm das stillschweigend hin, nein, sie meinte sogar, die Lehrerin hätte vielleicht recht. Zu so viel Dämlichkeit wollte ich nichts mehr sagen.

Oder man war als Schüler ein Fünfer-Kandidat. Das war auch noch akzeptiert. Na, dann kümmerten sich alle Leute um einen. Es gab Förderunterricht, bei der geringsten Leistungssteigerung wurde das betreffende Kind gelobt, gelobt und nochmals gelobt. Wir alle mußten immer so lange warten, bis das schlechteste Kind den Unterrichtsinhalt verstanden hatte. Manchmal hatte ich das Gefühl, die schlechten Kinder nutzten ihre Situation aus. Das war wirklich widerlich. Einem dieser Widerlinge sollte ich dann auch noch helfen. Ich hatte ihn ertappt, daß er die Aufgaben sehr wohl konnte, es standen schon die richtigen Ergebnisse da. Er sagte jedoch falsche Zahlen, mit dem Ergebnis, daß er eine ganze Viertelstunde eine nochmalige Erklärung bekam, während der er der einzige Ansprechpartner der Lehrerin war. Ich weigerte mich, ihm zu helfen, und erntete die Empörung meiner Lehrerin, die nun meinte, ich sei arrogant. Das traf mich tief. Dieser Ausdruck „arrogant" kam erst nach dem Intelligenztest bei ihr auf, vorher hätte sie mich niemals aufgefordert, anderen zu helfen, da sie der Meinung war, daß ich das bei meiner Mittelmäßigkeit nicht könnte. Insofern war der Intelligenztest jetzt sehr negativ für mich.

Wir hatten in der vierten Klasse auch eine neue Mathelehrerin bekommen, mit der ich mich von Anfang an nicht verstand. Irgendwie erschien sie mir bei all den vielen Erklärungen unlogisch. Zweimal hatte ich sie darauf schon angesprochen, sie meinte jedoch, ich sollte besser aufpassen und nicht immer träumen, dann würde ich schon verstehen, um was es ging. Das machte mich richtig wütend, denn sie hatte einen Fehler gemacht, ihn auch bemerkt und dann unter tausend Umwegen in den Erklärungen wieder berichtigt, mit dem Ergebnis, daß die Klasse total verwirrt war. Dann holte sie zur nochmaligen Erklärung aus und erklärte diesmal die Aufgabe richtig. Unsere Blicke trafen sich, und sie wußte, daß ich es bemerkt hatte. Von diesem Augenblick an war unser Verhältnis mehr als gestört.

Der nächste Vorfall führte dann zum Eklat. Wir sollten schriftlich teilen, die Zwischenzahl der Multiplikation jedoch hinschreiben, einen Strich darunterziehen und dann erst die geschriebene Zahl von der oberen Zahl abziehen. Ich hatte herausgefunden, daß man das auch gleich im Kopf machen konnte und wollte mir das lästige Aufschreiben von sinnlosen Zahlen ersparen. Wütend meinte meine Lehrerin, ich hätte schon wieder vorgearbeitet. Wenn die wüßte, daß ich schon lange nichts mehr zu Hause freiwillig machte, da ich Angst hatte, das könne später in der Schule noch kommen. Da ich ja nicht wußte, was ich in den weiteren Klassen noch lernen würde, verweigerte ich jegliches Interesse an wissenswertem Stoff, auch wenn ich es liebend gern schon gewußt hätte. Damit ich nun in der Mathematikstunde gefügig wurde, sagte mir meine Lehrerin, falls ich meinen kurzen Rechenweg, der erst viel später erklärt werden würde, in der Arbeit gehe, bekäme ich einen Punktabzug und damit eine schlechtere Note. Sie konnte nicht wissen, daß gute Noten schon längst für mich nicht mehr erstrebenswert waren. Ich hatte eben bemerkt, daß Noten oft nur noch nach dem Wohlverhalten der Schüler oder der Einschätzung der Lehrer zustande kamen.

Mit Mummi klärte ich ab, wie ich die nächste Arbeit schreiben sollte. Mummi meinte, ich könne so rechnen, wie ich es für richtig hielte. Die Noten wären in diesem speziellen Fall auch für sie unwichtig. Den Blödsinn mit den Noten machte auch sie schon lange nicht mehr mit. Gegen Faulheit hatte meine Mummi etwas, und manchmal war ich ja auch wirklich nur zu faul, das verhaßte Buch, gleich in welchem Fach, noch einmal aufzuschlagen. Da wurde sie dann richtig böse, wenn ich eine Vier oder Drei schrieb. Sie sah sich immer zuerst die Arbeiten an, und wenn ich nur aufgrund von anderen Antworten auf nicht präzise genug gestellte Fragen eine schlechtere Note erhalten hatte, akzeptierte sie es. Solange ich nicht schlechter als insgesamt Drei stand, drohte ja keine Gefahr. Ich schrieb also die kurze Version bei der Arbeit und bemühte mich, mich nicht zu verrechnen. Alle Aufgaben waren im Ergebnis richtig, nur die Punktzahl fehlte, also erhielt ich die Note Vier.

Im Abgangszeugnis der vierten Klasse erhielt ich dann tatsächlich eine Zwei in Mathematik. Ich war empört über diese Ungerechtigkeit, ich hätte mit der Vier in der Klassenarbeit eine Drei erhalten müssen: Alle anderen Kinder hatten mit dem gleichen Zensurenspiegel eine Drei erhalten. Die Lehrerin hatte aber nicht gewagt, mir eine Drei ins Zeugnis zu schreiben. Es verließ sie der Mut, einem nachweislich intelligenten Kind eine Drei ins Zeugnis zu schreiben. Im Vorfeld markierte sie immer die Starke, die sich nichts gefallen ließ, aber dann, wenn man sie hätte greifen können, kniff sie. Mein Bild von der Persönlichkeit Erwachsener wurde immer verschwommener. Einmal fragte ich Mummi, ob es denn wirklich auch Erwachsene gäbe, denen man vertrauen könne. Sie versuchte mir zu erklären, daß es die bestimmt gäbe, und wir beide machten uns auf die Suche, wen in unserer Umgebung wir benennen könnten. Voller Entsetzen bemerkte Mummi, daß wir kaum jemanden fanden.

Und noch ein sehr unerfreuliches Ereignis ließ mich an dem Verstand meiner Mathematiklehrerin der vierten Klasse zweifeln. Sie gab uns eines morgens Textaufgaben zum Rechnen: eine ganze Buchseite. Ich las sie durch, fand sie ganz gut und löste innerhalb von fünf Minuten die ganze Seite. Es waren Aufgaben immer nach demselben Prinzip, nur anders formuliert.
Ich war mit den Aufgaben fertig, bevor die Klasse einigermaßen ruhig war und zu arbeiten anfangen konnte. Ich meldete mich und sagte, ich sei fertig. Ungläubig beorderte mich meine Lehrerin nach vorne, in der Annahme, mit Sicherheit einen Fehler zu finden. Da ich das aber geahnt hatte, hatte ich die Aufgaben doppelt gerechnet, und es war kein Fehler darin. Während ich da so vor ihrem Pult stand, sie nachrechnete und ich einen trotzigen Gesichtsausdruck an den Tag legte, merkte ich, wie sie immer wütender wurde. Nach Beendigung der Kontrolle fragte ich ganz ruhig, ob sie noch mehr Aufgaben davon hätte. Das verschlug ihr den Atem. Sie beschimpfte mich, ich solle nicht so überheblich sein, natürlich hätte sie keine weiteren Aufgaben, die anderen Kinder hätten ja sogar Schwierigkeiten, die Aufgaben in dieser einen Stunde zu lösen. „Und was soll ich jetzt machen?“ fragte ich sie ganz ruhig. „Wenn ich dir nichts mehr beibringen kann, kannst du ja nach Hause ge-

hen", meinte sie in einem ziemlich scharfen Ton. „Das wäre eine gute Idee", antwortete ich ihr, denn ich hatte nun wirklich keine Lust mehr auf den Streit mit ihr. War es ein Fehler gewesen, die Aufgaben sofort zu lösen? Ich packte also in Windeseile meine Sachen und düste nach Hause, im Ohr noch ihren Satz: „Da muß ich aber nun doch mit deiner Mutter reden." Auch das ließ mich kalt, weil ich meine Mummi und ihre voraussichtliche Reaktion kannte. Zu Hause angekommen, wußte ich nicht, ob ich lachen oder weinen sollte. Ich flüchtete mich einfach in Mummis Arm und erzählte ihr unter Tränen, ich sei herausgeflogen, aber nicht, weil ich irgend etwas Schlimmes getan hätte, sondern weil ... Mummi nahm mich ganz fest in den Arm und sagte mir, sie hätte das absolute Vertrauen in mich, daß ich nie Dinge tue, die „schlimm" seien, und ich hätte völlig recht gehabt, dieser Situation aus dem Wege zu gehen.
Nachmittags rief dann die Lehrerin wutentbrannt bei Mummi mit dem Argument an, sie könne heute keinen Mittagsschlaf halten, da ich sie zu sehr aufgeregt hätte. Es wäre eine Unverschämtheit und eine Arroganz von mir, in fünf Minuten die Aufgaben zu lösen, zu denen sie selbst den Tag zuvor eine halbe Stunde benötigt hätte. Mummi fragte sie ganz ruhig, welche Fächer sie studiert hätte, und sie sagte voller Stolz „Musik und Kunst". „Ja, und wie kommen Sie dann dazu, Mathematik in der vierten Klasse zu geben?" fragte Mummi sie. „Na, weil der Schulleiter mich dafür eingesetzt hat", war die Antwort. „Aber Sie sind doch für dieses Fach überhaupt nicht ausgebildet und unterrichten es trotzdem. Meinen Sie nicht, daß die Arroganz da auf Ihrer Seite zu suchen ist? Ganz davon abgesehen, daß die Kinder Anspruch auf eine qualifizierte, ausgebildete Lehrkraft in so einem wichtigen Fach haben."
„Sie meinen wohl, weil Ihr Kind hochbegabt ist, hätte es einen besonderen Anspruch", war die Folgerung der Lehrerin dazu. „Ich sage Ihnen nur, meine Tochter hat einen IQ von 80 und hat trotzdem

das Abitur gemacht. Da können Sie sehen, welchen Wert ein IQ-Test hat", plapperte die Lehrerin einfach darauflos. „Armes Deutschland", war darauf der Kommentar meiner Mutter, und sie versprach, morgen mit dem Schulleiter über diesen Vorfall zu sprechen.
Das tat Mummi dann auch, und es stellte sich heraus, daß kein Schulleiter eine Lehrkraft gegen ihren Willen in einem Fach einsetzen kann, das sie nicht studiert hat. Also, doch Rückgabe der Arroganz an die Lehrerin? Die letzten Wochen in der vierten Klasse waren nun wirklich nicht mehr schön, und wir benutzten zur Zeitüberbrückung wieder unser altes System: Einfach drei Tage fehlen, dann wieder kurz erscheinen und wieder fehlen. Da ich kaum Freunde in meiner Klasse hatte, beschloß ich, auf ein Gymnasium zu gehen, das keiner meiner Klassenkameraden besuchte. Ich wollte ganz von vorne beginnen und bat Mummi, in der neuen Schule nichts über meine Begabung zu sagen, da die Lehrer das ja eh nicht begriffen, und ich nur Schwierigkeiten hätte. In der nächsten Zeit kam ich mittags immer reichlich spät nach Hause. Ich ging auf die Schulhöfe der in Frage kommenden Gymnasien, um herauszufinden, wo ich mich am wohlsten fühlen würde. Ich mischte mich einfach unter die Kinder und hörte ihren Gesprächen zu. So fand ich mein Gymnasium.

Der Intelligenztest

Wahrscheinlich wird demnächst in Deutschland ein heftiger Streit um Intelligenztests ausgetragen werden. Diplom-Psychologen studieren an der Universität dieses Testverfahren und müssen darüber eine Prüfung ablegen. Wie kommen also Lehrer oder auch andere Menschen dazu, Testverfahren als unsinnig abzulehnen, wenn diese wissenschaftlich fundiert sind?

Eine Erklärung für die Ablehnung von Intelligenztests könnte vielleicht sein: Menschen lehnen diese Tests ab, da sie selbst mit nicht sehr hohen Werten abgeschlossen haben. Wie mit allen Dingen, die Menschen nicht erreichen können, ist hier Angriff die beste Verteidigung, um diesen Sachverhalt zu kaschieren.

Viele Menschen haben sich mit Testverfahren auseinandergesetzt, sie jedoch nicht in ihrer Aussagefähigkeit erfaßt. Dieser Test heißt Intelligenztest, weil die Denkgeschwindigkeit und die Denkmöglichkeit eines Menschen gemessen werden. Sollten Sozialverhalten, Kreativität, Schulwissen oder andere Dinge gemessen werden, müßten andere Testverfahren benutzt werden. Der Test heißt Intelligenztest, nicht Kreativitätstest, nicht Test für einen Emotial-IQ oder Sozial-IQ. Intelligenz sagt nichts über den Menschen aus, sondern nur über seine Auffassungsgabe, seine Wahrnehmung und Informationsverarbeitung. Allein wegen seiner Intelligenz ist der Mensch nicht ein besserer oder schlechterer Mensch. Intelligenz muß prinzipiell ohne Wertung sein!

Kritiker der Tests haben in folgenden Punkten recht: Die meisten Tests in Deutschland sind veraltet. Man hielt es nicht für nötig, die Testverfahren weiterzuentwickeln, da man ja jahrzehntelang davon ausging, daß die Kinder alle gleich seien und erst das Bildungsangebot sie zu wissenden und – welch ein Irrtum – zu denkenden Menschen machen würde. Zu wissenden Menschen ja, aber das Po-

tential der Denkfähigkeit kann über einen bestimmten Level, der vererbungsmäßig angelegt ist, hinaus nicht gesteigert werden.
Die oberen Bereiche der Denkfähigkeit können auch die standardisierten, wissenschaftlich anerkannten Tests in Deutschland nicht messen, da sie zur Erkennung von schwach begabten Kindern entwickelt wurden. IQ-Höhen von 150 und darüber können in unserem Land nicht gemessen werden, da die Skala dazu nicht ausreicht. In den USA ist dies dagegen sehr wohl möglich.

Der Intelligenztest ist eine Momentaufnahme. Hohe Ergebnisse werden nicht durch Zufall erreicht, da ein Mensch nicht nur zufällig einmal gut denken kann. Niedrige Ergebnisse dagegen sind bei einer Denkblockade durchaus möglich, die natürlicherweise bei Kindern noch häufiger auftritt als bei Erwachsenen. Die Erfahrung zeigt allerdings, daß ein zu diesem Thema gut ausgebildeter Diplom-Psychologe auch blockierte hochbegabte Kinder motivieren und erkennen kann. Wie sonst wäre es möglich, daß hochbegabte Sonderschulkinder uns die Denkleistung in den Tests zeigen, obgleich sie anscheinend nicht in der Lage sind, die einfachsten Wissensabfragen richtig zu beantworten.

Wissen und Denken sind zwei Paar Schuhe. Wir können Wissen erklärt bekommen, etwas begreifen, etwas auswendig lernen und zu gegebener Zeit richtig reproduzieren. Ja, wir können erklärtes Wissen, ohne es zu begreifen, auswendig lernen und den Eindruck bei vielen Menschen erwecken, wir seien intelligent. Sollte dieses erlernte Wissen jedoch auf einen anderen Bereich übertragen werden müssen, werden die Defizite sofort sichtbar.
Wenn die Schule, wie bislang der Fall, keinerlei Kontrollen über die Denkfähigkeit von Menschen einführt, wird auch weiterhin etwas passieren, das Deutschland erheblich schadet: Es werden teilweise

die falschen Menschen in Führungspositionen gelangen, Menschen, die die entsprechende (Denk-) Fähigkeit für die anfallenden Arbeiten nicht besitzen, sich überfordert fühlen, und es auch tatsächlich sind. Entscheidungen werden dann ständig an andere delegiert, in der Hoffnung, nicht allein verantwortlich zu sein, wenn Fehler passieren, oder auf Menschen zu stoßen, die die Fehler rechtzeitig bemerken, ohne daß für den Delegierenden selbst ein Schaden entsteht.

Unsere soziale, wirtschaftliche und wissenschaftliche Misere in Deutschland ist auch auf eine falsche Bildungspolitik zurückzuführen. Statt der Einschulungstests, auch Zappeltests genannt, sollten Elemente von Intelligenztests eingeführt, und bei Abweichungen von der Norm, sei es in die eine oder andere Richtung, rechtzeitig Maßnahmen zu einer genaueren Diagnostik und anschliessenden Förderung eingeleitet werden.
Intelligenz an Noten messen zu wollen, muß der Vergangenheit angehören. Noten sind der Maßstab einer mehr oder weniger perfekten Reproduktion von eben Gelerntem. Eigene Denkprozesse sind in den Arbeiten in der Regel unerwünscht, da nicht bewertbar oder meßbar.

Debatte mit einem Gymnasiallehrer der Oberstufe:
„Aber natürlich werden ab der elften Klasse Transferleistungen von den Schülern verlangt.“
„Werden diese Transferleistungen denn vor den Arbeiten besprochen?“, fragte ich zurück.
„Natürlich müssen wir sie vorher durchnehmen, sonst stehen doch die Eltern mit dem Argument auf der Matte, das konnte mein Kind nicht lernen, da es nicht durchgenommen worden ist“, kam als Erwiderung.

„Na, dann sind doch diese Transferleistungen schon wieder eine Reproduktion“, meinte ich. „Eine eigene Denkleistung ist doch überhaupt in der Zensurengebung nicht mehr zu erkennen, und das ist genau das, was ich ständig sage.“

Betretenes Schweigen. An diesem Gespräch war der Kultusminister von Nordrhein-Westfalen beteiligt. Er fragte, warum wir denn hochbegabte Kinder überhaupt finden müßten. Ich erwiderte ihm, warum er denn schwachbegabte Kinder finden müsse. Na, um ihnen rechtzeitig zu helfen. Ach, und hochbegabte Kinder, die genauso weit von der Mitte der Skala entfernt sind, brauchen keine Hilfe? Geben wir ihnen doch „Normalkost“, und wenn sie ersticken, haben sie selbst schuld.

Vermutlich hatten der Kultusminister von Nordrhein-Westfalen, die meisten anderen Kultusminister und die in der Bildung Verantwortlichen noch nie ernsthaft über hochbegabte Kinder nachgedacht. Ein Armutszeugnis für die Bundesrepublik Deutschland.

Swenjas erste Klasse

Während ich mit meinen unterschiedlichen Lehrerinnen mehr oder weniger kämpfte, ging Swenja vom ersten Tag an völlig unbeteiligt zur Schule. Mit mir hatte ihr das Lernen richtig Freude gemacht, aber jetzt merkte man ihr an, daß ihre Fröhlichkeit restlos verschwunden war. Manchmal hatte ich ihr gesagt, eigentlich hätte sie mit mir in eine Klasse gehen können. Mein Onkel hatte mir erzählt, er hätte nach dem Krieg eine Dorfschule besucht. Die ersten vier Klassen waren in einem Klassenraum, und er hätte die Aufgaben der älteren Kinder mit lösen dürfen, obgleich er erst in der ersten Klasse war. Für Swenja wäre jetzt diese Dorfschule die Rettung gewesen. Aber Swenja sagte kein Wort zu ihrer Situation. Kam sie von der Schule, verschwand sie in ihrem Zimmer – ich war ja meistens noch nicht da – stritt sich mit Chris, der teilweise auch wirklich ein unmögliches Kind war. Mummi war verzweifelt, zum einen über Swenja, die ständig über Bauch- oder Kopfschmerzen klagte, zum anderen über Chris, der sich zum schnellsten Unsinnmacher der Familie entwickelt hatte.

Mummi hatte mit Swenja nun wirklich fast alle Ärzte durch, um herauszufinden, ob Swenja organisch etwas fehlte. Swenja hatte regelrecht Migräneattacken, legte sich nach der Schule meist ins abgedunkelte Schlafzimmer. Legte sie sich nicht hin, mußte sie sich übergeben. Aufstehen wollte sie nur, wenn ich ihr versprach, ihr

meine Schulaufgaben zu zeigen. Meine Bücher interessierten sie und vor allem die Gespräche mit mir. Innerhalb von wenigen Minuten nach meinem Auftauchen waren ihre Kopfschmerzen oft verschwunden.
Sie wollte ständig mit mir unsere selbsterfundenen Brettspiele oder Phantasiespiele spielen. Dann war ihre Welt wieder in Ordnung. Nur, ich konnte auch nicht ständig um sie sein und ihr helfen, da ich selbst Hilfe brauchte, und so verliefen unsere Nachmittage manchmal sehr chaotisch. Aber das Schlimme war, Swenja und ich konnten den Verlauf dieser ewigen Auseinandersetzungen mit uns selbst oder mit Mummi nicht steuern, und oft waren wir genauso traurig wie unsere Mummi, wenn wir wieder einmal über Stunden nur Streit untereinander hatten. Diese Streitereien waren so belanglos, so banal, und wir haßten sie. Swenja und ich flüchteten uns oft in andere Aktivitäten: Wir wollten schwimmen gehen, eine Stadtrundfahrt machen, auf den Michel (Denkmal in Hamburg) klettern, alle Strecken der U-Bahn abfahren, aber möglichst allein zum Hauptbahnhof oder mit den Alsterdampfern fahren, segeln lernen, Karate lernen, Pantomime lernen, Klavier und Flöte spielen, trommeln lernen, ins Planetarium gehen … Hauptsache irgend etwas Interessantes tun, weg von der Langeweile, weg von den langweiligen Schularbeiten.
Da Swenja eine beliebte Mitschülerin war, die sich oft um die Belange der anderen Kinder kümmerte, hatte sie auch einige Freundinnen. Ich mochte viele ihrer Freundinnen nicht, die waren teilweise so öde, aber ihre beste Freundin fand auch ich in Ordnung. Die Freundinnen konnten nie verstehen, daß es Swenja morgens nicht so gut ging, aber nachmittags oft alles wieder o.k. war. Sie brachten ihr die Schularbeiten, aber Swenja hatte zu diesen Arbeiten keine Lust. Oft beschwerte sie sich bei mir, daß ihr solche Babyarbeiten als Aufgaben gegeben wurden. Nur widerwillig setzte sie sich

an die Arbeit. Ich konnte sie gut verstehen, ging es mir doch ebenso, und ich versuchte ihr manchmal begreiflich zu machen, daß es ja auch Möglichkeiten gab, diesen langweiligen Aufgaben zu entfliehen. Mit geheimnisvollem Blick zeigte ich ihr eines Tages mein Rechenheft. Ich hatte immer alle Aufgaben fein säuberlich ins Heft geschrieben, aber keine Aufgabe gerechnet. Strich drunter, irgendeine Zahl als Ergebnis ausgedacht und doppelt unterstrichen. Dann wäre sie ganz schnell mit den Aufgaben fertig. Beim Abfragen in der Schule könne sie sich ja ausrechnen, bei welcher Aufgabe sie drankäme, die könne sie schnell ausrechnen und das richtige Ergebnis sagen. Ich zeigte ihr meine Hausaufgabenhefte. Überall waren die roten Haken der Mathelehrerin, die ja nur kontrollierte, ob die Hausaufgaben dastanden, sich aber nie die Ergebnisse ansah. Swenjas Gesicht strahlte, als ich ihr die Möglichkeit zeigte, verdüsterte sich jedoch gleich wieder, und sie meinte, zu so einer Schummelei fehlte ihr der Mut. Brav schrieb sie auch weiterhin Zahl für Zahl hin. Sie wurde täglich geistig vergewaltigt und wehrte sich nicht. Einzige Flucht für sie waren ihre Kopfschmerzen. Dann war sie für drei Tage von der Schule befreit, danach war sie wieder in der Lage, die Schule zu ertragen. Aber sie versprach mir, mich nicht zu verraten. Plötzlich schmunzelte sie und sah mich aufbegehrend an: „Ach, deshalb möchtest du nicht, daß Mummi deine Schularbeiten kontrolliert?“

Ihre Freundinnen lernten jetzt langsam das Lesen. Eines Tages saß Chris, knapp zwei Jahre alt, in der Runde und erklärte, er könne auch schon lesen. Und dann „las“ er den Kindern das Bilderbuch „Margarithas Abenteuer“ vor, Wort für Wort, blätterte genau im richtigen Augenblick um. Alle waren sprachlos. Swenja hatte Chris' „Lesen“ verfolgt und dabei ihre Tarnung gegenüber ihren Freundinnen aufgegeben. Die stellten plötzlich fest, daß auch Swenja bereits lesen konnte. Das Kinderzimmer war plötzlich ein Schauplatz der Überraschungen: Swenja fing an zu weinen, weil Chris lesen konnte, und sie dadurch ihre Schauspielerei den Freundinnen gegenüber zu erkennen gegeben hatte. Ihre Freundinnen waren ziemlich irritiert darüber, daß Chris lesen konnte. Daß Swenja auch schon lesen konnte, nahmen sie zwar zur Kenntnis, es ärgerte sie jedoch nicht so sehr. Mummi kam dazu, und Chris las stolz noch einmal das Bilderbuch vor. Mummi traute auch ihren Augen und Ohren nicht, nahm Chris das Buch aus der Hand, lächelte ihn an und forderte ihn auf, noch mal zu lesen. Er konnte auch ohne Buch „lesen". Die anderen Kinder hatten sich leider vorher schon verabschiedet. Mummi nahm Swenja und Chris in den Arm und lachte einfach los.

„Du mußt dich ganz blöd stellen, nie sagen, was du schon kannst, immer so tun, als ob du dich ganz besonders anstrengen mußt, damit keiner merkt, daß für dich die Schule Pipifax ist. Nur dann wirst du akzeptiert." Mummi war über Swenjas Worte entsetzt. Ich meinte, Swenja hätte recht, aber ich könnte es nicht so geschickt verbergen und würde es auch nicht einsehen, mein Können ständig verstecken zu müssen. Ich versuchte Swenja zu erklären, daß sie doch nur schauspielere, sie gar nicht sie selbst sein könne, wenn sie immer nur ängstlich danach schielte, was die anderen machten. Swenja fragte zurück, ob es denn lustig wäre, keine Freunde zu haben, zu keinem Fest eingeladen zu werden, so wie das bei mir wäre. Na, das machte mich nun wieder fix und fertig. Natürlich litt ich darunter, daß ich so gut wie nie von meinen Klassenkameraden zum Geburtstag eingeladen wurde. Aber auf einigen dieser Geburtstage fand ich es sowieso nicht toll. Die Spiele, die dort gemacht wurden, waren Spiele für Swenjas Freundinnen oder für Chris. Die Enttäuschung nach solchen Einladungen ließ mich leichter mit der Tatsache fertig werden, daß die Einladungen immer spärlicher wurden. Mummi hatte das auch schon bemerkt, wußte jedoch ebenfalls nicht, wie wir das ändern könnten. Sicherlich, die Kinder aus meiner Klasse fanden einen Nachmittag bei mir mal ganz toll, aber neulich hatte einer dann auch gesagt, bei mir wäre es immer so anstrengend: Die Spiele dauerten immer so lange und wären viel zu schwer.

Ich hielt mich lieber an den älteren Bruder eines Klassenkameraden. Wenn der mich besuchte, war das richtig gut, und ich freute mich, ihn zu sehen. Wir spielten aber auch nicht richtig, sondern unterhielten uns über viele interessante Dinge wie zum Beispiel die schwarzen Löcher oder über Erfindungen oder darüber, was wir vielleicht noch erfinden sollten. Bei einem dieser Gespräche entdeckten wir, daß ich mich für all die großen und weiten Dinge interessierte, wie schwarze Löcher, Galaxien, Kontinente, und er mehr für die kleinen Dinge, wie Viren, Bakterien, Zellen usw. Wir ergänzten uns prima.

Im Augenblick mußten wir jedoch Chris „Leseoperation" ins rechte Licht rücken und versuchen, den „Schaden", den er angerichtet hatte, so gut wie möglich zu begrenzen.
Die Kinder, die bei uns zu Besuch waren, hatten natürlich zu Hause erzählt, Chris könne bereits lesen, und Mummi hörte nur Vorwürfe: Sie wäre wohl ganz verrückt geworden, einem knapp dreijährigen Kind das Lesen beizubringen. Mummi hielt es für zwecklos, noch Erklärungen abzugeben. Aber Swenja hatte plötzlich nur noch die eine gute Freundin, alle anderen Kinder hatten Verbot bekommen, bei uns zu spielen. Swenja traf das sehr, und ich versuchte, sie abzulenken. Das würde sich mit der Zeit wieder geben, meinte ich zu ihr. Nur sie wollte dann auch nicht mehr mit den einsti-

gen, angeblichen Freundinnen spielen, die sich von ihr zurückgezogen hatten. Das erste Mal, daß Swenja sich nicht anpaßte, sondern eine eigene Meinung vertrat. Kopf- und Bauchschmerzen wechselten sich weiter bei ihr ab, aber seit einigen Tagen hatte sie auch eine Allergie. Ständig waren ihre Augen rot entzündet.

Swenja war eine gute Schülerin. Ohne Widerrede machte sie die Schularbeiten und waren sie noch so blöd. Ja, sogar zu zusätzlichen Fleißaufgaben war sie bereit, obgleich sie vor Langeweile dabei fast verrückt wurde. Mit eiserner Disziplin erledigte sie alle Aufgaben. Auf meine Fragen, warum sie das denn mache, es genüge doch, die notwendigsten Aufgaben zu erledigen, meinte sie nur, dann wären alle böse mit ihr, und wenn sie schon gelobt werden wolle, dann eben, weil sie fleißig sei.

Mummi suchte mit ihr eine Psychologin auf. Auch diese war der Auffassung, Swenja wäre bestimmt sehr intelligent, aber es wäre besser, diese Intelligenz zu bremsen, da sie als Mädchen sonst Schwierigkeiten bekäme. Swenja war bei dem Gespräch dabei, und zu Hause kullerten dann ihre Tränen. Mummi war über die Psychologin entsetzt, und ganz langsam faßte sie den Entschluß, auch Swenja einmal testen zu lassen. Pumi betrachtete den ganzen Testkram als Unsinn und argumentierte nur, daß auch das hohe Testergebnis bei mir nichts nützen werde. Ich würde zu einem immer fauleren Schüler, und wenn ich nicht aufpaßte, könnte ich wahrscheinlich nicht einmal auf die Universität gehen. Dabei versuchte er mir immer zu signalisieren, daß er das überhaupt nicht schlimm fände, da ja meine Eltern auch nicht studiert hätten, und die Praktiker sowieso im Leben mehr Chancen hätten. Aber bei Swenja riet mein Vater nun vom Testverfahren ganz ab. Was sollte das denn, ein hochintelligentes Mädchen? Welch eine entsetzliche Vorstellung. Swenja würde unglücklich werden, da sie doch später einen Mann finden müsse, und sie nur glücklich sein könne als verheiratete Frau mit Kindern. Mein Argument, daß es ja auch bekannte Wissenschaftlerinnen gäbe, wurde mit dem Argument vom Tisch gefegt, daß er sich nicht vorstellen könne, in seiner Familie so eine Wissenschaftlerin zu haben. Nein, ein hochintelligentes Mädchen paßte in keiner Weise in sein Bild von einer glücklichen Familie. Swenja bekam die Streitgespräche meiner Eltern mit. Ich stand auf dem Standpunkt, Mummi hatte recht: Es ist doch egal, ob Junge oder Mädchen. Mädchen sind doch keine anderen Menschen, und ich sah doch, wie Swenja litt.

Wir setzten uns durch. Swenja wurde an der Universität getestet. Auch sie hatte einen sehr hohen IQ, so daß wir davon ausgehen konnten, daß Swenja ihrem Alter geistig drei Jahre voraus sei. Ich jubelte, da ich das schon immer geahnt hatte. Nun war es sicher. Jetzt würde sich auch für Swenja die Welt verändern, dachte ich. Nur Swenja sah ganz bekümmert aus, und ihre größte Angst bestand darin, daß ihr Vater sie nun nicht mehr leiden mochte. Die Liebe von Mummi war uns ja sicher, das wußten wir drei instinktiv, aber die Liebe des Vaters? Swenja weinte bitterlich, als wir Pumi das Ergebnis sagen mußten. Aber unser Vater nahm Swenja ganz fest in den Arm und versicherte ihr, er werde alles tun, damit sie glücklich würde. Für einen kurzen Moment war unsere kleine Welt in Ordnung.

Hochbegabte Mädchen

Gerade hochbegabte Mädchen sind perfekt in ihrer Anpassung: Oft werden sie überhaupt nicht erkannt. Da sie selten „verhaltensauffällig“ werden, erkennt niemand die Zusammenhänge. Psychosomatische Störungen aufgrund einer massiven geistigen Unterforderung, ja eigentlich einer geistigen Vergewaltigung, sind gerade bei diesen Mädchen die häufigste Ursache, Ärzte aufzusuchen.
Tatsache ist: Wir haben genauso viele hochbegabte Mädchen wie Jungen. In der Hochbegabtenförderung beträgt der Anteil der Mädchen jedoch nur rund ein Drittel.

Eine nicht unwesentliche Rolle bei der Nichterkennung von hochbegabten Mädchen scheinen offenbar die Väter zu spielen. Der Mann fühlt sich automatisch als Familienoberhaupt intelligenter als seine Familienangehörigen. Ich glaube, kaum einem Mann ist bewußt, daß er vielleicht eine intelligentere Frau oder ein intelligenteres Kind zu Hause hat. „Mann“ würde sich gleich bedroht fühlen. Ein intelligentes Mädchen durchschaut diese Rollenspiele sehr schnell. Da der Vater jedoch eine große Rolle im Leben eines Mädchens spielt, nimmt sich das hochbegabte Mädchen oft spontan zurück und überläßt die Führungsrolle natürlich dem Vater. Ein hochbegabter Junge hat mit seiner Mutter hier nicht ganz so viele Probleme. Da der Vater ja signalisiert, daß Intelligenz männlich sei, kann der hochbegabte Junge sehr wohl seine vermeintlich nicht so intelligente Mutter herausfordern, ohne daß ihm etwas passiert. Im Gegenteil, Mütter schätzen es sehr, wenn sie intelligente Söhne haben. Sie geben den Söhnen schon mal zu Unrecht recht, um dem Sohn zu beweisen, wie intelligent er doch ist. Einer Tochter wird dies seltener zugestanden. Sie hat unbewußt die Rolle der liebenden, verzeihenden, fürsorglichen und etwas „unterbelichteten“ Frau

zu übernehmen. Dieses Rollenspiel wird leider von vielen Frauen durch ihr Verhalten unterstützt.
Überlegen wir doch einmal ernsthaft: Es gibt in der Intelligenzverteilung eine gleichmäßige Verteilung der Geschlechter. Viele hoch intelligente Frauen dürften weniger intelligente Männer geheiratet haben. Wer hat schon einmal von einem Mann den Ausspruch gehört: Meine Frau ist intelligenter als ich. Die Mehrheit der intelligenten Frauen dürfte nach wie vor in Deutschland für Haus und Heim zuständig sein. In allen Führungsgremien müßten eigentlich genauso viele Frauen wie Männer sitzen. Da dies nicht der Fall ist, ist zu vermuten, daß u.a. Männer Frauen nicht an sich vorbeilassen, da sie automatisch der Meinung sind, Männer seien intelligenter.
Insofern haben intelligente Mädchen in Deutschland zur Zeit keine wirkliche Karriere-Chance. Sehen wir in die USA: Dort gibt es mehrere Eliteuniversitäten nur für Frauen. In Deutschland gibt es diese Universitäten nicht für Männer und schon gar nicht für Frauen.
Die Forderung, die Männer immer wieder bekunden, nämlich Frauen nach vorne zu lassen, hätte zur Konsequenz, daß viele Männer in der zweiten Reihe stehen müßten. Welcher Mann ist dazu schon bereit?

Aus eigenem Erleben im Management kann ich als Frau folgendes berichten: Sollte eine Frau in einer Sitzung, in der Entscheidungen getroffen werden müssen, eine qualifizierte Idee haben, muß mindestens ein Mann aus dieser Runde diese Idee aufgreifen und verstärken, damit sie angenommen wird. Das begründet auch das oft beschmunzelte Verhalten von Frauen, daß sie sich einen „Verehrer“ aus dieser Runde wählen, damit sie überhaupt zum Zuge kommen. Diese Prozesse laufen nicht bewußt ab, sollten aber in Zukunft bei Führungsseminaren berücksichtigt werden, da gute und erfolgreiche Ideen von Frauen weniger Chancen haben, wenn diese „Liaison“ vorbei ist. Im Gegenteil, oft geht der frühere „Bundesgenosse“ vielmehr aus gekränkter Eitelkeit in die Opposition, leider auch in Sachfragen.

Chris

Chris' Entwicklung machte enorme Sprünge. Viele führten es einfach bloß darauf zurück, daß er ältere Geschwister hatte. Aber wir sahen täglich, daß er selbst schwierige Zusammenhänge ohne Erklärungen begreifen konnte. Er war gerade vier Jahre alt und las nun wirklich! Nichts konnte ihn davon abhalten, wie ein Schwamm alles aufzunehmen. Er zählte sieben Zahlen im Kopf spielend zusammen. Ich hatte das bemerkt, als ich in einem Rätselheft diese Zahlen im Kopf addieren sollte. Ich hatte sie laut vorgelesen und Chris nannte prompt das Ergebnis. Ich hatte mich verrechnet. Als ich es nochmals kontrollierte, mußte ich Chris recht geben.

Er spielte mit uns Monopoly, ohne Erklärungen für die Geldwerte zu benötigen. Chris schlief extrem wenig. Das wiederum fanden Swenja und ich einfach prima. Wir bestanden darauf, alle gemeinsam in einem Zimmer schlafen zu dürfen, damit wir uns abends unterhalten konnten. Bis spät in die Nacht erzählten wir uns Phantasiegeschichten, und Chris war mit guten Einfällen immer dabei. Für uns war das ganz selbstverständlich. Unsere Omis und Tanten lehnten jede Verantwortung bei der Betreuung von uns mit dem Argument ab, wir wären viel zu anstrengend. Mummi war die einzige, die uns in unserem Drang, alles zu erforschen und zu erfahren, unterstützte. Aber Chris war einfach im Vergleich zu anderen extrem nervend. Wir spielten viele Gesellschaftsspiele, veränderten immer wieder die Spielregeln, spielten z.B. „Mensch ärgere Dich nicht" mit vier Brettern, und jedesmal, wenn die Steinchen ein anderes

Brett betraten, galten andere Regeln. Diese Spiele dauerten Stunden, und Chris konnte nicht genug davon bekommen. In unseren Zimmern lagen unterbrochene Spiele auf dem Boden, die nicht weggeräumt werden durften, da wir sie noch nicht zu Ende gespielt hatten. Freunde meiner Eltern, die uns besuchten, schüttelten oft den Kopf, versuchten hinter unsere vielen Regeln zu kommen und gaben einfach auf, da es ihnen zu kompliziert war. Und immer hörten wir dann: „Die spielen so, weil sie die normalen Spielregeln noch nicht können." Wenn wir derartige Gespräche belauschten – und das taten wir sehr häufig – dann kicherten wir drei über die absurde Denkweise der Erwachsenen, die anscheinend nicht sehen konnten, daß uns die normalen Spielregeln zu einfach waren.

Mummi hatte sich in diesen Gesprächen meistens schon ausgeklinkt. Sie hörte sich das gelassen an, entgegnete nichts, und wir wußten, sie dachte genau wie wir. Sie hatte schon längst bemerkt, daß wir den Erwachsenengesprächen, während wir spielten, zuhörten, und manchmal kam sie einfach zu uns, lächelte uns an und schloß die Tür, damit wir nicht alles hören konnten. Wir wußten, ihr tat es weh, wenn die Erwachsenen sich so unbesonnen über uns äußerten, ohne zu sehen, was wir brauchten.
Für Chris war es nicht einfach, einen geeigneten Kindergarten zu finden. Ich fragte Mummi, ob es denn wirklich nötig sei, daß alle Kinder in Kindergärten gehen mußten. Sie erklärte mir, daß Kinder lernen müßten, mit anderen Kindern zu spielen, worauf ich ihr sagte, daß Chris es nie lernen würde, mit Gleichaltrigen zu spielen, da er bereits ganz anders spielte. Aber gerade deswegen müßte er ja in den Kindergarten, damit er erkenne, wie gespielt werden sollte. „Findest Du das richtig?", fragte ich Mummi ganz ernst. Sie dachte eine Weile nach und meinte dann, ich hätte recht: Warum mußte Chris eigentlich lernen, wie die anderen zu spielen? Wir sprachen

darüber, daß das doch völlig sinnlos sei, denn die anderen hätten nichts davon, daß Chris sich bei den simplen Spielen langweilte, und Chris würde doch nur darunter leiden und dann wieder einmal so aufsässig werden, wie er es stets wurde, wenn er nicht tun durfte, was er wollte.
Mummi fand dann eine Spielstunde bei einer älteren Dame, die hervorragend malen konnte und bei der Kreativität viel zählte. Dort lernte Chris wirklich gut malen. Er war der einzige von uns, der Malen überhaupt interessant fand. Ansonsten war er jedoch auch in der Spielstunde ein in seiner Wildheit kaum zu bändigendes Kind. Ging die Spielgruppe zum nahe gelegenen Spielplatz, war Chris immer der erste, der auf der Rutsche saß, der erste, der der Schaukel so einen Schwung gab, daß er sich während des Schaukelns drehen konnte, der erste, der entdeckte, daß Spritzen von Drogensüchtigen im Sand lagen. Jedoch bei diesen Entdeckungen wußte er sofort, daß Gefahr drohte und schützte kleinere Kinder vor Verletzungen. Seine Betreuerin nahm ihn dann ernst, da sie bemerkt hatte, daß er sehr geschickt die Spritzen in einer Tüte einsammeln konnte, und ließ ihn gewähren. Er fing mehr und mehr an, seine Spielstunde zu begrüßen.

Gefürchtet waren aber nach wie vor seine Wutanfälle. Ging irgend etwas nicht gleich nach seiner Nase, konnte er so in Wut geraten, daß alle entsetzt waren. Auch wir Geschwisterkinder litten manchmal sehr unter ihm. Dann gab es aber auch Phasen, in denen Chris hervorragend mit uns spielen konnte, sehr witzig war, sehr kompromißbereit. Wir fanden einfach nicht heraus, warum er mal so und mal so reagierte. Mummi versuchte immer, Zusammenhänge zu finden, gab aber manchmal auch entnervt auf und tröstete uns, daß es bestimmt besser würde, wenn Chris älter sei.
Wir hatten alle zusammen festgestellt, daß Chris rund um die Uhr

mit interessanten Dingen beschäftigt sein mußte, dann war er für alle erträglich und machte einen glücklichen Eindruck. Egal, mit was er sich beschäftigte, er fand ständig irgendwo Fehler, sei es in Lehrbüchern, in Zeitschriften oder in dem, was Menschen um ihn herum berichteten. Er beschäftigte sich mit Themen, die den Kindern in seinem Alter verschlossen blieben. Immer wieder versuchte Chris, in der Spielstunde den anderen Kindern die Unterschiede der Dinosaurier zu erklären. Er hatte sich ein Wissen über Dinosaurier angeeignet, das einen Wissenschaftler bestimmt erfreut hätte. Über die lateinischen Begriffe in diesem Zusammenhang war er auf die lateinische Sprache gestoßen und wollte nun unbedingt Latein lernen. Selbst uns nervte es, ewig auf die lateinischen Ausdrücke von Chris achten zu müssen. Er weitete sein Interesse sodann auf die Medizin aus, da er auch dort mit lateinischen Ausdrücken operieren konnte. Er hatte bereits bemerkt, daß die meisten Menschen um ihn herum überhaupt nicht behalten konnten, um welche Wörter es sich im einzelnen handelte. Chris versank in seinem Zimmer in Büchern von Dinos, Medizin und lateinischen Comics, die er alle schon zigmal gelesen hatte.

An einen Vorfall werde ich mich mein Leben lang erinnern. Mummi lag krank mit Fieber im Bett. Chris wollte einen kleinen Freund anrufen, dessen Nummer er auswendig kannte. Chris konnte schon mit drei Jahren allein telefonieren. Er war zum Telefon gelaufen und wollte gerade die Zahlen wählen, als das Telefon klingelte. Chris, gerade vier Jahre alt, nahm überrascht ab, und dann entwickelte sich folgendes Gespräch:

Chris: „Wer spricht da?“

Fremde Person: „Wer ist denn am Apparat?“

Chris: „Zuerst habe ich nach Ihrem Namen gefragt und bevor Sie nicht Ihren Namen nennen, werde ich Ihnen meinen nicht nennen.“

Fremde Person nach erschrockener Pause: „Ist Deine Mutter zu Hause?"
Chris: „Wenn Sie mir nicht Ihren Namen nennen, werde ich ihr nicht sagen können, wer sie sprechen möchte." Das Telefon machte klick. Die Person hatte aufgelegt. Chris wollte erneut seinen Freund anrufen. Wieder ging das Telefon. Chris nahm so schnell ab, daß ich nicht dazwischengehen konnte, und sagte in ziemlich aufgebrachtem Ton: „Wenn Sie immer noch nicht Ihren Namen nennen möchten, legen Sie bitte sofort wieder auf."
Dann wählte Chris seinen kleinen Freund an. Er faßte sich ganz kurz und knapp, legte wieder auf und das Telefon klingelte erneut. Chris schaute mich bittend an, damit ich das Gespräch annähme. Es war die Lehrerin von Swenja, die mich erst einmal fragte, wer denn dieses entsetzliche Kind eben gewesen sei. Ich sagte ihr, das sei Chris gewesen. Sie fragte mich nach seinem Alter, und nach meiner Antwort herrschte erst einmal für einige Sekunden betretenes Schweigen am anderen Ende der Leitung. Dann erklärte sie, sie wolle Mummi sprechen, weil sie sich über Swenja Gedanken machte. Mummi war aber krank, und damit unterblieb das Gespräch.
Mit Chris irgendwohin zu Besuch zu fahren, war eine Herausforderung für uns alle. Aber ab und zu lassen sich Familienfeiern nicht vermeiden. Auf einer Hochzeitsgesellschaft lief dann mal wieder bei Chris das Faß über. Omi hatte uns Kindern mit wichtiger Miene erklärt, daß bei so einer Feier alle bei Tisch schön sitzen bleiben sollten. Auch Chris wurde darum gebeten. Gerade Chris, der immer Hummeln im Hintern hatte! Also, wir saßen alle bei Tisch so richtig piekfein angezogen. Es dauerte eine Ewigkeit, bis die Suppe kam. Chris wurde schon wieder unruhig. Rutschte langsam vom Stuhl, griff nach seiner Gabel, schummelte sich unter dem Tisch bis zur Stirnseite des Tisches durch. Da nahm er die Gabel und ließ sie Purzelbäume über sich selbst schlagen. Es sah nach Spiel, nach dum-

mem Zeug aus. Mummi hatte ihn im Blick, ich auch. Chris kam wieder unter dem Tisch zu uns zurück und erklärte Mummi, dieser Tisch wäre drei Gabellängen breiter als unser Tisch zu Hause, wenn die Gabeln die gleiche Länge hätten. „Mummi, haben alle Gabeln die gleiche Länge?“ Mummi verneinte das, da sie große und kleinere Gabeln kannte, und Chris wollte nun wissen, wie lang unsere Gabeln zu Hause waren. Darauf wußte keiner eine Antwort. Chris hatte jedoch seine Gabel oben an der Stirnseite liegengelassen, nachdem Omi ihm ins Ohr geflüstert hatte, daß doch alle sitzen bleiben sollten. Nun fehlte Chris die Gabel zum Essen. Deshalb hatte er nach der Suppe seinen Löffel behalten, damit er weiteressen konnte.

Swenja und ich unterhielten uns oft über das Verhalten von Mummi. Sie sah viele Ereignisse mit unseren Augen. Ihr fiel wohl auf, daß wir oft mißverstanden wurden, und sie machte uns dann immer klar, warum andere Menschen auf die gleichen Ereignisse anders reagierten. Ich schleuderte ihr einmal voll Wut entgegen, sie solle doch nicht immer andere in Schutz nehmen und entschuldigen. Sie wäre genau wie Swenja: immer versuchen, auch noch absolut blödsinniges Verhalten von anderen zu erklären. Ich hätte doch mitgekriegt, daß dadurch die anderen nichts lernen würden. Man sollte es ihnen direkt sagen. Mummi meinte, wir würden die Menschen dadurch verletzen, und ich sagte ihr, dann würden sie sich immer so verhalten.

Chris versetzte uns oft in fast unerträgliche Situationen. Wir saßen beispielsweise bei uns zu Hause bei einem gemeinsamen Essen mit der lieben Verwandtschaft. Mummi hatte noch am Herd zu tun, das Essen stand auf dem Tisch und Chris verkündete allen, sie könnten doch schon anfangen mit dem Essen, sonst würde es kalt. Omi erklärte ihm, daß alle warten sollten, bis Mummi auch am Tisch säße, Chris entgegnete, es wäre aber doch besser, wenn nur Mummi kaltes Essen bekäme und nicht alle. Omi sagte, daß man aus Höflichkeit so lange warten sollte, bis alle säßen. Ich schaltete mich ein, denn ich war Chris' Auffassung. Pumi beendete das Gespräch, indem er wie immer seinen Standardsatz sagte: Es ist eben so und damit Schluß.

Ich war seit einiger Zeit bei den Pfadfindern. Nach unserem ersten Wochenende kam ich zurück und berichtete Chris, warum alle immer so lange bei Tisch warten mußten. Bei den Pfadfindern reichte das Essen vielleicht nicht, und dann mußten alle von ihrem Essen dem letzten etwas abgeben, und dieser wollte natürlich kein angefangenes Essen haben. Swenja meinte, vielleicht sei das noch so eine Sitte von früher, als das Essen manchmal auch nicht reichte. Aber heute wäre das Essen doch ausreichend vorhanden. Sie hätte noch nie erlebt, daß ein Essen nicht für alle reichte. Also könne man doch diese unsinnige Sitte abschaffen, da sie überflüssig geworden sei und im Gegenteil allen schade, die nun ohne Grund kaltes Essen bekämen. Wir drei waren uns einig, daß die Erwachsenen manchmal nicht darüber nachdachten, was sie eigentlich taten. Beim nächsten Freundschaftsessen, bei dem wir und ungefähr dreißig andere Gäste geladen waren, zählte Chris die Personen ab, ließ sich dann von einer Tante die gekochte Menge Essen zeigen, schätzte die Menge ab und verkündete dann, als alle bei Tisch saßen: „Das Essen reicht hier ganz bestimmt für alle. Ihr könnt gleich anfangen." Betretenes Schweigen in der Runde. Pumi pfiff Chris an, er solle nicht so unverschämte Dinge sagen, sonst könne er ja gleich nach Hause gehen. Chris fing an zu weinen und flüchtete sich auf Mummis Schoß. Swenja versuchte, Chris Verhalten zu erklären, bekam aber auch von Pumi und dann von Omi Mundverbot. Wir Kinder waren richtig empört. Mummi kannte den Zusammenhang dieses Ausspruches von Chris, da wir sie in unsere Überlegungen miteinbezogen hatten. Sie meinte nach diesem Essen, sie werde schon mit den Kindern nach Hause fahren. Sie wußte genauso wie wir Kinder, daß Chris sich für diese Behandlung bei Tisch sofort rächen würde. Er hatte so eine Palette von ungebührlichem Verhalten drauf, daß wir nie sicher sein konnten, welches Register er gleich ziehen würde. Eine Flucht aus der Gemeinschaft war dann immer sinnvoller.

Hochbegabte und normal begabte Kinder in einer Familie

Unserer Familie ging es wie so vielen Familien. Wir gingen davon aus, daß es höchstens einmal in der Familie vorkommen kann, daß man ein hochbegabtes Kind hat. So, wie es Familien gibt, in der auch mehrere geistig behinderte Kinder sein können, gibt es aber natürlich auch die Möglichkeit, daß mehrere Kinder hochbegabt sind. Sollte ein Kind erkannt worden sein, glauben die Eltern meist, die anderen Kinder würden durch das hochbegabte Kind überfordert. Die Eltern versuchen, diese Überforderung von den anderen Kindern fernzuhalten oder sie zu mildern. Die Kinder unter sich wissen jedoch schon relativ früh, wie das nächste Geschwisterkind denkt und fühlt. Das Schützen der weiteren Kinder vor der geistigen Überlegenheit des hochbegabten Kindes wird oft von diesen selbst als Bevorzugung der anderen empfunden, wenn dieses Bewahren nicht gerechtfertigt ist, und die weiteren Kinder die gleiche geistige Kapazität besitzen. Deshalb ist es für Familien sehr wichtig zu wissen, wo die einzelnen Kinder geistig stehen, um sie innerhalb der Familie entsprechend behandeln zu können.

Schwierig wird es in den Familien, wenn weitere Kinder normal begabt sind, und eine tatsächliche Überforderung eintritt. Deshalb kann ich nur allen Familien raten, Kinder testen zu lassen, damit man weiß, welches Kind evtl. überfordert, welches Kind unterfordert sein könnte. Selbsteinschätzungen sind hier oft nicht sehr hilfreich. Aus den Statistiken unserer Diplom-Psychologen der Hochbegabtenförderung wissen wir inzwischen, daß von hundert getesteten Kindern nur zirka fünfundzwanzig Kinder hochbegabt oder überdurchschnittlich intelligent sind. Ein normal begabtes Kind, bei dem eine Hochbegabung nur angenommen wird, kann erheblichen Schaden durch Überforderung erleiden. Schon die Erwartungshaltung von nicht-wissenden Eltern kann diese Kinder so unter Druck setzen, daß sie sich nicht richtig entwickeln können. Ohne Diagnose kann ich nur warnen, von Hochbegabung zu sprechen. Sicherlich, viele Anzeichen können darauf hindeuten, aber die Eltern sollten sich immer durch einen Intelligenztest Gewißheit verschaffen.

Alle Eltern sollten sich erst einmal darüber freuen, Kinder zu haben. Wir alle haben die Verpflichtung, die Kinder so anzunehmen, wie sie geboren wurden. Wunschdenken von Eltern sollte in die Kinderzimmer unter keinen Umständen Einzug halten. Die Kinder könnten sich sonst nicht geliebt fühlen, da sie bemerken, daß sie nicht so sein dürfen, wie sie sind. Alle Kinder sind der Schatz der Menschheit für die Zukunft, dabei darf es für die Liebe und Zuneigung keine Rolle spielen, ob sie intelligent sind oder nicht. Jedes Kind hat auf irgendeinem Gebiet eine besondere Stärke. Sie zu finden und zu fördern, sollten Eltern bemüht sein. Es ist unmöglich, aus einem normal begabten Kind ein hochbegabtes Kind, aus einem geistig behinderten ein normal begabtes Kind zu bilden. Aufgabe der Eltern ist nur, das Kind zu lieben und die Anlagen zu fördern, auch wenn das Kind Bedürfnisse hat, die wir nicht schätzen. Liebe bedeutet, Menschen so anzunehmen, wie sie sind und nicht wie wir sie uns wünschen. Das gilt in besonderem Maße gerade für Kinder.

Das soll nun nicht bedeuten, daß wir keinerlei Einfluß auf unsere Kinder ausüben können und dürfen. Durch unser eigenes Verhalten geben wir unsere Wertvorstellungen, unsere Vision des Lebens an die Kinder weiter. Ob sie diese Vorstellungen übernehmen, müssen wir ihnen überlassen. Sollten sie jedoch erfahren haben, daß unsere Lebensweisen ihnen und anderen geholfen haben, daß sie sinnvoll waren, werden sie unsere Verhaltensweisen, wenn die Zeit der Opposition überstanden ist, übernehmen.

Das Gymnasium

Selig war ich, endlich der langweiligen Grundschule entronnen zu sein. Nun sollte das Lernen losgehen, meinten die Erwachsenen. Das hatten sie jedoch schon so oft gesagt. Hoffentlich hatten sie wenigstens diesmal recht.
Voller Neugierde ging ich die ersten Tage zur Schule. Das neue Schulgebäude war viel größer als unsere Grundschule. Immer wenn ich in so große Häuser kam, interessierte mich auch der Baustil. In Gedanken zeichnete ich dann die Gänge und Zimmer auf ein Millimeterpapier, und in meinem Kopf entstand dadurch ein Grundriß. Damit konnte ich dann alle Klassenzimmer, das Musikzimmer, die Sporthalle usw. rasch wiederfinden, und meine Klassenkameraden verließen sich gleich zu Beginn des neuen Schuljahres auf meine Orientierung.

Also, es war schon ganz gut, daß wir für fast alle Fächer andere Lehrer hatten. Es machte mir Freude, die unterschiedlichen Charaktere der Lehrer zu ergründen. Fremde Menschen waren für mich erst einmal interessant, da ich sie ja noch nicht kannte – aber kennenlernen wollte. Jedes Wort, jede Gestik und Mimik merkte ich mir sofort. Vor fremden Menschen hatte ich nie Angst, auch wenn sie manchmal für mich unverständlich reagierten. Ich hatte jedoch bemerkt, daß ich immer mehr über die Sprache regeln konnte.

Die Erwachsenen waren verblüfft über meine Fähigkeiten, Informationen zu sammeln und daraufhin Menschen im Hinblick auf ihre Persönlichkeit einzuschätzen. Mummi meinte damals nur, ich sollte vorsichtiger mit einer so schnellen charakterlichen Beurteilung von Menschen sein. Ein halbes Jahr später gab sie mir dann doch zu verstehen, ich hätte schon innerhalb der ersten Stunden meine Lehrer richtig eingeschätzt. Ich war zu diesem Zeitpunkt gerade einmal zehn Jahre alt.

Am Gymnasium faszinierten mich zunächst die vielen neuen Fächer. Vor allem Englisch wollte ich ganz schnell lernen – möglichst perfekt. Ich fing an, viele englische Fernsehsendungen einzuschalten, mir für den Computer englische Adventurespiele zu kaufen oder schenken zu lassen, und mein Interesse für englische Bücher wurde geweckt.

Aber nach den ersten Schultagen kamen wieder die ersten Enttäuschungen: Wir wiederholten in den Hauptfächern offensichtlich noch einmal die vierte Klasse, den ganzen langweiligen Kram. Mummi erklärte mir, daß das vielleicht nötig sei, um alle Kinder auf einen gemeinsamen Wissensstand zu bringen. Ich war maßlos enttäuscht.

Mummi hatte sich auch diesmal wieder entschlossen, keinem Lehrer etwas von meiner Hochbegabung zu verraten. Sie war der Auffassung, daß Gymnasiallehrer natürlich eine hohe Intelligenz erkennen müßten. Damals wußten wir noch nicht, daß kein Lehrer – egal welcher Schulform – zu diesem Thema eine Ausbildung hatte. Deshalb konnte sie mir auch zum damaligen Zeitpunkt nicht helfen, obgleich ich ihre Hilfe bitter benötigt hätte. Mummi konnte einfach nicht mehr hören, daß die Schule schon wieder langweilig sei. Hatte sie mir auf der Grundschule geduldig zugehört, geriet sie jetzt regelrecht in Panik, wenn ich über meine Schulsituation sprach. Ich wollte sie nicht entmutigen, da auch sie so viel Hoffnung auf das Gymnasium gesetzt hatte. Nur, ich brauchte Hilfe, um meine Enttäuschung zu verarbeiten. Meinem Vater konnte ich mit diesen Problemen überhaupt nicht kommen. Er war nie auf einem Gymnasium gewesen und hielt es auch für seine Kinder nicht erstrebenswert.

Mein Stimmungsbarometer sank auf den Nullpunkt, als wir in einer offiziellen Deutscharbeit eine Abschreibarbeit mit der Begründung aufgebrummt bekamen, es hätten viele Kinder in meiner Klasse noch eine miserable Rechtschreibung, und damit nicht gleich schlechte Noten verteilt werden müßten, sollten erst einmal alle richtig abschreiben lernen.
Ich war so empört über diese Arbeit, daß ich fünf Fehler machte. Einen Fehler machte ich mit Absicht, um nicht zu platzen. Ich setzte einen dicken Punkt hinter die Überschrift. Und ich bekam als Zensur eine Fünf, die erste Fünf in meinem Schulleben.
Tränen flossen jedoch nicht über die Fünf, sondern über den Unsinn, im Gymnasium noch abschreiben zu müssen. Schon in der Grundschule waren mir Abschreibübungen verhaßt. Meine Achtung vor dem Gymnasium war weg. Teilweise wurden wir wie Babys behandelt, fast so wie in der Grundschule. Ich ließ meinen Kopf hängen und wollte nichts mehr hören und sehen von dieser öden Schule.

Nur zu meinem Geographielehrer faßte ich Vertrauen. Er stellte manchmal so richtig tolle Fragen, da lohnte es sich nachzudenken. Ich mochte ihn sehr gerne und er – glaube ich – mich auch. Er hatte bemerkt, daß ich mich für Karten im Kartenraum interessierte, und ließ mich während der Schulstunde dort einfach stöbern. Er hatte mir das Kartenamt aufgetragen, und gleich bei der ersten Stunde kam ich mit der Karte, die ich holen sollte, nicht zurück ins

Klassenzimmer. Ich war in den Karteninhalt versunken, und als mein Lehrer auftauchte, verwickelte ich ihn gleich in ein Gespräch über die Bodenschätze in der Ukraine. Er kam überhaupt nicht dazu, mir einen Vorwurf zu machen, nahm die Karte, die er brauchte, und sagte nur, wenn ich fertig wäre, könne ich ja nach unten ins Klassenzimmer kommen.

Ich wurde die ganze Stunde nicht fertig, und fast hätte mich die Aufsicht in den Kartenraum eingeschlossen. Beim nächsten Kartenholen kam ein Klassenkamerad mit, um die gewünschte Karte ins Klassenzimmer zu tragen, ich blieb aus stillschweigender Übereinkunft mit meinem tollen Lehrer wieder im Kartenraum.

Mummi wußte schon von meiner Kartenhol-Sonderstellung. Natürlich hatte sich der Lehrer von ihr die Genehmigung für mein Handeln eingeholt. Beim ersten Elterngespräch war er auch der einzige Lehrer gewesen, der Mummi auf meine Hochbegabung ansprach. Sie erzählte es abends Pumi, und ich lauschte.

„Ihr Sohn ist in großer Gefahr," hatte er sie begrüßt, „Er ist hochbegabt und damit auch an dieser Schule massiv geistig unterfordert." Mummi hatte ihm gesagt, daß sie davon wüßte, nur – was sollte sie tun. Es gäbe doch keine Schulen für hochbegabte Kinder, und sie wüßte ja auch nicht, wie sie den Lehrern aufzeigen könnte, was ihr Sohn braucht. Der Geographielehrer meinte, andere Lehrer hätten mich nicht richtig eingeschätzt. Mummi müsse sie unbedingt auf meine Hochbegabung ansprechen. Mummi erklärte ihm, warum sie nichts mehr darüber sagen wollte. Ich hätte schon so viele Nachteile deswegen ertragen müssen, daß ich mehr nicht verkraften könnte. Der Lehrer meinte, wenn die anderen Lehrer nichts davon wüßten, könnten sie dem Kind auch keine Unterstützung geben. Durch dieses Gespräch erfaßte Mummi zum ersten Mal, daß die Lehrer zur Thematik der Hochbegabung keine Ausbildung hatten, und sie als Mutter die Lehrer kaum von einer speziellen Förderung für ihr Kind überzeugen könnte.

Eine Welt brach für Mummi zusammen. Sie hatte fest damit gerechnet, daß die Gymnasiallehrer auch Fachleute für hochbegabte Kinder seien. Jetzt mußte sie feststellen, daß auch Lehrer dieses Schultyps Laien auf dem Gebiet waren. Nach der ersten Panik wurde sie wütend. Wir haben Schulpflicht, der Staat zwingt die Eltern, ihre hochbegabten Kinder von Laien unterrichten zu lassen. Bis jetzt war Mummi eine weitgehend angepaßte Frau gewesen, die immer auf Ausgleich bedacht war. Sie konnte zwar sehr gut schimpfen, aber wirklich „geboxt“ hatte sie bis dahin nie.
Mummi verabredete sich mit einem ihrer alten Lehrer, den sie seit zwanzig Jahren kannte. Nach diesem Nachmittag kam sie ganz aufgeräumt nach Hause. Wir standen im Badezimmer, und unsere Blicke trafen sich im Spiegel. Ihr Lehrer hatte ihr erklärt, daß Wissen und Denken zwei völlig unterschiedliche Dinge seien. Wissen würde mit Zensuren gemessen, Denken könnten Kinder nach Auffassung vieler Lehrer noch nicht. Eine Schulung des Denkens fände deshalb in unserem Bildungssystem nicht mehr statt. Ich sah Mummi im Spiegel fasziniert in die Augen und meinte, nun hätte sie „es“ endlich begriffen. Erleichtert erklärte ich ihr über den Spiegel unsere Situation.
„Wir denken zuviel, und dadurch können wir das Wissen nicht so wiedergeben, wie es gewünscht wird. Ich zum Beispiel denke zu weit und zu global. Nur, ich weiß nicht, wie ich das abstellen soll, vor allem weiß ich nie genau, ob die Antworten, die ich gebe, nun meine Gedanken sind oder ob ich irgendwo schon wieder Wissen aufgeschnappt habe, über das ich noch nicht verfügen dürfte. Ich gebe oft in der Schule Antworten, die keiner versteht. Aber woher soll ich wissen, welche Antwort die ‚richtige‘ ist. Mummi, weißt du,

manchmal denke ich, es wäre besser, du würdest mit einer Bratpfanne auf meinen Kopf schlagen; damit wäre das Denken einfach weg. Aber nimm Swenjas und Chris' Kopf gleich mit, denn die beiden denken auch zuviel."
Den fassungslosen Blick meiner Mutter über den Spiegel werde ich nie vergessen. Sie hatte das gesamte Ausmaß unseres Anderssein erfaßt, und das Schlimme war, es gab keinen Ausweg. Sie wußte es, und ich wußte es, und das Traurige war, es betraf uns alle drei. Mummi versprach mir, irgendeine Möglichkeit für uns zu finden.

Im Englischunterricht hielt ich mich an die Aussprache einer Klassenkameradin, die gebürtige Engländerin war. Ihre Aussprache und die Aussprache meiner Lehrerin waren deutlich unterschiedlich. Meine Lehrerin sprach Englisch auf Deutsch. Also hielt ich mich an die Originalsprecherin mit dem Ergebnis, daß meine Englischlehrerin mich ständig mit ihrer deutschgefärbten Aussprache piesackte. Ich sollte sogar in die Förderstunde kommen, um die „richtige" Aussprache zu erlernen. Ich weigerte mich, und die erste Konfrontation war da.

Mummi blieb keine andere Chance, als mit den Lehrern über meine Hochbegabung zu reden. Leider hatte sie versäumt, mich vorher zu fragen. Ich nahm ihr das sehr übel, denn ich hatte gerade wieder so einen Intelligenztest als Gruppentest in der Schule gemacht, und da ich noch viel Zeit bei jeder Seite übrig hatte, veränderte ich alle Ergebnisse so, daß ein niedrigerer IQ herauskam. Ich wollte nicht mehr hochbegabt sein und war fest entschlossen, von jetzt an normalbegabt zu sein. Ausgerechnet in dem Augenblick hatte Mummi der Klassenlehrern gesagt, ich sei hochbegabt. Die Schulpsychologin wollte von Mummi wissen, wie sie auf die Idee käme, ihr Sohn sei hochbegabt. Mummi erwähnte die beiden Tests,

die einmal an der Universität und einmal an der Grundschule gemacht worden waren. Gott sei Dank hatte sie die Testergebnisse von damals nicht schriftlich vorliegen. Es waren ja immer nur mündliche Aussagen der jeweiligen Psychologen gewesen. So stand jetzt für die Schulpsychologin des Gymnasiums fest, daß ich ein normalbegabter Junge sei mit einer etwas spinnigen Mutter, die glaubte, ihr Sohn sei hochbegabt.
Hurra, endlich war ich ein normaler Junge, wie alle anderen auch. Vielleicht ließ es sich jetzt einfacher leben. Ich machte meine Schularbeiten nicht immer, baute etliche Fehler in die leichteren Aufgaben ein, um den IQ im Ergebnis zu senken, und hielt so einen Notenspiegel von Drei. Die Schulpsychologin und auch meine Klassenlehrerin gaben mir zu verstehen, meine Mutter hätte einen Knall, daß sie glaube, ich sei hochbegabt. Ich machte Mummi verständlich, daß ich nichts mehr darüber hören wollte und mich von jetzt an nur noch dafür interessieren würde, was auch meine Klassenkameraden interessierte.

Mummi hatte sich der „Deutschen Gesellschaft für das hochbegabte Kind" angeschlossen, um von dort Hilfe zu erhalten. Schon einige Male waren wir in den Kursen dieses Vereins gewesen, aber es war dort teilweise genauso wie in der Schule, und ich hatte meine Zweifel, ob die Kinder, die dort versammelt waren, wirklich hochbegabt waren. Einige sicherlich, und mit einigen Familien bauten wir auch freundschaftliche Beziehungen auf.
Viel später wurde Mummi bewußt, daß dort etliche Familien mit vermeintlich hochbegabten Kindern waren. Ein Intelligenztest wurde bei einigen Kindern nie gemacht. Da fast keiner die Testergebnisse schriftlich vorweisen konnte, waren nur mündliche Aussagen möglich. Keiner machte sich damals darüber Gedanken, ob die Aussagen der Eltern auch stimmten. Die Auffassungsgabe einiger Kin-

der ähnelte mehr der Auffassungsgabe normalbegabter Kinder. Vor allem in den Kursen war das zu merken, und ich verweigerte bald die Teilnahme an diesen Kursen. In der Schule wollte ich normal begabt unter normal Begabten sein, aber in meiner Freizeit tun dürfen, was ich wollte.

In meinen Zeugnissen stand immer, ich müsse lernen, daß man nur durch Aufpassen etwas lernen könne, und da es mir an Aufmerksamkeit während des Unterrichts fehle und damit an der mündlichen Beteiligung, konnten meine Zensuren nicht besser als Drei werden.

Irgendwie fühlte ich mich überhaupt nicht wohl. Ich wurde wieder streitsüchtig und manchmal auch aggressiv. Vor allem Chris ging mir auf die Nerven, da er mich immer mit seinen Fragen löcherte. Ich stand jetzt auf dem Standpunkt, Chris hätte es leichter, wenn er nichts lernen würde. Das ließ er sich jedoch nicht gefallen, und Swenja war im Augenblick auch nicht gut drauf, da es ihr immer schwerer fiel, sich dem Klassenniveau anzupassen.

Mummi stand ratlos vor der Situation. Chris wurde immer zappeliger und aggressiver, Swenja immer zurückgezogener, ich machte plötzlich ganz bewußt unmögliche Dinge, wie zum Beispiel verbotenes Zündeln, Leute auf der Straße erschrecken, jüngere Kinder piesacken, öffentliche Papierkörbe zerstören, Fahrräder an andere Orte schleppen, große Steine vor Autoräder kullern usw. Bei diesen Aktivitäten konnte ich mich selbst kaum leiden, beobachtete die anderen Jungs und stellte fest, daß die bei weitem nicht von Gewissensbissen geplagt wurden. Aber vor allem war ich traurig darüber, daß ich mit Mummi nicht mehr über mich sprechen konnte, da ich ja angeblich keine Probleme mehr hatte.

Mummi wurde irgendwie nicht mehr fertig mit uns. Vor allem das

Drama um die täglichen Schularbeiten war kaum mehr auszuhalten. Der einzige, der Schulaufgaben machen wollte, war Chris, der noch keine machen konnte, da er noch nicht zur Schule ging. Swenja und ich brauchten Stunden, um uns an diese langweiligen Aufgabe zu setzen. Und was die Schularbeiten anbelangte, ging jetzt auch Swenja auf Widerstand.
Ich gebe ja zu, Swenja und ich benutzten Mummi fast jeden Nachmittag zum geistigen Jogging. Anstatt zügig unsere läppischen Schulaufgaben zu machen, dachten wir uns ständig neue Möglichkeiten aus, um sie nicht machen zu müssen. Voller Neugierde beobachteten wir beide, was Mummi sich alles ausdachte, um uns zu den Arbeiten zu bewegen. Ich argumentierte, wenn meine Lehrer merkten, daß ich nichts gemacht hätte, könnte ich ja die Schularbeiten immer noch nachholen. Wenn sie jedoch nicht am nächsten Tag kontrollierten, hätte ich mir die blöde Arbeit gespart. Ich hatte die Erfahrung gemacht, daß man durch geschicktes Taktieren Lücken fand, um einer Kontrolle zu entgehen. Ich hatte mir dieses Spielchen als Herausforderung ausgesucht und stellte mit Entsetzen fest, wie leicht Erwachsene zu hintergehen waren. Nein, ich log niemals, das hätte ich mir nicht verziehen, aber ich konnte meist so tun, als ob ich meine Aufgaben gemacht hätte. Manchmal zeigte ich auch nur ein anderes Heft mit ähnlichen Aufgaben von vorgestern vor. Es dauerte sehr lange, bis einige Lehrer hinter meine Schliche kamen. Sie hatten mich als normal begabten Schüler eingeschätzt, der zu keinen außergewöhnlichen Tätigkeiten in der Lage war. Ein wunderbarer Schutz für mich, meine Faulheit weiter auszubauen.

Eines Nachmittags tauchte eine Psychologin bei uns auf, die mit uns Hausaufgaben machen sollte. Sie war richtig gut, denn sie brachte eine Menge Denksportaufgaben mit. Erst hatten Swenja und ich

uns geweigert, jemals noch einmal nachdenken zu wollen, aber bald merkten wir, daß es uns einfach gut tat, diese Aufgaben zu lösen und dann warteten wir direkt jeden Tag auf unsere Schularbeitenbegleiterin.
Mummi hatte die Psychologin auch gebeten, die Schulgespräche mit den Lehrern zu führen, da sie selbst nicht mehr wollte. Der Psychologin hat Swenja es zu verdanken, daß sie ihre Kopf- und Bauchschmerzen los wurde, denn diese vertrat die Auffassung, Swenja müsse dringend eine Klasse überspringen, damit sie gefordert würde. Es habe doch keinen Zweck, sie mit Schmerzmitteln durch den Schulalltag zu bringen, nur weil sie die Langeweile nicht ertragen könne. Das Schlimmste sei jedoch, daß Swenja sich gegen eine Unterforderung nicht wehre. Sie schlug vorerst einmal einen Intelligenztest vor. Es war zum Heulen, ich hatte gerade durchgesetzt, nicht mehr als hochbegabt zu gelten, bei Chris war es noch unwichtig, aber jetzt begann das Drama in der Familie mit einer eventuell hochbegabten Schwester aufs neue.

Hilfe, ich will normal sein, eine normale Familie und normale Geschwister haben. Alle anderen Menschen, die ich kenne, sind doch auch normal, warum wir denn nicht? Hochbegabt zu sein ist keine Freude, sondern eine Belastung. Warum sollen wir es dann sein? Versteht das denn keiner?
Swenja hatte den Test mit Freude gemacht und sehr hoch abgeschnitten. Pumi fand immer noch, daß das alles Spinnerei sei, da Swenja doch wie ich auch nur eine mittelmäßige Schülerin war. Aber Swenjas Lehrerin reagierte auf die Psychologin, die ihr das Testergebnis mitgeteilt hatte. Sofort bekam Swenja andere Aufgaben, vor allem als Hausaufgaben. Gemeinsam bemühten sich alle herauszufinden, wo Swenja eigentlich geistig stand. Und dann machte sie Textaufgaben aus der siebten Klasse, die auch ich span-

nend fand. Nur Swenja war in der dritten Klasse. Sie hatte eine tolle Lehrerin, die ihr jetzt die leichten Aufgaben ersparte und schwierige gab. Ein Überspringen der Klasse wurde nicht mehr in Erwägung gezogen, da die Lehrerin sich sehr um Swenja bemühte. Swenja wurde sichtbar fröhlicher und beschäftigte sich jetzt auch wieder mehr mit ihren Klassenkameraden. Irgendwie hatte ihre Lehrerin es anscheinend geschafft, der Klasse verständlich zu machen, warum Swenja andere Aufgaben bekommen müßte. Es trat in der Klasse kein Neid auf, vor dem ich so eine Angst hatte, da neidische und wütende Menschen in ihren Reaktionen schlecht einzuschätzen sind.

Während Swenja nun einigermaßen gut versorgt war, ich als normal begabter Schüler galt, der immer fauler werden durfte, und Chris immer aufsässiger wurde, meinte Mummi, wir müßten eine Lösung für uns alle finden, da es so nicht weiterging.
Ein Hauptproblem meiner Mutter, so glaubte ich zu bemerken, war, daß Pumi ihre Sorgen nicht verstand und ihr keine Stütze war. Für ihn waren wir manchmal eben nur eine unerzogene Bande. Er sagte nie viel, beschäftigte sich auch nicht über das normale Maß hinaus mit uns, da wir ihm zu anstrengend waren. Nur zu Swenja pflegte er ein außerordentlich inniges Verhältnis, das sich jedoch erheblich abkühlte, als feststand, daß Swenja hochbegabt war. In dem Ausmaß, wie Swenja in der Schule geholfen wurde, berichtigte ihr Vater sie ständig zu Hause.

Das veranlaßte mich eines Tages zu der Frage an Mummi: „Könnte es sein, daß unser Vater doof ist?"
Mummi versetzte diese Frage in Entsetzen. Was sollte sie dazu sagen? Insgeheim mußte sie doch schon längst bemerkt haben, daß uns unser Vater in vielen Fragen einfach nicht folgen konnte, nicht,

weil er nicht wollte, sondern weil er nicht verstand, was wir anfragten. Viele Auseinandersetzungen bei Tisch waren oft nur dadurch zustande gekommen. Wir alle haßten diese Auseinandersetzungen, da wir aneinander vorbeiredeten und nie irgendwelche Lösungen für uns fanden. Pumi verließ diese Tischrunden oft gekränkt, und das war überhaupt nicht unsere Absicht gewesen.

Die geistige Kapazität der Eltern

Eine ganz wichtige Rolle in der Erziehung hochbegabter Kinder spielt natürlich die Intelligenz der Eltern. Die Querfragen dieser Kinder zu erfassen, ist für normal begabte Menschen fast unmöglich. Die Art, so um die Ecke zu denken, so weiträumig nach vorne alles zu berücksichtigen, vermutet kein Erwachsener bei Kindern. Viele hochbegabte Kinder sprechen Sätze zum Beispiel nicht zu Ende in der Annahme, sie hätten den Schluß schon ausgesprochen. Dadurch entsteht oft der Eindruck, sie würden selbst nicht verstehen, was sie gerade erklärten, und viele Erwachsene, die die geistige Überlegenheit der Kinder erahnen, benutzen dann diese Schwäche der Kinder, um sie lächerlich zu machen.

Da Banalitäten des Lebens von hochbegabten Kindern nicht entsprechend wahrgenommen werden, ist auch dieses Manko ein oft gefundenes Fressen für Erwachsene, um die Kinder zu demütigen. Den Erwachsenen ist dieser Zusammenhang nicht bewußt, jedoch vielen hochbegabten Kindern. So manche Kerbe im Seelenleben hochbegabter Kinder könnte durch Erkenntnis vermieden werden.

Durch die permanente Unterforderung der Kinder in den Schulen und durch derartige psychologische Abwehrmechanismen der Eltern, Verwandten und Freunde der Familien erleiden hochbegabte Kinder häufig einen erheblichen Einbruch im Selbstwertgefühl.

Das Selbstwertgefühl eines Menschen entsteht auch dadurch, daß er sich täglich das erarbeiten kann und darf, zu dem er fähig ist. Hochbegabte Kinder erhalten jedoch selten die Anforderungen, die ihren Möglichkeiten entsprechen. Wäre es anders, hätten wir Schulprogramme für hochbegabte Kinder. Nicht selten glauben hochbegabte Kinder nach ihrem Schulleben, sie seien dumm und trauen sich nichts mehr zu.

Sollte ein hochbegabtes Kind relativ früh feststellen, daß die geistige Kapazität der Eltern nicht mit der eigenen übereinstimmt, bricht erst einmal ein Weltbild für das Kind zusammen. Die Rollenverteilung innerhalb einer Familie, die ja auch Orientierung darstellt, droht in die Brüche zu gehen. Väter fühlen sich durch das hochbegabte Kind bedroht, Mütter stehen dieser Situation hilflos gegenüber. Das Kind ist zumindest verwirrt über diesen Zusammenbruch und sucht neue Orientierungsmaßstäbe. Wichtig wären für hochbegabte Kinder im nächsten Umfeld intelligente Freunde der Eltern und sensible, intelligente Lehrer, damit ein neues Vorbild aufgebaut werden kann. Die Einbrüche, die hochbegabte Kinder erleiden, wenn keine geeigneten Ansprechpartner im Umfeld existieren, lassen sich nur erahnen. Ablehnung der Gesellschaft, Orientierungslosigkeit, Hilflosigkeit, Einsamkeitsgefühle bis hin zu Gefühlen der Selbstzerstörung haben hier vermutlich ihren Ursprung. Nicht selten kam von jugendlichen Hochbegabten die Frage: „Wurde ich eigentlich von meinen Eltern geliebt???"

Sollte von dem Zeitpunkt des Orientierungszusammenbruchs an für die Kinder keine Hilfe kommen, werden nach meinen Erfahrungen die bestehende Gesellschaft, aber auch die Eltern, Lehrer, die nächsten Verwandten und Freunde abgelehnt. Die beginnende Pubertät verschärft dann die Ablehnung eventuell bis zum Haß. Keine noch so guten, teilweise als qualifiziert betrachteten Maßnahmen zeigen dann bei diesen so grausam enttäuschten hochbegabten Kindern irgendeine Wirkung. Eine andere Kindheit kann ihnen ja auch nicht mehr geboten werden.

Für viele hochbegabte Kinder wäre es eine Hilfe, möglichst frühzeitig erkannt zu werden. Sie müßten dann eine Klasse in der Grundschule überspringen, vielleicht sogar zwei, um der entstehenden Faulheit und Interesselosigkeit vorzubeugen, aber auch um notwendige Lerntechniken entwickeln zu können. Hochbegabte Kinder brauchen sich so gut wie nie während der Grundschulzeit anzustrengen. Lernen zu lernen können Eltern ihnen auch nicht vermitteln. Bedingt durch die geringe geistige Anforderung in der Schule und oft auch im Elternhaus finden hochbegabte Kinder stets eine schnelle Lösung. Ein nochmaliges Zuhören ist in ihren Augen verschwendete Zeit. Eltern, die über diese Mechanismen nicht informiert sind, verlieren die Akzeptanz ihrer Kinder. Hochbegabte Kinder können so jedoch keine Anstrengungsbereitschaft entwickeln und trainieren. Ihre Startchancen ins Leben entsprechen also nicht den Chancen normal begabter Kinder, und das Schlimme ist, sie stehen als Kinder dieser Situation machtlos gegenüber, sehr häufig von den nächsten Erwachsenen, den eigenen Eltern, nicht verstanden.

Selbst Eltern, die die Zusammenhänge erkennen und helfen möchten, sind die Hände gebunden. Ich habe so viele gehässige Lehrer im Laufe meiner Beratung erlebt, daß ein Umschulen des Kindes zu anderen Lehrern sofort angezeigt war. Nur ganz wenige Lehrer fand ich in den Anfängen der Hochbegabtenförderung, die aktiv die Kinder unterstützten und bereit waren, unkonventionelle Wege der Hilfe zu gehen. Diesen Lehrern sei an dieser Stelle einmal gedankt. Es waren und sind auch heute noch die Ausnahmen. Allen anderen Lehrern sei von seiten betroffener Eltern gesagt:
Der Lehrer wird aus Steuergeldern des Staates, d.h. der Bürger bezahlt. Vielen Lehrern scheint dieser Zusammenhang verlorengegangen zu sein. Der Lehrer hat seiner Dienstleistungspflicht gegenüber

den Kindern der zahlenden Bürger nachzukommen. Auch die Eltern von hochbegabten Kindern sind Steuerzahler und bezahlen oft die auf Unwissenheit beruhende Verweigerung der angeforderten Hilfe. Dies kann und darf kein Zustand mehr in dem angeblich so sozialen Deutschland sein, wenn wir dem Wort „sozial“ und „demokratisch“ überhaupt einen Inhalt geben wollen.
Hauptgrund der Abwehr vieler Lehrer gegen hochbegabte Kinder ist mit Sicherheit die mangelnde Erfahrung im bewußten Umgang mit diesen Kindern. Ein Lehrer, der nie bewußt ein hochbegabtes Kind erlebt hat, kann auch nicht erahnen, welche Bedürfnisse es hat. Aber allein die Tatsache, daß – wie es mir häufiger passierte – Lehrer äußern, sie hätten in ihrer langjährigen Praxis noch nie ein hochbegabtes Kind gesehen, zeugt doch von einer gestörten Wahrnehmung – und einem Fehler im System.

Diese Schelte geht deshalb nicht nur an die Lehrkräfte vor Ort, sondern auch an den Arbeitgeber der Lehrkräfte, der sie ohne Ausbildung auf dem Gebiet der Hochbegabung den anstrengenden Aufgaben aussetzte. Nur hätten in den vergangenen Jahrzehnten die Lehrkräfte ihr Recht auf Ausbildung zu dieser Frage fordern müssen, ja, wenn sie nur in der Lage gewesen wären, die Kinder bewußt wahrzunehmen.
Die Aufklärungsarbeit jedoch normal begabten Eltern zu überlassen, die ein hochbegabtes Kind haben, und sich dann davon eine Veränderung zu versprechen, kann und darf in Zukunft nicht vorausgesetzt werden. Die Kultusministerien und das Bildungsministerium sind in den letzten Jahren mehrmals von uns aufgefordert worden, Stellung zu hochbegabten Kindern zu beziehen. Die Antworten von dort empfinde ich zum Teil als geradezu grotesk.
Lehrer und Eltern stehen vielfach der Situation „Hochbegabung“ völlig hilflos gegenüber. Sie können sich nicht vorstellen, welche

geistigen Kapazitäten ein hochbegabtes Kind hat und schon gar nicht, welche Hilfsmöglichkeiten sie den Kindern anbieten müßten. Mehrheitlich wird die Auffassung vertreten, die Kinder sollten sich den herrschenden Bedingungen anpassen. Daß die hochbegabten Kinder diese Anpassungsleistung nicht erbringen können, wird von liebenden Eltern zwar erkannt, von vielen Lehrern jedoch vehement abgelehnt.

Hochbegabte Kinder haben keinen Knopf im Gehirn, um ihre Denkfähigkeit auszuschalten. Kein Lehrer käme auf die Idee, einem geistig behinderten Kind zu sagen, es solle sich gefälligst den normal begabten Kindern anpassen. Im umgekehrten Fall soll es jedoch möglich sein und wird gefordert.

Überspringen einer Klasse

Swenjas Lehrerin bemühte sich wirklich, ihr in den Anforderungen gerecht zu werden. Aber eines Tages bestellte sie dann doch Mummi zu einem Gespräch in die Schule.
Swenja war Mitte der dritten Klasse, und es wurde überlegt, sie einfach die vierte Klasse überspringen zu lassen. Dazu war jedoch eine Klassenkonferenz notwendig, und die zwei anderen Fachlehrer waren, ebenso wie die Schulleitung, ohne Angabe von Gründen dagegen. Das einzige Argument: Bisher hätten kaum Kinder eine Klasse übersprungen und warum sollte man von dieser Norm abweichen. Und: Irgendwo im Bekanntenkreis sei einmal ein Kind gesprungen und versagte dann in den schulischen Leistungen. Deshalb glaubte die Schulleitung, daß das Überspringen die Ursache fürs Versagen sei. Nachzufragen, ob das Kind jemals getestet worden war, hielt der Schulleiter für überflüssig. Außerdem hätte ja auch er nicht gerade dumme Kinder, und die wären auch nicht gesprungen.

Swenjas Lehrerin war empört darüber. Sie argumentierte gegenüber Mummi, daß schwach begabten Kindern jederzeit Hilfe angeboten würde, Kindern wie Swenja aber nicht. Die Lehrerin hatte Swenjas Begabung zu „ihrer Sache“ gemacht. Eine Meisterleistung für eine Lehrerin. Mummi erfuhr jedoch auch, welch schwierigen Stand die Lehrerin dadurch unter den Kollegen hatte. Sie hielten ihre Kollegin für übergeschnappt, ein hochbegabtes Kind extra zu fördern. Sie wurde angegriffen und auch angefeindet. Sie meinte des-

halb, die Familien mit hochbegabten Kindern würden wie Aussätzige behandelt und Lehrer, die sich um diese Kinder kümmern, ebenso. Eine Ungerechtigkeit ersten Ranges. Sozialverhalten: Fehlanzeige. Wir Kinder konnten kaum glauben, daß sich auch andere Erwachsene für unsere Belange einsetzten.
Das Engagement und Verständnis der Lehrerin führte dann auch dazu, daß Swenja selbst unter gar keinen Umständen springen wollte. Sie liebte ihre Lehrerin und ertrug es lieber, ein ganzes weiteres Jahr zu vertrödeln. Zwar hatte Swenja in ihrer jetzigen Klasse keine Freundin, aber sie meinte, auch in der neuen Klasse würde sie wahrscheinlich keine bekommen, da auch diese Kinder noch viel jünger waren als ihre Freundinnen außerhalb der Schule, die zum Teil bereits drei Jahre älter waren als Swenja. Außerdem hatte sie Angst vor den möglichen Reaktionen der Kinder der neuen Klasse auf ihr Überspringen. Wir erklärten ihr, daß sie ja in eine Klasse des Gymnasiums käme, in der alle Kinder neu anfingen und es dort überhaupt nicht auffallen würde, wenn sie einfach eine Klasse übersprungen hätte. Sie könne ja jederzeit sagen, sie sei vorzeitig eingeschult worden. Aber Swenja wollte nicht. Sicherlich: Sie fand die Arbeiten in ihrer Klasse öde und langweilig, und immer öfter unterliefen ihr Fehler in ganz leichten Aufgabenstellungen. Die Lehrerin meinte, das könne noch schlimmer werden. Sie beobachte mit Schrecken, daß Swenja nur noch bei extremen Anforderungen fehlerfrei arbeitete. Die frühere Vereinbarung, Swenja bekäme ständig extra schwere Aufgaben, ließ sich nicht immer durchhalten. Vor allem bei den Klassenarbeiten mußte sie auf zu einfachem Level arbeiten. Immer mehr Fehler schlichen sich ein. Das hatte jedoch auch noch andere Gründe. Swenja versuchte seit einigen Wochen, ihre Fähigkeiten einfach zu verbergen, vor allem, wenn sie bei den anderen Lehrern Unterricht hatte.

Das Überspringen einer Klasse war so nicht möglich, zumal der Schulleiter eines Tages endlich auch die Legitimation für seine Entscheidung gefunden hatte: Er hatte herausgefunden, daß ein Überspringen der vierten Klasse gesetzlich nicht möglich war. Eine weitere Diskussion konnten wir uns also sparen, zumal die Fachlehrer mehr und mehr meinten, sie könnten Swenjas hohe Denkfähigkeit immer weniger sehen. Sie würde jetzt solche Fehler machen, die andere Kinder sich schon lange nicht mehr leisteten.

Ein paar Wochen nach Beginn der vierten Klasse war bei Swenja deutlich zu sehen, daß sie keine Lust mehr auf die Schule hatte. Wenn Mummi nicht den Intelligenztest gehabt hätte, wäre sie jetzt wahrscheinlich zu der Überzeugung gekommen, für Swenja wäre die Realschule das beste.

Hilfe durch das Bildungssystem?

Das Überspringen von Klassen ist im bestehenden Bildungssystem die einzige Möglichkeit, hochbegabten Kindern ihre Motivation zu erhalten. Das ständige Einüben und Wiederholen von Lernstoff, den diese Kinder schon beim ersten Mal erfassen und dann auch richtig reproduzieren, läßt sie einfach Fehler machen. Hier liegt die Vermutung nahe, daß ihre Denkstrukturen durch die Leichtigkeit des Stoffes nicht ausgelastet sind, das Interesse an der geistigen Beschäftigung mit dem jeweiligen Inhalt fehlt. Das Ergebnis: Flüchtigkeitsfehler und Konzentrationsmangel, das heißt, unbewußte Blockaden, die dann zwangsläufig zu einem schlechten Ergebnis führen. Den Kindern und den Erwachsenen sind diese Zusammenhänge nicht bewußt.

Hochbegabte Kinder äußern sehr häufig: „Wenn ich das nochmal schreibe, verübe ich es." Als Selbstschutz passen sie absichtlich bei den Wiederholungserklärungen nicht auf. Viele hochbegabte Kinder würden nach einmaligen Erläuterungen ohne Wiederholungen hervorragende Zensuren schreiben. Nach ständigen Übungsphasen des gleichen Stoffes verlieren sie jegliche Motivation, fehlerfrei zu arbeiten.

Um diesem Dilemma zu entfliehen, aber auch um notwendige Lerntechniken zu entwickeln, ist das Überspringen eine sinnvolle Maßnahme, gerade auch dann, wenn die Leistungen bereits durch Motivationsverlust nachgelassen haben. Die Lehrer haben jedoch zu viele Ängste. Ein Hauptargument gegen das Überspringen ist: Die Kinder hätten dann im Sozialverhalten Defizite, und sie kämen mit den älteren Kindern nicht zurecht. Haben sich die Lehrer eigentlich einmal überlegt, daß fast alle Kinder in der Lage sind, mit den unterschiedlichsten Altersgruppen Sozialkontakte zu pflegen? In fast jeder Familie müssen Geschwisterkinder täglich mit verschiedenen Jahrgängen leben und soziale Beziehungen aufbauen.

Die Schule entspricht mit den altershomogenen und nicht entwicklungshomogenen Klassen nicht der Realität. Wo gibt es in unserem Leben sonst diese strenge Einhaltung der Altersstrukturen wie an den Schulen? Wer bestimmt denn, daß Kinder nur im gleichen Alter Freunde zu finden haben, und wer sagt denn, daß Schwierigkeiten auftreten müssen, wenn Kinder im unterschiedlichsten Alter in eine Klasse gehen?

Es sind nur Ängste, die die Erwachsenen haben, insbesondere Lehrer. Und sie übertragen ihre Ängste auf die Kinder. Wenn eine Lehrerin ein jüngeres Kind ganz selbstverständlich in ihre Klasse aufnimmt, der Klasse erklärt, daß es Kinder gibt, die älteren geistig durchaus gewachsen sind, dann hat das Überspringerkind keine Schwierigkeiten. Verschiedentlich sind jetzt hochbegabte Kinder durch meine Aktivitäten bereits das zweite Mal gesprungen. Es gab überhaupt keine Probleme, solange die Erwachsenen sie nicht machten.

Es hängt also wesentlich von der aufnehmenden Lehrkraft ab, ob ein hochbegabtes Kind erfolgreich die Klasse überspringt. Es soll nicht die Zielsetzung dabei sein, daß das Kind den Stoff der nächsten Klasse schon beherrscht. Dann würde ja schon wieder die Langeweile beginnen. Der Stoff der nächsten Klasse muß vielmehr eine echte Herausforderung an das Lernverhalten des hochbegabten Kindes und nicht so schnell aufzuholen sein. Ziel dieses Überspringens ist auch, daß das Kind selbst Lernstrategien entwickelt, derartige Stofflücken zu schließen. Das einzige, was dieses Kind braucht, ist das Wohlwollen der Lehrkraft und deren Hinweise, wo und wie es diese Lücken schließen kann. Das eigentliche Erlernen des Stoffes kann das hochbegabte Kind, wahrscheinlich zum ersten Mal in seiner Schullaufbahn, allein leisten. Je weniger Hilfe, desto besser.

Einige hochbegabte Kinder bekommen nach diesem Springen erst einmal einen gehörigen Schrecken. Über Jahre hatten sie sich daran gewöhnt, mit dem geringsten Einsatz das bestmögliche Ergebnis, das sie selbst als erstrebenswert ansahen, zu erreichen. Nun plötzlich müssen sie lernen zu arbeiten und das Lernen zu lernen. Der Schock ist heilsam und lebenswichtig für das weitere Lernerleben des Kindes. Bekommen sie die Ermunterung der neuen Lehrkraft, die liebevolle Aufforderung ihrer Eltern, nun endlich auch zu arbeiten, dann erfahren hochbegabte Kinder sehr bald, daß sie sehr schnell oft allein die Lücken schließen können. Das Selbstwertgefühl der Kinder wird gestärkt, sie werden mutiger und meist verschwindet das Gefühl der Hoffnungslosigkeit. Und vor allem: Die Kinder entwickeln wieder Freude am Lernen und teilweise auch am Leben.

Wir können nur hoffen, daß sie nicht in sechs bis acht Wochen auf dem Stand der neuen Klasse sind, sondern vielleicht doch drei bis sechs Monate dazu brauchen. Denn haben sie den Anschluß an die Klasse erreicht, kommen recht bald wieder Langeweile und alte Verhaltensmuster auf. Wenn möglich, sollte das Kind dann nach sorgfältiger Prüfung nochmal eine Klasse überspringen. Keine Angst, die geistige Kapazität der Kinder ist enorm. Kinder ab IQ 125 oder auch Prozentrang 90 sind kaum mit unserem Schulstoff zu überfordern. Da sie auch im Sozialbereich sehr viel weiter sind als Gleichaltrige, kommen sie oft auch mit der nächsten Altersstufe besser zurecht;

zumal sie geistig der nächsten oder übernächsten Altersstufe von Natur aus näher stehen. Einziger wunder Punkt ist die Körpergröße. Aber was hat die Körpergröße mit Lernen zu tun?
Toleranz muß hier der jeweiligen Klasse vermittelt werden. Toleranz bedeutet, die Andersartigkeit verschiedener Menschen zu akzeptieren. Je mehr Unterschiedlichkeiten von Menschen vorhanden sind, desto größer die Möglichkeit, Toleranz zu üben.

Sollte ein hochbegabtes Kind das Glück haben, bereits von einer geeigneten Lehrkraft unterrichtet zu werden, während die aufnehmende Lehrkraft einen nicht so geeigneten Eindruck macht, sollte das Kind besser bei der beliebten Lehrkraft bleiben und dann erst, wie in Swenjas Fall, die vierte Klasse überspringen.

In einigen Bundesländern gibt es einen Erlaß, daß die vierte Klasse nicht übersprungen werden kann. Derart unsinnige Erlasse, die hochbegabte Kinder in ihrer Entwicklung behindern, werden hoffentlich nach dieser Buchveröffentlichung der Vergangenheit angehören. Diese Erlasse, die jahrzehntelang hochbegabte Kinder ausgrenzten, können nur von Menschen bewirkt worden sein, die nichts von der Existenz hochbegabter Kinder wußten. Anders sind diese Erlasse nicht zu erklären, da im Grund- und Schulgesetz festgeschrieben ist, daß jedes Kind sich nach seinen Fähigkeiten entwickeln soll.
Das gilt seit Jahrzehnten in Deutschland eben nicht für hochbegabte Kinder. Wievielen Kindern durch solche Erlasse geschadet worden ist, kann niemand zur Zeit sagen. Wir haben in unserem Schulsystem jährlich ca. 350 000 Kinder, die eine Klasse wiederholen müssen. Wir müßten aber auch jährlich rund 300 000 Kinder haben, die eine Klasse überspringen. Sieht man in die Statistiken, so weiß man beispielsweise von Niedersachsen, daß in zehn Jahren zehn

Kinder eine Klasse überspringen konnten. In den übrigen Bundesländern wird das ähnlich sein. Und lassen wir die Zahl um das zehn oder hundertfache steigen, sind wir immer noch bei nur einer Handvoll Kindern, denen diese Möglichkeit eingeräumt wurde. Allen anderen potentiellen Überspringern wurde die Chance verwehrt, weil man sie im Schulsystem nicht erkannte oder es aus ideologischen Gründen nicht genehmigte. Allein derartiges statistisches Zahlenmaterial beweist die Misere in unserem Land.

Aber nicht nur gesetzliche Hindernisse wurden geschaffen. So wie der Schulleiter nicht einsehen konnte, daß ein anderes Kind eventuell eine höhere geistige Kapazität als das eigene Kind besitzt, spielen oft die abenteuerlichsten privaten Gründe von Lehrern eine Rolle, einem hochbegabten Kind das vorzuenthalten, was es dringend benötigt. Verzweifelte Eltern berichten dann von der Sturheit, von dem „Nichtverstehenwollen“ von Schulleitern und Lehrern.
Allen Eltern, die zum Thema „hochbegabte Kinder“ bei Schulleitern und Lehrern auf taube Ohren stoßen, können wir nur empfehlen, die Schule, wenn möglich, zu wechseln. Die Schäden, die ein Kind psychisch durch die Nichtförderung und Ablehnung nimmt, sind oft nicht mehr zu beheben.

Für Nordrhein-Westfalen könnte es mit der neuen Vorstellung, was Schule sein kann (Bericht der Rau-Kommission), Möglichkeiten der Förderung auch für unsere Kinder geben. Die Schulen sollen sich ein eigenes Profil geben können und mehr Selbstverantwortung übernehmen. Zu hoffen wäre, daß sich die eine oder andere Schule bei der Suche nach einem neuen Profil vornimmt, auch hochbegabte Kinder zu fördern. Ein Traum?

Die Lösung unserer Probleme

Ich saß ziemlich faul und unglücklich im Gymnasium, Swenja sollte und durfte nicht springen, Chris drohte aus der Vorschule zu fliegen. Nach außen waren wir jedoch eine ganz „normale“ Familie.

Eine rundum glückliche Familie waren wir nur in den Ferien. Da genossen wir die Freizeit. Schon nach wenigen Tagen in den Ferien hörten die Streitereien auf. Mummi hatte uns für die Ferien jedesmal ein tolles Aktivprogramm zusammengestellt, ein Benutzen der Familienmitglieder zum geistigen Jogging war deshalb nicht nötig. Wir lernten segeln, erhielten Musikunterricht, verreisten, oder Mummi engagierte Studenten, mit denen wir physikalische Experimente durchführen durften. Einmal wollten wir mit einem Physikstudenten eine Rakete bauen. Am Anfang war es das reinste Fiasko, die Rakete hob überhaupt nicht vom Boden ab. Aber wir gaben nicht auf, und sogar Swenja beteiligte sich mit tollen Ideen am Experiment. Zur Krönung „flog“ unsere Rakete tatsächlich ungefähr zwei Meter hoch. Das Experiment wurde dann abgebrochen, da die Anschubkraft über zwei Meter Flughöhe mit zu gefährlichen Pulvern verbunden gewesen wäre. Je mehr in den Ferien bei uns los war, desto glücklicher waren wir. Aber auch stundenlanges Tauchen oder Sandburgen bauen in einer Lastwagenfuhre Sand, unter Einsatz eines Wasserschlauchs, fand unsere Begeisterung.
Sobald jedoch die Schule wieder nahte, sank unser Stimmungsbarometer gewaltig. Mummi wollte und mußte eine Lösung für uns finden.

Es gibt eine einzige Schule in Deutschland, die Jugenddorf-Christophorusschule in Braunschweig, die sich um hochbegabte Kinder, allerdings erst ab Klassenstufe 9 des Gymnasiums, kümmert. Dorthin hatte Mummi Kontakt aufgenommen und erfahren, daß dieses Gymnasium auch schon die fünfte Klasse neu einrichten könnte, so die Genehmigung vom Kultusministerium noch rechtzeitig kam. Diese fünfte Klasse war jedoch nicht als Förderklasse für hochbegabte Kinder gedacht, sondern nur als Alternative zur Orientierungsstufe in Niedersachsen.

Mummi war der Meinung, daß die Lehrer dort an der Schule wahrscheinlich auch schon in den unteren Klassen ohne besondere Hochbegabtenförderung besser mit hochbegabten Kindern umzugehen wüßten. Für mich wäre das von Vorteil, denn ich wurde immer fauler. Für Swenja könnte es bedeuten, daß sie vielleicht dort in die fünfte Klasse springen könnte und so auch besser versorgt wäre. Und letztlich war es für Chris mit Sicherheit gut, in eine andere Stadt zu kommen, denn es wurde bereits darüber nachgedacht, ihn auf eine Sonderschule zu überweisen. Mummi war entsetzt und stritt sich ständig mit den Vorschullehrerinnen. Sicherlich, Chris war ein schwieriges Kind. Wenn er jedoch interessante Aufgaben bekam, war er stets ganz verträglich.

Letztendlich ausschlaggebend für den Umzug in die andere Stadt war ein Gespräch mit meinem Schulleiter im Hamburger Gymnasium. Mummi hatte versucht, ihm zu erklären, daß der Stoff, so er nicht anspruchsvoller werden würde, mich in Faulheit und Demotivation treiben würde. Der Schulleiter meinte hämisch, wenn ich hochbegabt wäre, wären es mit Sicherheit noch weitere zehn Kinder in der Klasse, und bisher hätte sich noch niemand beschwert. Er hatte den Notenspiegel hervorgezogen und Mummi über meine

Zensuren unterrichtet. Auf alle Argumentationen meiner Mutter, was Hochbegabung sei, antwortete er, er wüßte, daß man Hochbegabung an den Zensuren erkennen könne. Bei diesem Gespräch war auch mein Mathelehrer anwesend. Mit ihm hatte ich in der letzten Zeit viel auszustehen gehabt. Er war der Auffassung, immer nur die Lösungswege, die er ging, seien die richtigen. Ich konnte ihm so viele Argumentationen im Unterricht für andere Lösungswege liefern, wie ich wollte, er bestand darauf, daß seine Methoden erlernt werden mußten. Ich stellte daraufhin meine Mitarbeit im Unterricht fast gänzlich ein. Wiederholt hatte ich ihm bewiesen, daß ich die vielen Einübungen nicht benötigte, daß ich es auch so konnte, aber er versuchte immer, mir eine Falle zu stellen. Manchmal hatte ich das Gefühl, er ärgerte sich, daß ich nicht in seine gestellten Fallen „plumpste". Auch versuchte er ständig, mich vor der Klasse zu blamieren. Das gelang ihm aber nicht, da ich es ahnte und mit unbeteiligter Miene aufpaßte.

Ich hatte Mummi von derartigen Vorfällen nichts mehr erzählt. Schon längst hatte ich bemerkt, daß es zwecklos war, da sie an der Situation auch nichts ändern konnte. Im Gegenteil, je mehr sie sich für uns einsetzte, desto mehr zeigten die Lehrer am Gymnasium Widerstand. Das hatte ich auszubaden: durch abfällige Bemerkungen seitens meiner Lehrer, die mich als Schlafmütze, als Träumer, als Fremdling bezeichneten. Mummi hätte das Wissen über diese Vorfälle noch mehr in Verzweiflung gestürzt. Aber ein Mitschüler unterhielt sich eines Tages mit Mummi im Auto, während ich noch versuchte, eine Streiterei mit Kindern zu schlichten. Dieser Mitschüler fragte Mummi, ob sie verstehen könne, warum ich in Mathe einen Dreier im Zeugnis bekommen hätte. Ich begriff doch alles sofort, ja, schlüge teilweise einfachere Lösungswege vor; nur der Mathelehrer versuchte ständig, mich zu überzeugen, daß ich Feh-

ler machte. Das stimmte jedoch überhaupt nicht. Er hätte festgestellt, daß sein Vater die gleichen Lösungswege vorschlug wie ich im Unterricht, und der Mathelehrer diese Wege dann akzeptierte, da sie von seinem Vater kamen, der auch Mathelehrer ist. Dabei seien es die gleichen Wege, die ich vorher schon in den Unterricht eingebracht hätte. Die gesamte Klasse fände das bereits ungerecht, und alle hätten Angst, mit dem Lehrer darüber zu sprechen, zumal ich nun im Zeugnis eine Drei erhalten hätte. Er fragte meine Mutter ernsthaft, ob es zulässig sei, daß ein Lehrer ungerechte Zensuren geben darf, wenn er einen Schüler nicht leiden konnte. Anscheinend hatte meine Klasse meine Fähigkeiten schon erkannt und auch schon mitbekommen, daß ich gerade deswegen von Lehrern teilweise benachteiligt wurde.
Nochmals versuchte Mummi ein Gespräch mit dem Mathelehrer. Er meinte, wir sollten lieber aufpassen, daß wir nicht einen gewaltigen Fehler machten. Nach seinem Dafürhalten wäre die Realschule wahrscheinlich für mich besser geeignet. Mummi blieb nach diesem Gespräch förmlich die Spucke weg, und ich glaube, sie fing das erste Mal während eines Gespräches an zu heulen. Das war nun überhaupt nicht ihre Art. Sie ist immer sehr kämpferisch und bemüht, für alle Lebenslagen einen positiven Ausweg aufzuzeigen. Aber so langsam ging ihr die Uneinsichtigkeit von Lehrern und Schulleiter an meiner Schule erheblich auf den Geist, und sie meinte, Erklärungen wären bei diesen Menschen zwecklos, sie wollten oder konnten nicht begreifen, was Hochbegabung bedeutet.

Aber auch andere Vorfälle schienen meine Mummi zu beeinflussen. In Hamburg fand ein Weltkongreß über das Thema Hochbegabung statt. Mummi war es gelungen, zwei Lehrerinnen aus meiner Klasse für diesen Weltkongreß zu gewinnen. Der damalige Schulsenator Grolle sprach während des Kongresses vor internationalem Publikum über Hochbegabung und ließ erkennen, daß eine Förderung von hochbegabten Kindern in Deutschland nicht möglich sei, da Hitler die Elite mißbraucht hätte. Viele internationale Besucher verließen während der Rede empört und kopfschüttelnd den Saal. Demonstrativ hatten sie während der Rede die Simultanübersetzungsgeräte aus den Ohren genommen und standen verärgert auf. Anscheinend wußte man in Deutschland nicht, was unter Hochbegabung zu verstehen ist. Auch deutsche Wissenschaftler sprachen dort. Die Eltern von hochbegabten (getesteten Kindern) verstanden überhaupt nicht, was unsere Wissenschaftler zu diesem Thema ausführten. Ein Durcheinander der Begrifflichkeiten entstand.

Mummi brachte ein Modell mit nach Hause, das Hochbegabung in Kreisen darstellte. Na, es war doch wohl allen klar, daß es viele Faktoren braucht, um ein hochbegabtes Kind zur Leistungsfähigkeit, die es besitzt, zu führen. Da gab es Kreise, in deren Schnittpunkt die Hochbegabung lag. Fällt in diesem Modell zum Beispiel die Motivation weg, weil der geistige Anspruch, der an das Kind gestellt wird, zu gering ist, dann gibt es keine Hochbegabung mehr. Genauso ist das in Deutschland gelaufen: Es gibt bei uns keine hochbegabten Kinder, da ihnen die Motivation bzw. die Möglichkeiten zur Entfaltung fehlen. Danach hat Deutschland keine hochbegabten Kinder. Und genau das sagen auch die befragten Lehrer: Sie hätten in ihrer dreißigjährigen Praxis noch kein hochbegabtes Kind gesehen.

Mummi war stocksauer auf unsere Wissenschaftler. Einen hatte sie bei einem Essen als Tischnachbarn. Sie wußte nicht, wer er war, und er nicht, wer sie war. Sie unterhielten sich ganz allgemein über Hochbegabung, und Mummi stellte fest, daß ihr Tischnachbar wenig Ahnung hatte, was ein hochbegabtes Kind ist. Angeblich hatte auch der Wissenschaftler so ein Kind in der Familie. Es war jedoch ein Einser-Schüler, angeblich ohne Schwierigkeiten, hoch motiviert. Auf die Frage, ob das Kind je getestet worden war, bekam sie keine Antwort. Die Vermutung lag nahe, daß der Vater einfach davon ausging, daß sein Kind hochbegabt ist, da es ein Einser-Schüler war. Umkehrschluß: Wenn ein hochbegabtes Kind die Leistung nicht zeigt, ist es zur Zeit nicht hochbegabt. So einfach war das.

Ich stellte Mummi daraufhin folgende Frage: „Gibt es denn in Deutschland Kinder, die nur zur Zeit geistig behindert sind, oder anders, die nur zur Zeit nicht hochbegabt sind?“ Sie überlegte weiter: „Wenn ein geistig behindertes Kind die Aufgabenstellung löst, die auf die geistige Behinderung abgestellt wurde, dann ist es möglicherweise zur Zeit nicht mehr geistig behindert!? Geben wir einem hochbegabten Kind eine zu geringe geistige Leistungsanforderung, die es nicht erbringen möchte, haben wir also auch kein hochbegabtes Kind. Es gibt dann keine geistig behinderten und keine hochbegabten Kinder. Bestens, dann können wir sie ja alle zusammen in einer Klasse beschulen. Sonderschulen oder -klassen sind nicht mehr nötig.“

Über all diese Fragen wurde in unserer Familie sehr offen und heftig diskutiert. Ich konnte die Diskussionen schon nicht mehr hören. Es war ja richtig, was Mummi sagte, nur es war vollkommen zwecklos, darüber zu reden. Die Mehrheit der Lehrer war nicht einmal bereit, darüber nachzudenken. Es war und würde immer so an unseren Schulen bleiben. Mir war das schon lange klar, und schon mit neun Jahren kam ich zu dem Ergebnis, es wäre besser, ich wäre nicht geboren oder würde gleich wieder verschwinden. Aber das galt ja dann auch für Swenja und wahrscheinlich auch für Chris, und dann erschreckten mich solche Gedanken sehr.

Mummi hatte sich für uns von dem ersten Weltkongreß in Deutschland zu diesem Thema sehr viel versprochen. Sie mußte feststellen, daß die Auswirkungen dieser Tagung auf unser Bildungssystem gleich null waren. Sehr viel später erfuhr sie auch noch, daß genau dieser Wissenschaftler, neben dem sie gesessen hatte, eine Studie vom Bildungsministerium in Auftrag hatte, um herauszufinden, ob hochbegabte Kinder einen erhöhten Beratungsbedarf und Förderungsbedarf an unseren Schulen haben. Mummi sagte damals schon, wie soll denn so ein Mann Fragen entwickeln, die hochbegabte Kinder betreffen, wenn er nicht weiß, was Hochbegabung ist? Böse Zungen meinten, diese wissenschaftliche Arbeit solle wohl die Richtigkeit der Nichtförderung dieser Kinder in Deutschland untermauern. Von wem erhielt der Wissenschaftler das Geld? Vom Bildungsministerium! Ist unsere Wissenschaft so abhängig, daß sie sich nicht frei machen kann von Zwängen des Geldgebers? Gibt es eine unabhängige Wissenschaft? Wenn ein Wissenschaftler Mißstände aufdeckt, die Menschen schaden, ist er dann eigentlich gezwungen, diese Mißstände zu benennen, auch wenn sein Geldgeber dafür verantwortlich ist? Fragen, die ich damals Mummi stellte, und die sie nicht beantworten konnte.
So viel zu meiner Schulsituation. Nach diesem Weltkongreß, der für uns in Deutschland keinerlei Auswirkungen brachte, war Mummi klar, daß wir aufhören mußten, die einzelnen Lehrer von der Existenz hochbegabter Kinder zu überzeugen.

Die ganze Familie reiste nach Braunschweig zu der einzigen Schule für hochbegabte Kinder. Mummi heulte während des ganzen Gespräches mit der Schulleitung und der Schulpsychologin. Pumi hatte dort gesagt, die Hochbegabung der Kinder existiere nur in der Einbildung von Mummi. Swenja und ich saßen ganz ruhig mit am Tisch, und Mummi tat mir leid. Manchmal zweifelte ich ja selbst

an meinem Verstand. Chris war wie immer auf Erkundigungsgang und bekam nach einiger Zeit einen älteren Schüler an seine Seite gestellt, damit er die Schule inspizieren konnte. Die Schulleitung und die Schulpsychologin reagierten ziemlich gelassen auf eine heulende Mutter, einen schuldzuweisenden Vater und vier hochinteressierte Kinderaugen. Wahrscheinlich war das ihr täglich Brot. Sie fragten Swenja und mich über einige schulische Belange. Fazit: Beide Kinder gingen nicht gerne zur Schule.
Ich wurde gefragt, ob ich mir vorstellen könne, bis zum Ende des Schuljahres hier im Internat zu wohnen und hier in die Schule zu gehen. Da ich gerade von einer sehr schönen internationalen Kinderbegegnung aus New Delhi zurückgekommen war und jetzt all die Kinder sehr vermißte, meinte ich, es wäre vielleicht machbar, daß ich das durchhalten könnte. Sie erklärten mir, ich wäre jedoch der jüngste Internatsschüler, den sie jemals gehabt hätten, und es wäre für mich sehr schwer, im Internat Freunde zu finden. Aber es gäbe ja auch viele Kinder außerhalb des Internats.
Dieses Gespräch war an einem Freitag. Montagmorgen hielt ich Einzug im Internat. Selbständig genug war ich ja, aber es war doch sehr hart, einfach die Familie verlassen zu müssen. Swenja fehlte mir sehr, na ja, ich gebe zu, die Nervensäge Chris konnte ich im Augenblick gut missen. Aber Mummi und auch Pumi fehlten mir. Es war ein Einbruch in meinem Leben, mit dem ich doch zu kämpfen hatte. Zwar durfte ich jedes Wochenende nach Hause, aber wenn ich wieder in den Zug steigen sollte, war mir schon ganz komisch. Mummi war immer häufiger bereit, mich mit dem Auto ins Internat zu fahren.

Die Schule dort und die Lehrer waren toll. Endlich konnte ich meine Aussprache in Englisch anbringen. Ich gewann gleich einen Vorsprechwettbewerb und war ganz stolz, nicht erst „deutsches" Englisch gelernt, sondern mich an meine Engländerin gehalten zu haben. Schon bald stellten sich schulische Erfolge ein, den Grund dafür konnte ich nicht so genau benennen. Der Unterricht war spannender, die Lehrer freundlicher, sie forderten mich regelrecht auf, meine Gedanken einzusetzen. All meine Bemühungen, diese gedanklichen Möglichkeiten zu unterbinden, konnte ich hier fallenlassen, denn jetzt waren sie gefragt. So allmählich gab ich es auf, sie gewaltsam zu unterdrücken, und irgendwie fühlte ich mich erleichtert. Auch äußerlich erholte ich mich langsam wieder: Kopf nach oben, Schultern etwas gerader, und die Füße schlurften nicht mehr so nachlässig über den Boden. Mummi sagte, ich sähe jetzt aus wie eine Pflanze, die nach langer Trockenzeit endlich Wasser bekäme.

Nur das Internatsleben war entsetzlich. Da ich der Jüngste war, wurde ich von vielen geärgert, und natürlich war ich auch auf der Suche nach einem Freund. Von den externen Schülern bekam ich damals Hilfe. Ich wurde in die Familien eingeladen und damit etwas abgelenkt. Aber ich vermißte meine Familie sehr.

Eines Tages, meine Mutter hatte sich gerade von mir verabschiedet, stand sie wieder vor meiner Tür. Sie hätte die Lösung, strahlte sie und fragte bei meinen Betreuern an, ob ich das Internat mit ihr noch einmal verlassen dürfte. Sie ging mit mir schräg über die Straße in ein Haus. Eine leere, total verwohnte Wohnung sollte die unsere werden. Ich stand sprachlos vor Mummi. Einerseits wollte ich jubeln, daß wir wieder alle zusammen sein würden, daß ich wieder ein Zuhause bekäme, andererseits ging ich in den riesigen Altbauzimmern herum und konnte mir nicht vorstellen, daß das jemals unsere Wohnung werden sollte. Aber Mummi war ganz begeistert, erklärte mir, ich solle mir weiße Wände, neue Teppichböden und Möbel hier vorstellen. Die Wohnung erschien mir riesig.

Mummi mußte sich in den nächsten drei Tagen entscheiden, denn nur so lange wollte der Hausmeister die Wohnung nicht an einen Makler weitergeben. Daß sie noch frei war, lag nur daran, daß erst neue Fenster und eine Etagenheizung eingebaut werden mußten. Mummi hatte sie nur zufällig gefunden. Sie wollte das Auto wenden, benutzte dazu eine Firmeneinfahrt und beleuchtete mit ihren Scheinwerfern das Schild im gegenüberliegenden Wohnblock: „Vier-Zimmer-Wohnung frei“.

Voller Ungewißheit mußte ich zurück ins Internat. Dann kam Mummis Anruf. Ich hatte darauf gewartet. Wir mieten die Wohnung an! Mummi, Swenja und Chris würden in die Wohnung ziehen, nur Pumi müßte zu Hause bleiben, da er nicht den ganzen Betrieb verlegen könne. Ich zählte die Tage, die ich noch im Internat bleiben mußte. Mummi reiste jetzt immer öfter an, um die Wohnung zu renovieren. Swenja und Chris mußten für vier Wochen in ein Erholungsheim, damit Mummi in der Zwischenzeit renovieren konnte. Swenja und Chris hatten vor mir Ferien, da wir in unterschiedlichen Bundesländern zur Schule gingen. So gut es ging, half ich Mummi bei der Renovierungsarbeit, und bald schon konnten wir in der Wohnung wenigstens übernachten. Zwar waren noch keine Betten da, aber ich flüchtete mich aus dem Internat bereits in mein neues Zuhause. Alles schien nun doch wieder in Ordnung zu kommen.

Trennung vom Elternhaus

In Deutschland kommen viele Familien mit hochbegabten Kindern in die Zwickmühle: emotionale Zuwendung durch das Elternhaus oder geistige Förderung durch eine Internatsschule. Es gibt nur diesen Zwiespalt, weil es keine Klassen für hochbegabte Kinder in Deutschland gibt. Kein Kind, keine Familie dürfte in unserem Wirtschaftwunderland, in unserem angeblichen Sozialstaat in diese Lage kommen, nur weil die Bildungspolitiker über Jahrzehnte geschlafen haben.
Die Familien, die Glück haben, finden in der Jugenddorf Christophorusschule einen Platz für ihr Kind. Für etliche Kinder, die genaue Zahl liegt im Dunkeln, bleibt nur der Weg nach England oder in die USA: mit monatelangen Trennungen von Eltern und Kindern. Was diese Trennungen letztlich bei hochbegabten Kindern in der emotionalen Entwicklung verursacht haben und verursachen, wissen wir nicht. Einige Kinder werden die Trennung gut verarbeitet haben, für andere wiederum wird es ein Schock fürs Leben bleiben.

Eine Trennung vom Elternhaus ist aus meiner Erfahrung für hochbegabte Kinder ab dem 16. Lebensjahr unproblematisch, da die Ablösungsphase vom Elternhaus einsetzt. Wichtig zu diesem Zeitpunkt ist eine entsprechende Gruppe, in der sich der Jugendliche angenommen und wohl fühlt. Ein Einzelgänger ohne Gruppe hat es sehr schwer, sich vom Elternhaus zu lösen. Deshalb ist eine geeignete Internatsunterbringung zu diesem Zeitpunkt für viele hochbegabte Jugendliche von Vorteil. Sie treffen dort auf Gleichbefähigte, haben also Austauschpartner und sind nicht mehr auf die Gespräche mit den Eltern angewiesen. Freundschaften sind zu diesem Zeitpunkt für eine gesunde Weiterentwicklung sehr wichtig.

Jodie Foster hat in dem Film „Das Wunderkind Tate" den Zwiespalt, in den diese Situation die Mutter eines hochbegabten Kindes bringt, hervorragend herausgearbeitet. Sie selbst ist ein hochbegabter Mensch und konnte aus ihrer Kinderzeit anhand vieler Beispiele aufzeigen, was ein hochbegabtes Kind alles durchmachen muß. Aber in den USA gibt es die Möglichkeit, Kinder in Sonderklassen vor Ort fördern zu lassen. In Deutschland verkümmert die hohe Begabung dieser Kinder, sollten sich die Eltern oder das Kind gegen eine Trennung entscheiden. Fast die Hälfte aller hochbegabten Kinder in Deutschland werden überhaupt nicht erkannt. Das sind immerhin annähernd 150 000 Kinder. Einige dieser Kinder wurden allerdings aus Unwissenheit vom Elternhaus getrennt, indem sie in Psychiatrien oder Erziehungsschulen und -heime eingewiesen wurden.

Immer wieder werde ich danach gefragt, ob diese hohe intellektuelle Begabung sich verliert, wenn sie nicht gefördert wird. Nach den Erfahrungen, die wir machen, kann eine Hochbegabung sich nicht auflösen, auch wenn sie nicht gefördert wird. Der Mensch bekommt nur keine Möglichkeit, sie einzusetzen, wird aber bei jeder Gelegenheit, die sich bietet, versuchen, seine Denkfähigkeit zu nutzen. Sollte er jedoch immer wieder und immer wieder auf Widerstand stoßen, wird er wahrscheinlich resignieren, sich nichts mehr zutrauen, und dann geht diese hohe Begabung natürlich der Gesellschaft verloren. Ja, sollte der hochbegabte Mensch auch noch die Lust verlieren, für sein eigenes Leben aufzukommen, kostet er die Gesellschaft beträchtliche Summen aus dem Sozialfonds. Ein unterforderter Jugendlicher oder Erwachsener kann sich jedoch auch mit seinen geistigen Fähigkeiten gegen die bestehende Gemeinschaft, die ihn blockierte, stellen. Die RAF besteht aus hochintelligenten Leuten, die aus gestandenen Elternhäusern stammen. Bis jetzt vermuten nur wenige einen Zusammenhang. Aber auch Dagobert, der die Polizei mit seinen Taten in Atem hielt, hat einen IQ von 145 und mußte in der siebten Klasse das Gymnasium verlassen. Leute wie Dagobert – und davon wird es eine Menge anderer geben – kann sich Deutschland jedoch nicht leisten.

Für die Förderung eines hochbegabten Menschen ist es nie zu spät. Die Veranlagung verschwindet ja nicht und ist jederzeit durch geeignete Maßnahmen wieder herstellbar. Sicherlich wäre es sinnvoll, die Hochbegabung schon bei ganz kleinen Kindern zu erkennen, damit ihnen viel Leid und den Familien viel Kummer erspart bleibt. Aber auch ein hochbegabter Jugendlicher oder Erwachsener könnte noch entsprechend gefördert werden. Nur müssen der Unterrichtsinhalt und die Lehrmethode den Bedürfnissen hochbegabter Menschen entsprechen.
Gerade um die sogenannten „Underachiever" wieder zu mobilisieren, wären in Deutschland besondere Spezialklassen notwendig. Ein als hochbegabt erkanntes Sonderschulkind, das über Jahre mit geistig behinderten Kindern lernen mußte, kann mit Sicherheit in einer normalen Klasse nicht aufgefangen werden. Teilweise muß wahrscheinlich sogar zum Auffangen von Wissensdefiziten, fehlenden Lernstrategien und mangelndem Selbstbewußtsein ein Einzelunterricht über etliche Jahre erfolgen. Das wird in Deutschland mit Sicherheit nicht billig werden. Wenn jedoch in Zukunft die noch motivierten hochbegabten Kinder Klassen überspringen dürften, würden ja Mittel frei, um den bereits geschädigten hochbegabten Kindern zu helfen.
Der Bundeswirtschaftsminister und die Finanzminister der Länder mögen doch bitte einmal darüber nachdenken, wie die Verschwendung von Finanzmitteln zu Lasten hochbegabter Kinder vermieden werden könnte. Eine Empfehlung an die Kultusminister wäre ein erster Schritt.

Beginn in einer anderen Stadt

Swenja und Chris kamen aus ihrem Feriendomizil zurück. Natürlich fanden sie es dort nicht so gut wie bei uns zu Hause während der Ferien. Während Swenja noch ruhiger und verschlossener geworden war, hatte Chris dort noch den letzten Kick Frechheit und Widerspenstigkeit erlernt.
Unser Vater hatte sich nur widerwillig damit abgefunden, daß ihn nun seine ganze Familie zumindestens unter der Woche verließ. Zuerst hatte er noch versucht, diesen Umzug irgendwie zu verhindern – und sei es nur, daß er Mummi erklärte, er könne bei der Renovierung so gut wie gar nicht helfen, da er nun allein für unseren Betrieb verantwortlich wäre. Mummi machte das aber nichts aus, sie hatte auch unsere Unterstützung. Wir halfen so gut wir konnten. Selbst Chris fand plötzlich Spaß daran, Mummi beim Streichen von Heizkörpern und Fußleisten zur Hand zu gehen. Chris hatte im Gegensatz zu Swenja und mir außerordentlich geschickte Hände. Wenn Swenja und ich auch nur versuchten, irgend etwas Handwerkliches zu machen, hatten wir entweder einen blutigen Finger oder irgendeinen anderen Unfall. Chris triumphierte dann natürlich, da er als jüngster im Bunde viel geschickter war als wir. Er war innerhalb kürzester Zeit unser bester Handwerker. Fummelige Feinarbeit, wie Fußleisten streichen, war genau das Richtige für ihn.

Während der Ferien hatten wir alle Hände voll zu tun, um unser neues Nest einigermaßen gemütlich zu gestalten. Mit der Lieferung der Möbel wollte es nicht so kurzfristig klappen, und so begann die

Schule ohne Herd, ohne Betten und ohne Schränke. Uns machte das nichts aus, Mummi improvisierte so gut sie konnte.
Ich war jetzt wirklich glücklich. Die Schule war in Ordnung, und meine Familie bei mir. Für Swenja gab es noch mal eine bittere Enttäuschung. Zwar hatte Mummi das Überspringen einer Klasse in der alten Schule durchgesetzt, nur, Swenja mußte jetzt doch zwei Jahre die Orientierungsstufe in Niedersachsen besuchen, da die fünfte Klasse an meiner Schule im letzten Moment nicht genehmigt worden war.
Chris mußte eingeschult werden. Die Einweisung in eine Sonderschule hatte Mummi noch mit viel Mühe mit dem Argument aufhalten können, daß wir ja wegziehen würden und man Chris doch in der neuen Stadt eine neue Chance geben sollte. Wenn die Sonderschule der richtige Ort für ihn wäre, dann würde auch die neue Schule entsprechend handeln. Also wurde Chris in eine normale Grundschule eingeschult.
Mummi war sich wirklich nicht sicher, ob Chris nicht doch etwa minderbegabt sei. Swenja und ich beknieten sie immer wieder, auch Chris einmal testen zu lassen. Mummi wehrte sich dagegen, ich glaube, sie hatte einfach Angst vor der Gewißheit, daß er womöglich doch ein Sonderschüler sei.
Chris hatte sich auch ein perfektes System aufgebaut, nichts von seinem Inneren und seiner geistigen Kapazität preiszugeben in der Annahme, es würde ihm sowieso keiner glauben. Außerdem war alles, was er auch gerne erforscht hätte, bereits von Swenja und mir gemacht worden.
Gleich am dritten Schultag wurde Mummi zu Chris' neuer Lehrerin gerufen. Er hatte dem Unterricht nur zehn Minuten seine Aufmerksamkeit geschenkt, bevor er den ersten Aufstand probte. Ich konnte mir das richtig gut vorstellen, da es mir ja ebenso gegangen war. Nur ich war nicht Chris, der so sehr verbal und körperlich um

sich schlagen konnte, wenn ihm einmal etwas überhaupt nicht paßtee, daß alle Menschen vor Schreck erstarrten. Die Lehrerin berichtet Chris wäre einfach vom Platz aufgestanden, hätte im Nachbarraum durch die Tür die ausgestopften Vögel gesehen und dann die arme Lehrerin mit einer Flut von Fragen überschüttet, die diese zum Teil nicht beantworten konnte. Und dann zog Chris vom Leder, fragte die Lehrerin, ob sie denn nicht gelernt hätte, Fragen von Kindern zu beantworten. Sie wäre doch Lehrerin und hätte zu wissen, wo die Nerven der Vögel verliefen, womit tote Vögel ausgestopft würden, wie lange die Vögel hier schon ständen und warum die Vögel nicht verwesten. Händeringend versuchte die Lehrerin, vor den versammelten Kindern zu erklären, daß sie ja nicht die Biologielehrerin sei, und die Vögel nur durch Zufall hier ständen. Aber Chris erklärte ihr, daß er in die Schule gekommen sei, um zu lernen, und da er den Buchstaben A und die Zahlen 1 bis 5 kenne und auch schon schreiben könne, wäre es doch sehr viel sinnvoller, daß er etwas über Vögel lernte. Insbesondere weil diese ja auch gerade so schön dastünden. Die Lehrerin wollte nun, daß Chris sich wieder setzte, was er aber ignorierte. Chris machte ihr den Vorschlag, wenn sie nichts über die Vögel wisse, dann könnte er doch in den Schubladen der Schränke einmal nachsehen, ob dort vielleicht ein Buch über die Vögel zu finden wäre. Aber auch das durfte Chris nicht, und deshalb fing er an, den Unterricht zu stören. Er quatschte mit seinem Nachbarn und versuchte Gleichgesinnte zu finden, die auch lieber etwas über die Vögel wissen wollten, anstatt diesen langweiligen Zahlen 1 und 2 und dem Buchstaben A Beachtung zu schenken. Chris konnte zum damaligen Zeitpunkt schon die Zahl 70 340 lesen. Wir hatten das überraschend festgestellt, da er die Zahl von Mummis Tacho abgelesen hatte. Selbst meinen Hausaufgaben konnte er folgen. Ich wußte das, nur Mummi wollte es nicht glauben.

Mummi beruhigte erst einmal die Lehrerin in der Hoffnung, daß Chris sich in wenigen Tagen an den Unterricht gewöhnen würde. Es kam jedoch ganz anders. Einem Kind war eine Glasflasche im Waschbecken zerbrochen. Chris fand eine ähnliche Flasche unter einem Tisch und ging auf das Waschbecken zu mit dem Ausspruch: „Soll ich das mal kopieren?“ Die Lehrerin war entsetzt über diesen Einfall und beschimpfte Chris, daß es doch reiche, wenn eine Flasche entzwei sei, und die Gefahr bestände, daß Kinder sich an deren Splittern verletzten. Wieder wurde Mummi in die Schule zitiert. Chris verteidigte sich, indem er beteuerte, daß das doch nur ein Scherz gewesen sei, er hatte es doch nicht wirklich getan. Er konnte einfach nicht begreifen, weshalb deswegen ein solcher Aufstand gemacht wurde.

Mummi versuchte erneut zu vermitteln. Die Lehrerin fand Chris' Verhalten einfach unmöglich. Und noch ein Vorfall kam zur Sprache. Chris war von älteren Jungs mit dem Satz angesprochen worden: „Knie nieder und küß mir die Schuhe.“ Nur, mit so einem Blödsinn mußte man Chris nicht kommen. Er hatte den Jungs geantwortet: „Mach es doch erst bei mir, damit ich sehen kann, wie ich es machen soll.“ Die Jungs trollten sich.
Chris fand diesen Spruch „geil“, wie er sich auszudrücken pflegte, und hatte nichts Besseres zu tun, als an die nächsten Jungen aus seiner Klasse diese Aufforderung weiterzugeben. Und der Junge küßte tatsächlich Chris' Schuhe. Die Lehrerin einer anderen Klasse hatte die Szene auf dem Schulhof beobachtet, und nun war er natürlich als unmögliches Kind stigmatisiert. Chris erzählte Mummi, daß er sich niemals hätte vorstellen können, daß ein Kind dieser Aufforderung tatsächlich nachkäme, und er hätte sich mächtig erschrocken, als gerade das passierte. Mummi nahm den Vorfall viel gelassener hin, als wir zuerst dachten. Sie legte sich einzig und al-

lein ziemlich hitzig mit dem Vater des „schuhküssenden“ Kindes an. Mummi war der Ansicht, Kinder müßten so erzogen werden, daß sie niemals einfach etwas tun, ohne vorher zu überlegen, ob ihre Handlung sinnvoll ist.

Aber seither hatte Chris einen schlechten Stand in der Klasse. Als dann die Lehrerin eines Tages nach ungefähr drei Monaten Schule meinte, wir sollten gemeinsam überlegen, ob Chris nicht auf die Sonderschule sollte, platzte Mummi der Kragen. Sie sprach mit den zuständigen Schulräten, und als Chris tatsächlich dieser Weg drohte, ließ Mummi es zu, daß die Schulpsychologin Chris testete. Die Unterredung mit den Schulpsychologen brachte jedoch für Chris keine Klärung. Mündlich wurde Mummi mitgeteilt, Chris wäre zwar nicht blöd, aber er wäre im Normalunterricht eben schlecht zu beschulen. Mummi wollte das genaue Testergebnis haben, bekam es aber weder mündlich gesagt, noch schriftlich bestätigt. Auch darüber war sie sehr erbost und meinte:
„Was ist das eigentlich für ein Schulsystem? Da machen sie Tests und teilen den Eltern nicht die genauen Ergebnisse mit.“ Mummi wollte sie jetzt schriftlich haben, stieß jedoch nur auf Widerstand. Das wäre eine Angelegenheit der Schule, hieß es nur. Die Schulpsychologen dürften den Eltern kein schriftliches Gutachten über die Testergebnisse geben.

Mummi kam nicht weiter. Sie wußte immer noch nicht, ob womöglich Chris' auffälliges Verhalten seinen Ursprung in einer hohen geistigen Kapazität hatte. Also blieb ihr nichts anderes übrig, als erneut einen Intelligenztest machen zu lassen, diesmal bei einem frei praktizierenden Psychologen. Es kostete Mummi viel unnötiges Geld. Nicht genug damit, daß sie die zweite Wohnung und das monatliche Schulgeld für mich zu bezahlen hatte! Unsere finanziellen

Mittel waren nicht gerade üppig. Ich interessierte mich sehr für das monatliche Budget der Familie und machte Mummi ständig Vorschläge, wo noch zu sparen sei.

Chris schnitt mit einem IQ von fast 150 ab. Plötzlich war klar, warum Chris solche Probleme mit sich und seiner Umwelt hatte. Mummi war der Verzweiflung nahe: gleich drei hochbegabte Kinder in der Familie! Mummi hätte Chris nie als so intelligent eingeschätzt. Er lag damit von uns allen am höchsten und sollte auf die Sonderschule.

Mummi setzte sich nach diesem Ergebnis wieder mit den Schulpsychologen in Verbindung, um ihnen zu erklären, daß Chris aufgrund seiner enormen Intelligenz diese Schwierigkeiten hatte. Sie gaben zu, daß Chris auch bei ihnen so hoch abgeschnitten hatte, aber sie besaßen keine Information darüber, daß derartige Kinder in normalen Schulen eventuell unterfordert sein könnten.

Mummi galt von nun an bei den Lehrern dieser Grundschule als „die spinnende Mutter", die meinte, jedes ihrer Kinder sei hochbegabt. Chris' Lehrerin setzte sich auch mit der Lehrerin von Swenja aus der Orientierungsstufe in Verbindung, da sie der Ansicht war, eine „alleinerziehende" Mutter sei ja überhaupt nicht in der Lage, Kinder ordnungsgemäß zu betreuen. Sie wußten ja nicht, daß wir jedes Wochenende nach Hamburg zu unserem Vater fuhren, und Mummi hütete sich, diesen Lehrern irgend etwas Familiäres preiszugeben. Die Schulpsychologen waren tatsächlich der Ansicht, unsere Familie sollte geschlossen in Therapie gehen. Und Vermutungen, „daß vielleicht in der Ehe etwas nicht stimmen könnte", nachdem sie von dem existierenden Vater in Hamburg erfahren hatten, deckten sich erstaunlicherweise mit der unqualifizierten Meinung einer Lehrerin meines ehemaligen Gymnasiums in Hamburg.

Die Gefahr der Einweisung auf eine Sonderschule schwebte drohend über Chris. Der Schulleiter war der Ansicht, eine normale Schule könne dieses Kind nicht beschulen, und da wir keine speziellen „Sonderschulen" für hochbegabte Kinder hätten, wäre wohl die Sonderschule für geistig behinderte oder lernschwierige Kinder zuständig oder zumindestens eine Schule für erziehungsschwierige Kinder. Zum Schluß wurde Mummi regelrecht zu einer Therapie, möglichst mit uns allen, gezwungen. Damit nun Chris nicht auf die Sonderschule mußte, nahm sie erst einmal eine Therapie für ihn an. Die Therapeutin hatte keine Ahnung von hochbegabten Kindern, und schon bald bemerkte Mummi, daß sie Chris dahingehend therapierte, mit den Anforderungen zufrieden zu sein, die an ihn gestellt wurden. Chris richtete seine Aggressionen nun gegen die arme Therapeutin. Er „knockte" sie regelrecht durch sein inszeniertes Verhalten aus. In wenigen Sitzungen hatte er erkannt, wie die Therapeutin reagierte. Zu Hause ahmte er diese Frau so gekonnt nach, daß Mummi jedesmal einen Lachanfall bekam. Vor allem Chris' Logik ließ die Therapeutin regelrecht in Panik verfallen. Nach genau vier Sitzungen wurde die Therapie als ungeeignet abgebrochen. Einziger Kommentar von Chris zu dieser Frau: „Eine blöde Ziege, ohne Inhalt im Gehirn."

Wenn einer von uns solche Äußerungen machte, griff Mummi stets ein und versuchte uns begreiflich zu machen, daß die anderen Menschen doch auch nichts dafür konnten, daß sie nicht so schnell und gezielt zu denken vermochten. Bei einem dieser Gespräche entfuhr Chris dann folgender Satz: „Dann sollten diese Menschen uns aber auch nicht ständig festhalten und damit quälen. Wir tun ihnen doch auch nichts und werden nur böse, wenn sie uns quälen." Genau hierüber hätte er sich heute schon wieder von seiner Lehrerin einen Vortrag anhören müssen. Warum galt das dann aber nicht auch für ihn? Er wollte von Mummi wissen, ob er denn ein Aussätziger sei, der möglichst in den Höhlen vor der Stadt leben sollte.

Mummi erreichte es durch viele, viele Überzeugungsgespräche, daß Chris gleich in die zweite Klasse kam. Zu Hilfe kam ihr dabei ein ganz bestimmter Vorfall. Mummi war schon in der ersten Klasse gebeten worden, sporadisch bei Chris im Unterricht zu bleiben, da kein Mensch erahnen konnte, was Chris sich jedesmal dachte. Bei einer solchen Gelegenheit stand ein Text an der Tafel, und die großen Buchstaben der Substantive sollten jeweils in dazugehörige Kreise eingetragen werden. Chris beteiligte sich überhaupt nicht am Unterricht. Er hampelte auf seinem Stuhl herum, beschäftigte sich eingehend mit seiner Federtasche, versuchte heimlich, ein Buch zu lesen und meldete sich nicht ein einziges Mal. Jeder, der dieses Kind beobachtet hätte, wäre zu dem Ergebnis gekommen, dieses Kind sei noch nicht schulreif, es könne den Anforderungen nicht folgen, ja, es wüßte überhaupt nicht, um was es ging.
Nach Beendigung der Tafelarbeit hatte die Lehrerin gesagt, jetzt sollten die Kinder diese Arbeit noch mal allein versuchen. Die Kinder holten die Federtaschen heraus, um gleich schreiben zu können. Und was tat Chris? Er starrte wie hypnotisiert die Tafel an. Jetzt, wo die Arbeit dort doch schon vorbei war. Die Lehrerin klappte die Tafel zu, teilte die Blätter aus, und dann nahm Chris wutentbrannt einen roten Buntstift und kritzelte die Kreise rot aus.
Die Lehrerin war entsetzt, auch Mummi, die den Vorfall beobachtete. Keiner ahnte, was zu diesem Zeitpunkt in Chris vorging. Mummi konnte der wütenden Lehrerin in dem Moment nichts entgegenhalten, als sie die Ansicht äußerte, solch ein Kind gehöre auf die Sonderschule. Mummi fragte Chris dann im Auto auf dem Weg nach Hause, warum er so wütend geworden wäre, und dann kam Chris' Version:

Als die Lehrerin gesagt hatte, alle dürften es jetzt noch einmal allein machen, ging er davon aus, den gesamten Text aufs Blatt schreiben zu müssen und nicht nur wieder die paar Buchstaben in die Kreise. Zu Hause schrieb er den gesamten Text, den er schnell auswendig gelernt hatte, fehlerfrei in sein Heft. Mummi war platt, daß niemand dieses Kind verstehen konnte.

Aber dieser Vorfall rettete Chris, nachdem Ursache und Wirkung gemeinsam mit der Lehrerin und der Schulleitung ausgiebig analysiert worden waren, vor der Sonderschule, und er kam tatsächlich in die zweite Grundschulklasse. Hier waren alle Anforderungen für ihn überhaupt kein Problem, im Gegenteil. Er stand geistig immer noch weit über der zweiten Klassenstufe.

Da die neue Lehrerin mit Chris auch nicht so richtig klar kam, erklärte sich Mummi bereit, auch hier, so ihre Zeit es zuließ, mit Chris in die Klasse zu gehen, jedenfalls für einige Stunden. Und auch hier konnte sie miterleben, wie schwierig es für Lehrer ist, ein hochbegabtes Kind in einer „normalen“ Klasse zu unterrichten.

Die Schüler sollten beispielsweise einmal Textaufgaben lösen. Ganz einfache Rechnungen, um den Zehnerübergang zu üben. Die Aufgaben waren schon mindestens zwanzigmal vorher in der Klasse geübt worden. Die Lehrerin hatte einen ganzen Zettel dieser Aufgaben vorbereitet, sich aber jedesmal die Fragestellung ersparen wollen. Da stand dann auf dem Papier: Die Mutter kauft im Ausverkauf eine Bluse für 7 Mark und ein T-Shirt für 6 Mark. Chris grübelte über diese Aufgaben nach, stellte fest, daß keine Frage formuliert war, und stellte sich sodann selbst die Aufgabe: Die Mutter bezahlt mit einem 50-Mark-Schein und bekommt die Differenz an der Kasse zurück. Eine Aufgabe, die Chris schon vor der Einschulung beherrschte. Er schrieb die Differenz zu jeder Aufgabe hin. Die Lehrerin schüttelte bei der Kontrolle den Kopf und meinte, er

solle noch einmal besonders gut nachdenken. Na, und das tat Chris dann auch und überlegte, daß vielleicht 50 Mark zu gering waren, und daß die Lehrerin vielleicht meinte, sie sollten die Differenz zu 100 Mark errechnen.
Was Chris nicht berücksichtigte, war, daß die Klasse nur im Zahlenraum bis 20 rechnen konnte und daß Aufgaben, die gleich zwei Rechenschritte beinhalteten, noch nicht gerechnet wurden. Voller Verzweiflung sah er die Lehrerin wieder an, als sie ihm sagte, er läge mit seinen Ergebnissen schon wieder falsch. Nach Ansicht der Lehrerin schrieb er als Lösung nur ausgedachte Zahlen aufs Papier. Zum Schluß wurde Chris so wütend, nachdem auch die Differenz zu 200 Mark falsch war, daß er in die Klasse schrie, daß das überhaupt keine Aufgaben wären, da die Fragen doch fehlten. Eine typische Reaktion eines hochbegabten Kindes.

Nur: Die Klasse hatte überhaupt noch keine Vorstellung von 50 Mark oder 100 Mark oder gar 200 Mark zu haben; geschweige denn davon, bereits Differenzen auszurechnen. Sie sollte brav zwei Zahlen einfach nur zusammenzählen. Chris war mal wieder weit übers Ziel hinausgeschossen. Woher sollte er denn aber auch wissen, wieweit er rechnen durfte?

Nach diesem Vorfall war Chris stark verunsichert. Bei jeder Aufgabe überlegte er krampfhaft, wieweit er rechnen durfte. Das Ergebnis war, daß er mit seinen Aufgaben nicht rechtzeitig fertig wurde. Die Lehrerin hatte ihn nicht gelobt, nachdem er so weit nach „vorne“ gerechnet hatte, sondern ihm mahnend erklärt, er müsse sich genau an das halten, was im Augenblick erlernt würde. Chris gab sich auch Mühe, Mummi bemerkte es, aber es war ihm nicht möglich, sich immer so stark einzuschränken, daß er das augenblickliche Ziel traf.

Leider war Mummi bei diesem Vorfall im Matheunterricht nicht anwesend gewesen, und Chris kam sich in der neuen Klasse völlig hilflos und alleingelassen vor. Voller Wut berichtete er, er würde in diese Klasse und zu dieser Lehrerin nicht mehr gehen, die könnte ihm ja nicht sagen, was sie als Ergebnis wünschte. Chris war untröstlich, da er sich von der zweiten Klasse erhofft hatte, endlich mit seinen Möglichkeiten rechnen zu dürfen. Ich sah plötzlich das ganze Dilemma, in dem ja auch ich gesteckt hatte und das jetzt Chris traf. Er hatte sich so auf die zweite Klasse gefreut und nun gleich zu Beginn dieses Ereignis. Mummi sagte abends, als Chris sie nicht hörte, traurig zu uns, es wäre wohl besser gewesen, Chris gleich in die dritte Klasse springen zu lassen. Aber in unserem Bildungssystem wäre das ja wohl nicht vorgesehen.

Erkennen der Hochbegabung

Die schlimmste Erscheinungsform in unserem Bildungssystem ist wohl die Einweisung eines hochbegabten Kindes in die Klassen von geistig behinderten oder erziehungsschwierigen Kindern. In beiden Fällen geht diese Einweisung an den Bedürfnissen hochbegabter Kinder vorbei. Da hochbegabte Kinder Ungerechtigkeiten auch im Hochformat wahrnehmen, sind sie oft für ein ganzes Leben von dieser verkehrten Maßnahme geprägt.

Prof. Bärtsch, Begründer des Kinderschutzbundes, erlebte ein gleiches Schicksal. Er erzählte mir seine Lebensgeschichte vor einem gemeinsamen Radiointerview. Ich glaube, bis zu diesem Zeitpunkt war ihm überhaupt nicht bewußt, daß er nicht nur Glück im Unglück hatte, daß seine Eltern weiterhin zu ihm hielten (eigentlich eine Selbstverständlichkeit), sondern auch, daß er Menschen fand, die ihm aus dieser Situation wieder heraushalfen. Ein Kind allein kann sich gegen diese Fehlbeurteilung nicht wehren, selbst Eltern sind damit anscheinend überfordert, denn sonst hätten die Eltern von Prof. Bärtsch dem Wahnsinn einer Einweisung in eine Sonderschule Einhalt geboten. Wenn der Zusammenhang schon damals bekannt gewesen wäre, hätte der Kinderschutzbund mit Sicherheit auch die Verantwortung für hochbegabte Kinder und ihre Rechte übernommen. Vielleicht erfolgt dies noch, wenigstens in Form finanzieller Hilfe für in Not geratene hochbegabte Kinder, die nicht das Glück haben, Menschen zu finden, die erkennen, daß sie eben nicht geistig behindert sind.

Die Beurteilung, ob ein Kind hoch- oder minderbegabt ist, ist für Lehrer oft sehr schwierig, da die Symptome dieser beiden Gruppen zum Teil identisch sind. Die Kinder schalten im Unterricht ab, verweigern die Mitarbeit, Arbeitsergebnisse sind teilweise unverständlich in der Ausführung, die Kinder reagieren verunsichert, ihr Selbstwertgefühl wird vermindert und Banalitäten des Lebens werden häufig übersehen. (Es ist durchaus möglich, daß ein hochbegabtes Kind im Schlafanzug zur Schule gehen will, da es geistig so beschäftigt war, daß es vergaß, sich anzuziehen.) Der „zerstreute Professor" ist ein Ausspruch, den wir alle kennen. Aber wissen wir auch über die Hintergründe Bescheid, die zu diesem Ausspruch führten?

Die Gefahr einer Fehlbeurteilung liegt auf der Hand. Deshalb ist der Intelligenztest eine wertvolle Hilfe zur Beurteilung der geistigen Kapazität eines Kindes. Er sollte als Unterstützung bei Beurteilungen sowie Gesprächen hinzugezogen werden, vor allem, wenn ein Kind eine Klasse wiederholen oder gar von der Schule verwiesen werden soll.

Wird hier ein hochbegabtes Kind nicht erkannt und muß es beim Wiederholen einer Klasse den gleichen geistigen Inhalt des Stoffes, den es ja schon einmal verweigerte, nochmal lernen, ist für viele hochbegabte Kinder der Weg vorprogrammiert: Die zu wiederholende Klasse wird wieder nicht geschafft, das Kind muß das Gymnasium verlassen, die Realschule bietet auch keine zusätzlichen geistigen Herausforderungen, das Kind verläßt häufig ohne Abschluß etwas später die Hauptschule – und fällt vielfach der Allgemeinheit ohne Ausbildung finanziell zur Last!
Wir müssen uns doch einmal ernsthaft darüber Gedanken machen, welcher Schaden der Gemeinschaft durch ein Nichterkennen hochbegabter Kinder entsteht. Jedes Kind kostet den Staat, und damit uns, jährlich Steuergelder. Das hochbegabte Kind wiederholt zum eigenen Schaden eine Klasse, anstatt sie zu überspringen, um dann im Extremfall am Ende der Schullaufbahn womöglich ohne Abschluß

auf der Straße zu stehen und in den Maschen des Sozialnetzes zu enden. Dieser Mensch hätte sich drei Jahre Schule sparen können, wäre wahrscheinlich eine gestandene Persönlichkeit geworden, die gelernt hätte, ihre Fähigkeiten zum Nutzen aller einzusetzen. Die Gemeinschaft, die eine Förderung von hochbegabten Kindern ablehnt, sägt also ständig an dem Ast, auf dem sie selber sitzt. Den meisten Menschen ist das nur nicht bewußt.

Umzug und doch noch keine Lösung

Meine Schulnoten an der Christophorusschule wurden richtig gut. Aber vor allem, ich fand endlich Freunde. Herrlich, endlich sagen zu können, „Mensch, komm heute zu mir, damit wir gemeinsam etwas machen können." Ich wußte überhaupt nicht, daß es so viel Spaß machen kann, Freunde zu haben. Bis jetzt waren fremde Kinder um mich herum immer nur lästig gewesen. Ständig mußte ich mich vorsehen, daß ich nicht zu schnell und nicht zu weit dachte und hatte fast immer meine eigenen Interessen zurückgesteckt, nur um zu erreichen, daß einige Kinder auch Lust hatten, zu mir zu kommen. Die Freunde, die jetzt kamen, waren einfach toll. Natürlich nicht alle, mit einigen hatte ich nach wie vor so meine Probleme, aber Mummi meinte, das sei völlig normal. Auch die Erwachsenen hätten ja Menschen, mit denen sie nicht so gut klar kämen, und dann gäbe es eben Freunde, die man den ganzen Tag um sich haben konnte, ohne das Gefühl zu bekommen, sie störten einen. Unser Zuhause stand für jeden, der zu uns kommen wollte, offen. Wir hatten eine Mutter, die meinen Freunden immer das Gefühl gab, sie seien herzlich willkommen. Bald waren meine Freunde auch die Freunde von Swenja und Chris.

Swenja litt in der Orientierungsstufe entsetzlich. Da sie ein absolut soziales Empfinden hat, konnte und wollte sie sich nicht beschweren. Oft saßen wir abends in meinem Zimmer zusammen, und ich mußte ihr immer wieder sagen, daß es doch keinem etwas nütze, wenn sie auf ihr eigenes Vorankommen verzichtete. Der einzige Trost in der Orientierungsstufe war, daß Swenja eine reine Lateinklasse besuchte und damit das geistige Niveau der Kinder überdurchschnittlich hoch war. Diese Lateinklassen hatten Eltern beim

Kultusministerium in Niedersachsen durchgesetzt, da es in diesem Bundesland kein Gymnasium ab Klasse 5 mehr gab, sondern nur die Orientierungsstufe.

Swenja wurde also in die Lateinklasse eingeschult. Dann wurde die erste Mathematikarbeit in dieser Klasse geschrieben. Von zweiunddreißig Kindern hatten siebenundzwanzig eine Eins, ergo war die Arbeit viel zu leicht gewesen. Der Schwierigkeitsgrad der Arbeiten konnte jedoch nicht angehoben werden, da er immer vergleichbar mit den anderen Englischklassen der Schule sein mußte. Was tat der Schulleiter, um die Vergleichbarkeit zu gewährleisten? Er löste die Lateinklasse wieder auf, damit sich die intelligenten Kinder auf mehrere Klassen verteilten, und bei weiteren Bewertungen der Notenspiegel für die Schule wieder stimmte.
Die Schule hatte jedoch nicht mit dem Widerstand der Eltern gerechnet. Sogleich wurde an oberster Stelle im Kultusministerium protestiert, mit dem Ergebnis, daß die Lateinklasse nach vierzehn Tagen wiederhergestellt werden mußte. Die Lateinkinder jubelten, mußten sich aber der Hänselei der anderen Schüler erwehren. Swenja trafen diese Hänseleien besonders hart. Irgendwie hatten die anderen Kinder geahnt, daß Swenja, ohne arbeiten zu müssen, eine gute Schülerin war. Krankhaft hatte sie sich während der vergangenen vierzehn Tage, in denen die Lateinklasse aufgelöst war, bemüht, Fehler in Arbeiten einzubauen, damit es bloß nicht auffiel, daß sie fehlerfrei arbeiten konnte. Mir gegenüber hatte sie nach Auflösen der Lateinklasse einmal gesagt, sie wolle einfach nicht mehr weiterleben, falls die Eltern es nicht schaffen sollten, die alte Lateinklasse wieder genehmigt zu bekommen.
Ich hatte Mummi davon erzählt, und sie tröstete Swenja, daß sie ja nach den zwei Jahren auch auf meine Schule komme, und sie sähe doch bei mir, daß es auch anders ging. Erst als die Lateinklasse wie-

der bestand, konnte Swenja wieder lachen. Ich glaube, sie wäre zur Schulversagerin geworden, wenn diese Klasse sich nicht wieder etabliert hätte.

Die Klassengemeinschaft der Lateinklasse war wirklich gut. Was kümmerte es die Kinder, daß die Erwachsenen nicht in der Lage waren, ihnen so schwere Arbeiten zu geben, daß sie gefordert wurden. Entsprechend verlief das schulische Lernen in der Klasse. Die Klassenlehrerin hatte überhaupt keinen Einfluß auf das Lernverhalten der Kinder. Vor allem ein Junge in ihrer Klasse gefiel Swenja besonders gut. Er hatte auch eine Klasse übersprungen, aber im Gegensatz zu Swenja war er aufmüpfig bis zur Frechheit. Er ließ sich von der Lehrerin nichts gefallen, berichtigte sie immer im Unterricht, da sie auch nach Swenjas Auffassung einfach zu unlogisch war. Dieser Junge zeigte der Lehrerin ihre Probleme beim Unterricht klar auf, und die ganze Klasse fand es prima, daß einer dazwischen war, der nicht immer alles als gegeben und „richtig" hinnahm.
Swenja war voller Bewunderung für diesen Klassenkameraden, und Chris und ich wurden eifersüchtig. Stundenlang konnte sie mit diesem Jungen diskutieren, und oft nahm er auch für Swenja Partei, wenn sie sich nicht traute. Immer wieder versuchte auch er ihr klarzumachen, daß sie als gute Schülerin von dieser Lehrerin nichts zu befürchten hätte. Er hätte ja auch keine Angst, obgleich er wisse, daß diese Frau ihn ablehne und mit Sicherheit versuchen würde, ihn zu demütigen. Aber das klappte nie, da er ihr viel zu schnell die Fäden aus der Hand nahm und immer den Spieß umdrehte.

Swenja erzählte uns abends bei Tisch die Späßchen, die dieser Junge zur Freude vieler Mitschüler ständig machte. Mummi wurde von anderen Müttern angerufen, ob Swenja auch erzählt hätte, was diesmal wieder vorgefallen war. Swenja wurde bewußt immer gefragt, ob alles stimme, zum einen weil sie sich verbal ganz gezielt ausdrücken konnte und zum anderen weil sie nie ein Detail vergaß. Selbst die Eltern lachten mit den Kindern über die geistreichen Späße des Jungen in der Klasse, die immer genau den wunden Punkt der Lehrerin trafen. Sie hatte keine Chance, und Swenja sagte manchmal, die Lehrerin täte ihr wirklich leid, da sie ja auch nichts dafür könne, daß sie den Kindern nicht gewachsen sei, und ihr würde sicherlich der Unterricht keinen Spaß machen.

Immer wieder versuchte ich ihr zu erklären, dafür könnten doch die Kinder nichts. Wenn Lehrer einen Unterricht nicht richtig gestalten können, müssen sie eben ihren Beruf aufgeben. Aber bei dieser Lehrerin kam noch erschwerend hinzu, daß sie am laufenden Band fachliche Fehler beging, und das in einer Klasse mit lauter „hellen Geistern“.

Mummi hatte das Schauspiel einmal aus der Nähe betrachtet. Unangemeldet kam sie aus Versehen einige Minuten vor Unterrichtsschluß in die Klasse. Das war ein Tumult! Die Lehrerin ging in einem Knäuel von Kindern total unter, ihre Stimme drang überhaupt nicht durch, die Kinder konnten machen, was sie wollten. Einige turnten auf den Fensterbänken herum und hüpften aus dem Fenster mit der Erklärung, der Unterricht sei nun doch schon zu Ende. Erlösung brachte die Pausenglocke, und jetzt erst erkannte die Lehrerin Mummi. Sie beschwerte sich bei ihr über die unmöglichen Kinder, die nicht erzogen seien. Alles so piekfeine Elternhäuser, ohne den Auftrag wahrzunehmen, die Kinder zu erziehen.
Mummi versuchte ihr zu erklären, daß die Elternhäuser, so weit sie es beurteilen konnte, alle in Ordnung waren. Sicherlich seien viele Eltern Akademiker, aber das bedeute doch nicht automatisch, daß

sie ihre Aufgaben als Eltern nicht ernst nähmen. Hier würde das Problem ganz woanders liegen. Die Kinder seien mehrheitlich geistig nicht ausgelastet und benutzten deshalb den Unterricht zum „geistigen Jogging" nach ihren Vorstellungen, die sich natürlich nicht mit den Vorstellungen der Schule und der Lehrer deckten. Wenn die Kinder geistig mehr „Futter" bekämen, wären fast alle mit Sicherheit die liebsten Kinder. Allerdings wären sie im Leistungsbereich dann nicht mehr vergleichbar mit anderen Klassen.
Voller Entsetzen reagierte die Lehrerin auf diese Ausführungen: Ob Mummi denn wisse, wie schwer es für sie sei, in dieser Klasse im Stoff nicht weitergehen zu dürfen, da die anderen Klassen ja nicht mitziehen könnten. Wieder kam die Vergleichbarkeit ins Spiel!
Jetzt entbrannte mit der Lehrerin ein richtiges Streitgespräch. Mummi hat es mir erzählt. Die Lehrerin war der Auffassung, es wäre höchst unsozial, diesen Kindern mehr beizubringen als den anderen. Mummi hatte ihr entgegnet, daß es mehr als unsozial sei, Kindern das vorzuenthalten, was sie für eine gesunde Entwicklung brauchten, nur weil andere Kinder es nicht brauchten. Die Chancengleichheit sei doch immer nur falsch verstanden worden. Es sollte doch nicht heißen, alle seien gleich und dürften nur das gleiche erlernen, sondern jeder sollte die Chance haben, das lernen zu dürfen, was er könne.
Seit diesem Gespräch hatte Swenja vor dieser Lehrerin keine Ruhe mehr. Sie war eine gute Schülerin, wurde jetzt aber von der Lehrerin ständig berichtigt, auch wenn es gar nichts zu berichtigen gab. Swenja tat es gut, daß die ganze Klasse sie dann unterstützte, indem sie die Lehrerin widerlegten. Dennoch war es Swenja oft auch peinlich, und sie fühlte sich recht unwohl in ihrer Haut.
Mummi ging zum Schulleiter, nachdem auch für sie feststand, daß Swenja immer mehr eingeschüchtert wurde. Es war ein langes, sehr gutes Gespräch. Er gab zu erkennen, daß er die Komplikationen,

die sich im Umgang mit der Lateinklasse und dieser Lehrerin ergaben, schon geahnt hatte. Er versprach Mummi, selbst mehr Unterrichtsstunden in der Klasse abzuhalten, sähe aber keine Chance, eine Änderung im Verhalten der Lehrerin herbeizuführen. Mummi erklärte ihm, daß Swenja aufgrund ihrer Sensibilität diese täglichen Belastungen nicht verkraften könne. Bevor sie an diesen Zwistigkeiten, Streitereien und Ungerechtigkeiten zerbreche, müsse eine Lösung gefunden werden. Es gab jedoch keine andere Lateinklasse, und wenn es sie gegeben hätte, wäre das Unterrichtspensum ja identisch. Mummi und der Schulleiter entschlossen sich zu einer anderen Maßnahme, die auch schon Swenjas kleiner Freund praktizierte. Sie durfte einige Tage im Monat zu Hause bleiben. Mummi sollte die Entscheidung selbst übernehmen, wann es ratsam war, das Kind in die Schule zu schicken und wann nicht, bzw. die Entscheidung Swenja überlassen. Na, diese Maßnahme löste natürlich unter uns heftige Debatten aus. Als Ältester beschwerte ich mich, daß ich während dieser langweiligen Schulphasen, die ich ja auch durchlebt hatte, viel öfter hatte zur Schule gehen müssen. Und Chris beschloß als tatkräftiger, gelangweilter Grundschüler sofort, auch den nächsten Tag zu Hause zu bleiben.

An diesem Tag wurde lang und breit über die Frage diskutiert, ob es anzustreben sei, Kinder ständig in eine Schule schicken zu müssen, die ihnen nicht gerecht wird. Mummi meinte mir gegenüber, ob ich ihr nicht zugestehen könne, daß sie noch lernfähig sei, und daß es eben manchmal das Los des Älteren sei, nicht in den Erfahrungsgenuß der nachfolgenden Kinder zu kommen. Andererseits, ob ich schon einmal darüber nachgedacht hätte, wie öde es für die nachfolgenden Geschwisterkinder sein müßte, daß der große Bruder schon alles gemacht hatte, manchmal mit unschlagbarem Erfolg.

Ich ließ mich überzeugen. Auch weil ich wieder Spaß an der Schule hatte. Aber mit Chris hatten wir jetzt ein Problem. Er war zwar eine Klasse vorversetzt worden, hatte aber schnell den Stoff der neuen Klasse aufgeholt, so daß die alten Verhaltensmuster der Verweigerung wieder auftraten, und die Lehrer erneut darüber nachdachten, ob Chris nicht doch die bereits erwähnte andere Schule brauche. Mummi wußte zwar auch, daß Chris eigentlich eine andere Schule benötigte, aber mit Sicherheit keine Sonderschule für geistig behinderte oder erziehungsschwierige Kinder.

Chris hatte natürlich nichts anderes zu tun, als der Grundschule von Swenjas Experiment zu erzählen. Mummi hatte es einfach versäumt, ihn darüber zu informieren, daß diese Vereinbarung stillschweigend getroffen worden war. Chris wollte diese Sonderregelung auch für sich in Anspruch nehmen. Er wollte mit Swenja an einigen Tagen zu Hause bleiben und versprach, dort auch mit Swenja Schule zu spielen. Die Lehrerinnen schlugen die Hände über dem Kopf zusammen. Sie zwangen Chris zum Schulbesuch, und er wurde daraufhin wieder das Ekelkind der Klasse. Mummi konnte nun nicht verantworten, ihn jeden Tag der Klasse zu präsentieren und ließ ihn auch ohne Entschuldigung einige Tage im Monat fehlen.

Für meine Geschwister bedeuteten die freien Tage keinerlei Leistungseinbruch. Im Gegenteil, je länger sie fehlten, desto besser wurden sie. Unsere Maßnahmen sprachen sich natürlich herum, und die durchschnittliche Klassenstärke der Grundschule und der Orientierungsstufe pendelte sich im Laufe der Zeit auf einen geringeren täglichen Durchschnitt ein. Für die Lehrerin in der Orientierungsstufe eine Erleichterung und auch für den Klassenverband insgesamt. Später stellte sich heraus, daß in dieser Lateinklasse noch mehrere hochbegabte Kinder waren, und auch andere Eltern schon bemerkt hatten, daß es besser war, die Kinder zu Hause zu lassen. Chris bekam überraschend das Angebot aus der Schule, noch eine

Klasse überspringen zu dürfen. Wir interpretierten das so, daß die Schule ihn möglichst bald loswerden wollte. Da Chris sehr selbstbewußt war, sich immer gut durchsetzen konnte, gelang dieser Sprung einfach gut. Chris machte es nichts aus, als mit Abstand Kleinster der Klasse mit „Baby" tituliert zu werden. Er hatte genügend Schimpfworte für die anderen als Antwort parat. Außerdem konnte er gut den Clown machen, so daß er die Lacher – und damit die Sympathie der Mitschüler – letztlich auf seiner Seite hatte. Mummi sagte immer, Chris erinnere sie an den Freund in Swenjas Klasse, der ähnlich reagierte.

Zwei Jahre „normale Schule" überbrückten meine Geschwister auf diese Art und Weise in der neuen Stadt. Dann hatten wir es geschafft. Swenja kam an meine Schule in die siebte Klasse und Chris in die fünfte Klasse, die nun genehmigt worden war. Das erste Mal, daß wir alle drei an eine Schule gingen. Hurra, uns ging es jetzt gut! Mummi wurde in den nächsten Jahren immer wieder darauf angesprochen, wie es nur möglich sei, in einer Familie mit der gleichen Erziehung so unterschiedlich ausgeprägte Charaktere zu haben. Und Mummi seufzte dann immer und meinte, man solle sich lieber überlegen, ob es in Deutschland eine Strafe sei, hochbegabte Kinder in die Welt zu setzen.

Lernen – ein Urbedürfnis des Menschen

Diese Orientierungsstufen in Deutschland zeigen, daß in unserem Bildungssystem beileibe nicht alles stimmt. In den Lateinklassen versammeln sich Kinder mit zum größten Teil hervorragenden geistigen Möglichkeiten. Wahrscheinlich geben Eltern, die die Erfahrung gemacht haben, daß ihre Kinder an den Grundschulen geistig unterfordert waren, sie bewußt in die reinen Lateinklassen.

Diese Lateinklassen waren dem Kultusministerium schon immer ein Dorn im Auge. Die Durchlässigkeit der Lateinklassen zu den anderen Klassen war nämlich nicht mehr gewährleistet. Die Lehrer machten die Erfahrung, daß die Kinder, wenn man sie ließe, in den Lateinklassen ein ganz anderes Unterrichtspensum bestreiten konnten. Gaben die Lehrer den Kindern dieses „geistige Futter" nicht, war der Unterricht in diesen Klassen mehr als problematisch. Aber den meisten Lehrern wurde der Zusammenhang gar nicht klar.

Man stelle sich einmal vor: Lernen ist ein Urbedürfnis des Menschen wie Essen und Trinken. Und wie bei allen Urbedürfnissen braucht der eine Mensch mehr, der andere Mensch weniger zum Gedeihen. Damit keiner Vor- oder Nachteile hinnehmen muß, gibt es ab sofort nur noch die Nahrung, die ein schlechter Esser zum Gedeihen benötigt, mit dem Argument, daß sich der schlechte Esser dann nicht benachteiligt fühle und die gleichen Chancen hat wie die anderen. Die guten Esser wissen zwar darum, daß es noch mehr Nahrung gibt, die sie aber nicht bekommen, da die anderen sie nicht benötigen. Daß sie dabei zu kurz kommen, eventuell als Unterernährte krank werden, spielt bei diesem Sozialwahn keine Rolle mehr.

Daß hochbegabte Kinder einen eigenen, ihren Lernbedürfnissen angepaßten Unterricht benötigen, dürfte inzwischen in Deutschland bekannt sein. Deshalb muß es einfach möglich sein, daß Sonderregelungen für hochbegabte Kinder gefunden werden. Bis letztlich die Gesetze geändert werden, landen sonst zu viele hochbegabte Kinder auf Sonderschulen, Haupt- oder Realschulen. Sonderregelungen müßten vom Gesetz legalisiert werden.

Kinder erst nach sechs gemeinsamen Schuljahren zu trennen, halte ich im Interesse aller Kinder für nicht zumutbar. Die Lernerfolge und Lernleistungen sind so unterschiedlich, daß allen Kindern Unrecht geschieht, wenn sie so lange gemeinsam zwangsbeschult werden. Der Auftrag der Gesamtschule ist in Deutschland falsch verstanden worden. Es sollte ursprünglich heißen: Alle Kinder an eine Schule, aber nicht alle Kinder in eine Klasse.

Sehen wir in die USA: Daß die USA in den meisten Staaten eine Hochbegabtenförderung betreibt, ist den wenigsten Bundesbürgern bewußt. Es gibt zum Beispiel in Florida Schulen und Klassen für hochbegabte Kinder. In Texas muß ab einer bestimmten Bevölkerungszahl für eine Hochbegabtenklasse Vorsorge getroffen werden. Die USA haben etliche Eliteuniversitäten. Wir glauben immer, daß nur das Geld eine Rolle spielt, wenn es darum geht, wer an diesen Universitäten studieren darf. Weit gefehlt, jeder Amerikaner kennt seinen IQ. Er braucht die Bewertung, um sich an Universitäten bewerben zu können. Diese Tests werden in den USA standardisiert angewandt. Die Universitäten geben in einer Statistik bekannt, mit wieviel Punkten ein Bewerber Aussicht hat, angenommen zu werden.

Auch die meisten Nobelpreise gehen in die USA. Hinterfragen wir hier in Deutschland überhaupt nicht, wie das möglich ist? Die USA und Japan sind in den geistigen Innovationen den Europäern seit etlichen Jahrzehnten ständig voraus. Warum wohl? Schlafen wir in Deutschland den gerechten und vernichtenden Dornröschenschlaf? Forschung und Wirtschaft in Deutschland beklagen immer mehr das Fehlen des teamfähigen Querdenkers, ein Begriff, den ich in einem Zeitungsinterview 1995 erstmalig formulierte. Schon vor zehn Jahren sagte unser damaliger Forschungsminister Riesenhuber: „In unseren Schubladen, wo die geistigen Innovationen liegen müßten, stoßen wir auf gähnende Leere." Oder Engholm sagte einmal: „Aus der Mitte kommt Stillstand."

Gute Sätze, jedoch ohne Schlußfolgerungen!

Wir wurden eine „normale“ Familie

Obwohl ich nicht gerade der fleißigste Schüler war, ging ich jetzt jeden Morgen sehr vergnügt in den Unterricht. Die Devise, mit dem geringsten Einsatz den größten Nutzen zu erzielen, hatte sich bei mir in der Vergangenheit so festgesetzt, daß ich einfach nicht in der Lage war, mehr als unbedingt erforderlich für die Schule zu arbeiten.

Die Lehrer hatten Verständnis dafür und ließen mich gewähren. Mit Mummi hatte ich jedoch nach wie vor Diskussionen wegen meiner Faulheit. Sie wollte mir verständlich machen, daß es mir wahrscheinlich nie mehr gelingen würde, erhöhte Anforderungen zu akzeptieren. Ich sagte ihr, es reiche doch, wenn ich in der zwölften und dreizehnten Klasse wirklich anfangen würde zu arbeiten. Da wäre dann die Abinote ein Anreiz. Sie meinte, auch Fleiß brauche ein Training, Anstrengungsbereitschaft käme nicht über Nacht.

Da ich noch nicht in einer Förderklasse für hochbegabte Kinder, der sogenannten B-Klasse war, die erst ab der neunten Klasse eingerichtet wurde, während ich in der achten Klasse steckte, setzte Mummi ihre Hoffnungen auf diese B-Klasse. Im Augenblick durfte ich während des Mathematikunterrichts die Programmiersprache Cobol zusätzlich erlernen, da mir der Unterricht einfach zu langweilig war, und ich von Chris die Verhaltensweisen übernommen hatte, bei Langeweile permanent den Unterricht zu stören. Ich war blöd gewesen, so angepaßt zu sein. Dadurch mußte ich mich

vier Jahre durch die Grundschule quälen, Chris nur zwei Jahre. Einzige Bedingung meiner jetzigen Lehrer war, daß ich bei den Arbeiten mit „gut“ abschloß. Na, nichts einfacher als das.
Ich entwickelte mich langsam zum Computerexperten. Es gab aber auch noch viele andere „Experten“ an dieser Schule. Wir konnten uns ständig austauschen und messen. Ich schrieb kleine Programme für die Firma meines Vaters und holte mir über diese Möglichkeit seine Anerkennung.

Unser Verhältnis zum Vater kam durch die Trennung wieder einigermaßen ins Lot. Nur Mummi war, glaube ich, über die Trennung der Familie sehr traurig. Jedes Wochenende packte sie uns, auch meinen Computer, Chris' Schätze und Swenjas Spielsachen ins Auto und fuhr mit uns „nach Hause“, wie sie es nannte. Uns fiel überhaupt nicht auf, daß unser Vater so gut wie nie in der neuen Stadt auftauchte. Erst viel später begriff ich, daß er über die Trennung sehr böse und nach wie vor der Ansicht war, keiner von uns sei hochbegabt, und die angebliche Hochbegabung der Kinder sei nur eine groteske Idee seiner Frau. Bestärkt wurde er durch unsere gemeinsamen Freunde und seine Familie, die den Umzug ebenfalls nicht verstanden hatten.

Damals konnte Mummi unsere Bedürfnisse auch noch nicht so gut darstellen. Sie war ja selbst auf der Suche nach den wahren Hintergründen und hatte ständig Zweifel, ob die eingeleiteten Maßnahmen richtig waren. Von diesen Zweifeln ließ sie uns relativ wenig spüren. Vielmehr erweckte sie bei uns den Eindruck, daß der nun eingeschlagene Weg mit Sicherheit der richtige war.

Wir wunderten uns darüber, daß Mummi plötzlich eine Berufsausbildung für Pumis Firma auf sich nahm. Sie wollte die Firma auf

Computertechnik umstellen. Wir Kinder zogen sie auf, da wir einfach nicht glauben konnten, daß Mummi überhaupt in der Lage war, Computertechnik zu erlernen. Und dann kam es ganz anders. Sie brauchte nur sechs Wochen Anlaufzeit, und dann absolvierte sie ihre Ausbildung mit vollem Erfolg. Es dauerte eine Weile, bis wir dahinter kamen, daß sie sogar eine gute Schülerin war. Wir mußten unsere Einstellung ihr gegenüber revidieren. Ganz langsam dämmerte mir, daß sie wohl nicht nur die kleine, „dusselige“ Hausfrau und Mutter war, sondern auch eine sehr eigenwillige, intelligente Frau mit klaren und unbeirrbaren Vorstellungen über die Gestaltung ihres Lebens.
Diese Erkenntnis verunsicherte uns Kinder eine Weile. Swenja verlor wohl zu dieser Zeit ihr „Vorbild Mutter“: angepaßt, kuschelig, warm, immer ausgleichend. Sie hatte diesem Bild immer nachgeeifert. Die Veränderung, die jetzt eintrat, tat aber allen sehr gut.

Swenja lernte mit Unterstützung der Schule und Mummis neuem Verhalten, daß Mädchen ein Selbstbewußtsein entwickeln können, auch oder gerade weil sie sehr intelligent sind. Zwar verlor Swenja nie ihre Liebenswürdigkeit und ihr soziales Engagement, aber sie lernte jetzt doch, ihre Bedürfnisse klar zu äußern. Sie war die einzige, die sich in unserer Familie sehr für Naturwissenschaften interessierte, Mathe war ihr Lieblingsfach. Von nun an ließ sie sich nicht mehr durch dumme Bemerkungen von Jungs einschüchtern. Swenja fing im Gegenteil an, mit diesen Dummköpfen zu diskutieren; und mit ihrer Schlagfertigkeit konnte sie jede Diskussion gewinnen. Intelligente Jungen, sagte sie immer, brauchen diese Diskussion nicht: Sie hätten längst erkannt, daß auch Mädchen intelligent sind. Es ärgerte sie nur, daß gerade in den Mathematik- und Physikstunden die Jungen das Geschehen bestimmten, und sie meinte, es müsse in diesen Stunden auch für intelligente Mädchen die Möglichkeit geben, einmal federführend die Stunden mitzugestalten. Das Selbständigwerden unserer Mutter machte sich Swenja immer mehr zu eigen. Sie war überhaupt nicht wiederzuerkennen. Sie wurde sogar Klassensprecherin.

Streit, der früher am Nachmittag unser ständiger Zeitbegleiter war, hörte jetzt fast gänzlich auf. Wir hatten Mummi wohl tatsächlich nur als geistigen Joggingpartner benutzt, da wir keine andere Möglichkeit der Auslastung hatten. Jetzt wurden wir morgens in der Schule ordentlich gefordert, und wir brauchten den Nachmittag nicht mehr, um uns geistig auszutoben. Die Kinder, die nachmittags bei uns zu Gast waren, verstanden unsere jetzt mit Humor gespickten Diskussionen. Selbst Chris, der nie an unseren Gesprächen interessiert war, kam nun in unsere Runde. Es war eine Selbstverständlichkeit, daß hier jeder akzeptiert wurde, auch der für uns ja noch kleine Chris. Aber Chris hatte einiges drauf. Innerhalb kurzer Zeit merkten wir, daß dieser Steppke kein Störenfried war, sondern ein sehr beliebter Ideenträger. Plötzlich war ich sogar stolz auf meinen kleinen Bruder. Sein Image als schwieriges, aufsässiges Kind verflüchtigte sich zusehends.
Mummi saß mit in unseren Gesprächsrunden, und ich glaube, sie beobachtete uns in den nächsten Jahren sehr genau. Viele meiner Freunde bauten ein Vertrauensverhältnis zu ihr auf. Interna der Schule wurden an diesem Tisch ständig diskutiert. Mummi hatte dadurch einen tiefen Einblick in unsere Ansichten, Meinungen und Handlungsweisen. Niemals griff sie jedoch in irgendein Geschehen ein, beriet uns nur manchmal.
Nun stand für mich der tatsächliche Übergang in die sogenannte B-Klasse an. Ich wollte jedoch immer noch nicht offen zugeben, daß ich zu den Hochbegabten gehörte. Denn auch an unserer Schule wurden die Hochbegabten ständig als Streber, Spinner, Verrückte

usw. von den normalen A-Klassenschülern betitelt. Außerdem wollte ich mich jetzt auch von der Ansicht meiner Mutter abgrenzen, denn schließlich war ich in der Pubertät. Wo kommt man da hin, wenn man in diesem Alter nicht aufsässig wird? Also behauptete ich einfach, nicht in die Förderung dieser sogenannten B-Klasse gehen zu wollen, was eigentlich nicht meiner Überzeugung entsprach. Und dann war ich platt. Mummi akzeptierte meine Entscheidung, in der A-Klasse zu bleiben, während Pumi meinte, er hätte ja schon immer gewußt, daß ich überhaupt nicht hochbegabt sei. Aber die Lehrer der Schule und die Schulpsychologin waren der Ansicht, ich müßte in die Förderklasse, da ich in den A-Klassen ja nun nicht ständig andere Dinge nebenbei lernen konnte. Dadurch, daß Mummi mich mit der B-Klasse nicht unter Druck setzte, war ich bereit, eine Sonderbeschulung für mich zu akzeptieren, ja, ich bat um den Test, der zur Aufnahme der Förderklasse notwendig war. Und ich schnitt im Test so hoch ab, daß keinerlei Bedenken auftauchten, ich könne vielleicht in dieser Sonderklasse überfordert sein. Nur, ich mußte es wollen – und dann kam der Augenblick der Wahrheit. Die Schulpsychologin verlangte von mir den Satz: „Ja, ich will in die B-Klasse“, damit ich später nie sagen konnte, ich bin nur dorthin gegangen, weil andere es wollten.

Wir alle hatten völlig verrückte Vorstellungen von der B-Klasse für Hochbegabte. Wir dachten jetzt müßten wir, die überwiegend faulen Stricke, viel, viel lernen und unsere faulen Schulzeiten seien jetzt vorbei. Wir wurden völlig überrascht. Kein Zwang, keine Anordnungen während der Unterrichtsstunden, jedoch viele interessante Diskussionen über den Inhalt des Stoffes, den wir erlernen sollten. Wir lernten auf eine ganz andere Art und Weise. Völlig überraschend für uns war, daß keinerlei Paukerei einsetzte, statt dessen Donnerstag und Freitag Projektarbeit im Team. Hilflos standen wir diesem Freiraum gegenüber, nutzten ihn erst einmal in alt gewohnter Manier der Verweigerung, zum Beispiel mit Computerspielen, und mußten uns beim Nahen des Abgabetermins selbst unter Druck setzen, damit Ergebnisse vorlagen. Je mehr Druck wir hatten, desto besser wurden die Arbeiten. Der Schule war es anscheinend egal, ob wir drei Wochen, drei Tage oder nur Stunden für die Projektarbeiten brauchten. Wichtig war nur, daß wir im Team arbeiteten. Viele von uns waren in der Vergangenheit nur Einzelkämpfer gewesen. Bei den meisten hatte sich aus früheren Erfahrungen sogar die Einstellung verfestigt, mit anderen zu arbeiten, bringe nichts. Diese Berichtigung unserer Erfahrungswerte war für uns sehr schwierig, da wir nun erkennen mußten, daß das Team gleichbefähigt war, und mancher von uns bekam einen gehörigen Schreck, zulassen zu müssen, daß es auch noch andere Kameraden gab, die schneller, besser und qualifizierter denken konnten, als man selbst.

In diesen Projektarbeiten lernten wir uns kennen, lieben und hassen, erlebten viele Verhaltensweisen der anderen, die uns selbst mißfielen, die wir aber auch praktizierten. Vor allem hatten wir große Schwierigkeiten, die anderen anzuerkennen. Was da an unberechtigter Kritik in der ersten Zeit ablief! Wir erfuhren, wie Gefühle des Hasses sich in Anerkennung, ja teilweise Bewunderung des Mitschülers verwandelten. Ein „Sauhaufen" von Individuen verwandelte sich langsam aber stetig in eine tolerante Gemeinschaft.
Swenja war an dieser B-Klasse hochinteressiert und bekam richtig Angst, daß sie eines Tages vielleicht für diese Klasse nicht in Frage käme. Deshalb bat sie die Schulpsychologin ganz selbständig um einen Test, damit sie sich bloß keine falschen Hoffnungen machte. Auch sie war für die B-Klasse geeignet. Sie konnte die Zeit überhaupt nicht mehr abwarten, bis sie endlich auch an der Sonderförderung teilnehmen konnte. Für Swenja war der Wechsel von der

Orientierungsstufe zu meiner Schule eine echte Herausforderung, die sie für einige Zeit erst einmal in Atem hielt. Swenja hatte an der Orientierungsstufe mit Latein begonnen und mußte jetzt zwei Klassen Englisch aufholen. In der Latein-Anfängerklasse wußte sie dagegen natürlich schon alles und hatte Glück, daß ihr neuer Lateinlehrer dies im Unterricht berücksichtigte.

Die Englischlehrerin wollte Swenja zu Anfang in den Arbeiten nicht bewerten. Swenja bestand jedoch darauf und meinte sehr selbstbewußt, es mache ihr nichts aus, erst einmal lauter „Sechser“ zu kassieren. Nur so könne sie ja erkennen, ob sie besser werden würde. Und dann schrieb Swenja in den ersten Arbeiten nur „Einser“. Alle staunten, keiner hatte bemerkt, daß Swenja Englisch nebenbei erlernt hatte: durch die englischen Songs, die sie gerne hörte, durch meine englischen Adventurespiele auf dem Computer, durch englische Nachrichten und Filme, die sie während ihrer Schwänzzeit in der Orientierungsstufe nur so in sich hineingesogen hatte. Sicherlich hatte Swenja nicht bewußt gesagt: „Ich möchte jetzt Englisch lernen.“ Sie lernte so ganz nebenbei, genau wie Chris und ich. Manchmal sagten wir, Schule könnten wir uns eigentlich sparen oder um Jahre verkürzen. Nach dem ersten Jahr auf unserer Schule hatte Swenja spielend zwei Jahre Englischunterricht kompensiert und eigentlich hätte sie erneut zwei Jahre Englisch überspringen müssen. Denn kaum hatte sie bemerkt, daß es schon wieder langweilig wurde, legte sie keinen Wert mehr darauf, in Englisch besonders gut zu sein. Aber sie mußte ja nun nicht mehr viel Zeit überbrücken, bis sie in die B-Klasse kam.

Swenja besuchte nach der achten Klasse die sogenannte B-Klasse, und später folgte auch Chris, lange nachdem ich dort das Abitur abgelegt hatte und zum Studieren in die USA ging. Die Beschulung unter Gleichbefähigten hat uns weder arrogant, noch sozial unverträglich gemacht. Im Gegenteil, nach meinen Beobachtungen wurden wir durch die Sonderbeschulung in die Lage versetzt, sehr viel mehr Rücksicht auf die Menschen zu nehmen, die einfach mehr Zeit brauchen, Dinge des Lebens zu erlernen. Da sie uns nicht mehr behinderten, gab es keinerlei Veranlassung für uns, sie negativ zu beurteilen oder gar abzulehnen.

Hochbegabtenförderung

Die Jugenddorf-Christophorusschule zeigte mir, wie sinnvoll es doch war, hochbegabte Kinder in eigenen Klassen zu fördern. Das Tempo, die Gedächtnisleistung, die Gespräche über den Stoff liefen auf einem Level ab, die den Möglichkeiten der Kinder entsprach. Aber das Wichtigste neben der geistigen Förderung war die Möglichkeit einer Persönlichkeitsentwicklung, die stattfinden konnte, weil die hochbegabten Kinder nicht mehr Einzelkämpfer waren, sondern alle Bedingungen vorfanden, die jedes normal begabte Kind in einer Gruppe antrifft.

Ein normal begabtes Kind in einer Klasse von geistig behinderten Kindern zu einer angemessenen Persönlichkeitsentwicklung zu führen, dürfte genauso scheitern, wie ein hochbegabtes Kind in einer Klasse normal begabter Schüler. Die Menschen bestehen nun mal nicht nur aus Herz, Gefühl, Seele und Körper, sondern der wichtigste Teil, der den Menschen zu dem macht, was er ist, ist sein Verstand, mit dem er die Dinge in seinem Umfeld wahrnimmt. Wie kommen wir in Deutschland eigentlich dazu, das geistige Potential eines Menschen so aus dem Leben auszuklammern? Wir tun gerade so, als ob Kinder keinen Verstand besäßen oder ihn erst später bekämen.

Wir haben Schulpflicht und das bedeutet, daß der Staat auch die Verpflichtung hat, genauso wie er geistig behinderte Kinder fördert, hochbegabte Kinder zu fördern. Durch die Schulpflicht muß der Staat seine Verpflichtung auch einlösen und wenn er es nicht kann oder will, muß er die Pflicht aufheben.
Da wir keine Hochbegabtenförderung in Deutschland haben, müssen wir davon ausgehen, daß tausende Kinder in ihrer Schulzeit gei-

stig vergewaltigt wurden und weiter werden: und das täglich, ohne daß Lehrer und Eltern sich dessen bewußt waren und sind. Wieviele Erwachsene heute noch mit ihrer schulischen Vergewaltigung zu kämpfen haben, können wir nur ahnen.
Es ist eine skandalöse Ignoranz der Bildungspolitiker und der Wissenschaftler, die an der bildungspolitischen Diskussion in Deutschland maßgeblich beteiligt waren, sich nicht um hochbegabte Kinder gekümmert zu haben.

Der Staat muß sich verpflichten, unverzüglich Maßnahmen zur Hilfe einzuleiten: Er müßte auch eine Erwachsenenfortbildung organisieren, damit hochbegabte Erwachsene, die überhaupt nicht ahnen, zu welchen Leistungen sie fähig gewesen wären, eine qualifizierte Berufsausbildung nachholen können, die sie zufriedener macht. Den Vorteil hätte nicht nur der einzelne, sondern auch die Gemeinschaft.

Sicherlich ist streng darauf zu achten, daß niemand die hochbegabten Kinder für seine Zwecke zu nutzen imstande ist. Deshalb auch die Aufforderung an den Staat, die Förderung zu übernehmen. Nur wenn von dort keine Hilfe zu erwarten ist, muß die Wirtschaft einspringen, die natürlich auch ein wirtschaftliches Interesse daran koppelt. Die Firmen in den USA beteiligen sich schon seit langem an der qualifizierten Ausbildung der geistigen Überflieger in ihrem Land, indem sie die Elite-Universitäten finanziell unterstützen. Die amerikanische Wirtschaft weiß, daß, wenn sie Abgänger der Elite-Universität einstellt, sie so gut wie sicher sein kann, einen hochqualifizierten, sozial verträglichen Mitarbeiter zu erhalten.

Wer in Deutschland schützt eigentlich die Kinder vor einem Bildungsnotstand? Immer mehr Kinder erlernen keine vernünftige Rechtschreibung mehr, immer mehr Kinder beherrschen nicht die einfachsten Rechenaufgaben. Sind die Kinder dümmer geworden oder die Lehrer schlechter? Da werden immer wieder die zerbrochenen Elternhäuser angeführt, die armen alleinerziehenden, restlos überforderten Mütter usw.

Wie sah denn die Situation nach dem Krieg in Deutschland aus? Fast keine intakten Elternhäuser mehr, fast nur alleinerziehende Mütter, Hunger, Kälte, Wohnraumnot, Krankheiten, und trotzdem wurden die Kinder nicht zu Bildungskrüppeln, wie es heute vielfach zu beobachten ist. Im Gegenteil, die Leistungsbereitschaft der Generation nach dem Krieg war, gemessen an heutigen Verhältnissen, überdimensional groß. Eine Generation baute Deutschland wieder auf, die eigentlich gar nicht in der Lage sein konnte aufzubauen, wenn man berücksichtigt, wieviel Not und Elend in den Familien anzutreffen war.

Nein, die gesamte Lehrerschaft braucht meines Erachtens eine andere Ausbildung, nicht nur eine ergänzende Ausbildung zum Thema „hochbegabte Kinder“, sondern eine Ausbildung, die ihnen die Lebensumstände, in denen viele Familien leben, begreiflicher macht. Beispiel Computer: In der freien Wirtschaft muß heute fast jeder mit dem Computer umgehen können. Die meisten Schulen arbeiten immer noch mit Vorlagen von vorgestern, statt moderne Bücher und Medien einzusetzen. Die Kinder würden die Vielfalt der Unterrichtsmittel inklusive des Computers mit Sicherheit beherrschen, doch ist diese Entwicklung an manchem Lehrer vorbeigelaufen. Anscheinend benötigen viele Lehrer keine Fortbildung: nicht zum Thema Hochbegabung, nicht zu Computern, nicht zu zukünftigen Technologien.

Mein Vorschlag: Jeder Lehrer müßte vor Aufnahme des Unterrichts mindestens drei Jahre erfolgreich in der Wirtschaft gearbeitet haben und während seiner anschließenden Tätigkeit alle fünf Jahre für zwei Jahre wieder in die Wirtschaft eintauchen. Der Weltentfremdung könnte so entgegengewirkt werden, aber auch dem „Ausbrennen“, über das so viele Lehrer klagen.

Anhang

Persönliche Notizen

Die vorangegangene Erzählung ist im Hinblick auf die auftretenden Personen frei erfunden, die Beispiele jedoch entsprechen der Wirklichkeit und sind mir im Laufe meiner langjährigen Beratungstätigkeit zu dem Thema Hochbegabung tatsächlich begegnet.

Als Mutter von zwei mittlerweile erwachsenen hochbegabten Söhnen suchte ich vor fast zwei Jahrzehnten Hilfe bei Fachleuten in Deutschland, als sich die Kinder anders entwickelten und verhielten, als ich es bei anderen Kindern gleichen Alters beobachten konnte. Zum damaligen Zeitpunkt wußte ich jedoch noch nicht, daß ich mit einem hochbegabten Bruder großgeworden war, und mir deshalb die Verhaltensweisen der eigenen Kinder vertraut und damit selbstverständlich waren.

Ich selbst galt in jungen Jahren bei meinen Lehrern als hochintelligent, war jedoch als Realschülerin in Hamburg mit sechzehn Jahren eine Schulversagerin. Mit knapper Not und nur mit der Hilfe meiner Englischlehrerin erreichte ich meinen Schulabschluß und war froh, dieser Institution „Schule“ entronnen zu sein. Dunkel kann ich mich an damals für mich unverständliche Begebenheiten erinnern. So wurde ich zum Beispiel einmal in einer Unterrichtsstunde gefragt, welches Fach überhaupt im Augenblick unterrichtet werde. Schallendes Gelächter meiner Klassennachbarn: Ich wußte es nicht. Oder ich war einfach in einer Stunde eingeschlafen, schrieb zum Erstaunen aller jedoch den besten Klassenaufsatz. Und stets hatte ich panische Angst, während des Unterrichts irgend etwas zu sagen. Noch Jahre später schlich sich „Schule“ in meine Träume als eine Art Schreckgespenst ein.
Im Berufsleben – dachte ich damals – wird bestimmt alles besser.

Von Schule hatte ich die Nase gestrichen voll, ja, mein Bruder sagte mir einmal, ich hätte eine regelrechte „Schulphobie“ entwickelt. Nach zwei Jahren Berufsleben setzte ich mich dennoch wieder auf die Schulbank, um doch noch eine „befriedigende“ Ausbildung nachzuholen.

Der Lehrer, den ich jetzt antraf, entsprach schon eher meinen Vorstellungen von Menschlichkeit und Lehre. Er erklärte uns prinzipiell nichts, sondern ließ uns alles selbst gedanklich erarbeiten, indem er geeignete Fragen stellte. Jede Antwort eines Kindes schrieb er an die Tafel, entweder rechts oder links in feststehende Rubriken, so daß jedes Kind wußte, ob seine Antwort der Sache dienlich war oder nicht. Unser Lehrer brauchte so nie auf die Antwort eines Schülers das Urteil „falsch“ zu fällen. Das tat uns sehr gut, da auf diese Weise keine Wertung in den gegebenen Antworten enthalten war und Ängste vor falschen Antworten überhaupt nicht aufkamen. Aber der Lehrer wußte, wo seine Denker saßen. Sie wurden ständig von ihm gefordert, wenn es in der Sache nicht mehr weiterging. Den Stoff, den wir so gemeinsam erarbeitet hatten, mußten wir schriftlich in eigenen Worten ausarbeiten. Unser Lehrer korrigierte dann die Mappen und sah, wer sachlich etwas nicht verstanden hatte. Hatte er bei mehreren Schülern einen sachlichen Fehler entdeckt, wurde mit allen noch einmal nachgearbeitet. Erst wenn unsere schriftlichen Ausarbeitungen einwandfrei waren, wurden die Arbeiten geschrieben. Es gab kein stumpfsinniges Pauken, da wir die Materie, die wir erlernen sollten, zu unserer eigenen gemacht hatten. Das konnte jeder an den mit hoher Motivation geschriebenen und mit kunstvollen Zeichnungen versehenen Mappen nachvollziehen, Mappen, die sicherlich so mancher Schüler bis heute aufgehoben hat.
Diese Art des Unterrichts hatte mich damals wieder mit der Schu-

le versöhnt. Aber das Wichtigste war die Erkenntnis, daß ich in der Lage war, das Gelernte selbst anzuwenden. Noch oft schlug ich in meinem späteren Berufsleben in den Ausarbeitungen nach und konnte auf diese Weise jederzeit schnell vergessenes Wissen und Zusammenhänge auffrischen.

Aus dieser Erkenntnis heraus sage ich heute, daß der größte Fehler unserer Schulen ist, Wissen nur um des Wissens willen erlernen zu lassen. Was interessiert es denn die Kinder, daß wir Erwachsenen das Wissen schon haben! Laßt es sie doch selbständig über ihre Denkfähigkeit erarbeiten, damit das stumpfsinnige Pauken der Kinder aufhört. Auch die Eltern von heutigen Schulkindern sind durch die Schule erheblich eingeschränkt, da die Abfragezeiten von Wissen fast alle Elternhäuser über Gebühr belasten. Wo ist schon die Chancengleichheit, die wir meinen erreicht zu haben? Gibt es doch genug Kinder, die Eltern haben, die nicht abfragen können oder wollen, bzw. denen die nötige Zeit hierfür einfach fehlt.
Elternhäuser sind keine Wissensabfrage-Einrichtungen für Lehrer, die sich häufig genug auf die „Mitarbeit“ der Eltern stützen. Elternhäuser sind für die emotionale, körperliche, soziale und moralische Entwicklung von Kindern verantwortlich und nicht für das abrufbare Wissen in den Schulen. Darum: Schafft eine andere Möglichkeit der Wissensvermittlung! Modelle gibt es ja bereits in der Schweiz, wie zum Beispiel der Fernsehfilm von Reinhard Kahl „Lob des Fehlers“ beweist. Wir sollten endlich aufwachen!

Zurück zu den eigenen Erfahrungen. Schule spielte nach Beendigung meiner Ausbildung keine Rolle mehr in meinem Leben. Ich lernte mit fünfzehn Jahren meinen zukünftigen Mann kennen, nach sechs Jahren heirateten wir und bauten unser gemeinsames Leben – wie jeder andere auch – nach unseren Möglichkeiten auf. Natürlich wollte ich Kinder haben: Sie gehörten für mich zu einer gelungenen Lebensgemeinschaft einfach dazu. Aber damit hatte ich persönlich erhebliche Schwierigkeiten. Sechs Fehlgeburten, eine Eileiterschwangerschaft gingen dem Erstgeborenen voraus. Dann schien eine Schwangerschaft erfolgreich zu verlaufen. Doch das Kind hatte eine Mikroenzephalie, ein verkleinertes Gehirn, mußte unter ein Sauerstoffzelt und hätte ohne künstliche Beatmung nicht überleben können. Eine Lungenentzündung „rettete" uns und das Kind vor jahrzehntelangem Leiden. Hätte dieses Kind überlebt, vielleicht hätten mich die Leser heute auf der „anderen Seite", im Kampf um die Förderung behinderter Kinder, gefunden.

In meinem Buch habe ich wiederholt einen Vergleich zwischen geistig behinderten und hochbegabten Kindern gezogen. Und in öffentlichen Diskussionen tue ich dies auch immer wieder. Jetzt werden Sie, liebe Leser und Leserinnen, vielleicht nachvollziehen können, weshalb: Auch die behinderten Kinder und ihre besonderen Bedürfnisse stehen mir aus der eigenen Erfahrung und der persönlichen Auseinandersetzung mit der Problematik sehr nahe, und der Vergleich ist mit Sicherheit keine „Effekthascherei".

Ein Jahr nach der Seebestattung unseres Erstgeborenen wurde wieder ein Sohn geboren, knapp drei Jahre später ein weiterer Sohn. Wer konnte damals ahnen, daß die beiden Kinder hochbegabt sein würden?

Die Deutsche Gesellschaft für das hochbegabte Kind (DGhK)

Die schnelle Entwicklung der beiden Kinder wurde natürlich auch immer unter dem Aspekt gesehen, daß sich diese Mutter so sehnlichst Kinder gewünscht hatte und nun natürlich der Entwicklung der Kinder unbegrenzte Aufmerksamkeit schenkte. Das schnelle, gezielte Sprechen der Kinder, ihre hohe Abstraktionsfähigkeit, ihre Lebendigkeit im Spiel, die Kreativität, die sie an den Tag legten, waren deshalb natürlich nur Ergebnis des „übertriebenen Ehrgeizes" der späten Mutter.

Ich selbst glaubte natürlich auch, daß dieser Entwicklungsvorsprung, den die Kinder recht bald zeigten, nur an mir lag, und ich machte mir erhebliche Vorwürfe, die Kinder nicht „Kinder sein" zu lassen. Demzufolge maß ich dem „Spiel" der Kinder zu einem bestimmten Zeitpunkt erhebliche Bedeutung bei und ließ sie spielen, spielen, spielen und konnte dennoch ihre geistige Entwicklung nicht beeinflussen. Sie entwickelten einfach Fähigkeiten aus dem Nichts, ganz von allein, ohne Erklärungen, ohne Hinweise, ohne Anleitung. Staunend und oft fassungslos stand ich vor ihren Fragen, Fragen und nochmals Fragen, bemühte mich nur, so gut zu antworten, wie ich konnte und stellte erschreckend fest, was ich alles nicht wußte, wie hilflos ich war, den Querfragen der Kinder auch nur einigermaßen gerecht zu werden. Eine Psychologin aus dem weiteren Umfeld unserer Familie meinte eines Tages, die Kinder seien ganz ungewöhnlich, und sie fände es gut, daß ich wirklich „angemessen" auf sie reagierte.

Daß mit den Kindern irgend etwas nicht „stimmte", wurde mir erst mit ihrem Eintritt in die Schule bewußt. Die Kindergartenzeit konnten wir ja noch „individuell" mit Fehlen gestalten – und uns damit helfen. Aber mit dem Eintritt in die Schule kam die Zwangsjacke, aus der kein Entkommen mehr möglich war. In meiner Not wandte ich mich an die Deutsche Gesellschaft für das hochbegabte Kind e.V. (DGhK) in Hamburg, eine bundesweite Vereinigung, die damals schon rund vier Jahre existierte, aber noch sehr in den Anfängen steckte.

Zu dem Zeitpunkt waren meine Kinder bereits getestet, die schriftlichen Ergebnisse hatte ich jedoch nicht in Händen. Ich nahm an, allen anderen Eltern in der DGhK ginge es ähnlich. In meiner Naivität kam ich überhaupt nicht auf den Gedanken, daß Eltern dieser Gesellschaft beitraten, auch wenn die Kinder nie einen Test gemacht hatten. Ja, daß Eltern nur beitraten, um dann den Satz benutzen zu können: „Wir sind Mitglieder der DGhK", und damit den Gesprächspartner in dem Glauben ließen, sie hätten ein hochbegabtes Kind, kam mir nie in den Sinn. Die Notwendigkeit einer Diagnose allein schon aus diesem Grund konnte ich damals noch nicht ahnen.

Meine Kinder nahmen damals an mehreren Kursen der DGhK – meist unter der Leitung von Lehrern oder Müttern – teil und beschwerten sich, daß sie nicht anders verliefen als Unterricht in der Schule. Bald waren sie nicht mehr bereit, die Kurse zu besuchen. Der Anfang war zwar immer ganz toll, da der Kurs und das Thema neu waren, doch dann ebbte die Begeisterung spürbar ab.
Später stellte sich heraus, daß in der DGhK nicht gewährleistet war, daß die Kinder, die dort in den Kursen gefördert wurden, auch wirklich hochbegabt und damit gleichbefähigt waren. Und so erklärte sich auch, daß meine Kinder keine Lust hatten, wieder in Gruppen zu arbeiten, in denen sie auf andere warten mußten. Sie meinten, die Kurse seien nichts anderes als eine Schulstunde, nur, daß sie in ihrer Freizeit stattfänden, und da würden sie dann doch lieber zu Hause „spielen".
Wir, die Eltern der getesteten hochbegabten Kinder, waren sehr irritiert, weil wir dachten, wir machten in der Erziehung etwas falsch, wenn unsere Kinder nicht einmal diese Kurse annahmen. Zum damaligen Zeitpunkt erlebte ich innerhalb der Elterngruppe der DGhK regelrechte Nervenzusammenbrüche von Müttern, und stellte

entsetzt fest, daß ich zum Teil an ehrgeizige Eltern geraten war, die nur glaubten, ihr Kind sei hochbegabt.

Wie oben bereits erwähnt, fanden wir in der DGhK auch Eltern von hochbegabten Kindern, und über eine kurze Zeitspanne entwickelte sich tatsächlich so etwas wie eine gemeinsame Hilfestellung. Argwöhnisch wurde der Aufbau von Freundschaften beobachtet. So entstanden sozusagen zwei Lager: Die Eltern, die nur *meinten,* hochbegabte Kinder zu haben, bildeten eine Gemeinschaft und die Eltern der getesteten, tatsächlich hochbegabten Kinder eine andere. Einziger Unterschied dieser beiden Gruppen: Die Eltern der getesteten Kinder konnten nicht über die „Superleistungen" ihrer Sprößlinge in der Schule berichten, da die Kinder größere Schwierigkeiten hatten, überhaupt einigermaßen in den Leistungsmaßstäben der Schule zu bleiben.
Hoffnung in diesem ganzen Durcheinander setzte ich auf den damaligen Vorsitzenden des Regionalverbandes in Hamburg, einen Psychologen, den ich für kompetent hielt. Er hatte an der Universität seinerzeit auch unseren jüngsten Sohn vor der Einschulung getestet, uns aber die Ergebnisse nur sehr schwammig mitgeteilt. Wir sollten uns darauf einstellen, daß das Kind geistig seinem Alter um ungefähr drei Jahre voraus sei. Kein IQ-Wert, kein Gutachten folgten als Bestätigung. Wir Eltern waren damals einfach nicht durchsetzungsfähig und -willig genug, die Testergebnisse schriftlich von ihm zu verlangen. Außerdem sahen wir zu diesem Zeitpunkt die Notwendigkeit dazu noch nicht.

Der damalige Vereinsvorsitzende konnte uns auch keinerlei gezielte Auskunft darüber geben, was ein hochbegabtes Kind überhaupt sei. Zwar glaubten wir damals, aufgrund der Berufsstände der Vorstandsmitglieder der DGhK, von „Fachleuten" betreut zu werden,

konnten jedoch mit den Empfehlungen, die beispielsweise mir damals gegeben wurden, nichts anfangen.
Ich nenne ein Beispiel. Die Kinder hatten als Hausaufgabe auf: Nenne die jeweiligen Nachfolger von 1 bis 20 und schreibe die Zahlen auf. Mein Sohn weinte bitterlich bei diesen Schularbeiten. Schon dreimal hatte er die Seite aus dem Heft herausgerissen, da seine Tränen die geschriebenen Zahlen verwischten. Ich rief den Test-Psychologen meines Sohnes in der Uni an, wie gesagt, damals der Vorsitzende der DGhK, und bat um seine Hilfe. Er erlebte, wie mein Kind geistig vergewaltigt wurde. Ich erklärte dem Psychologen, daß das Kind diese Aufgabe schon mit drei Jahren erledigen konnte. Und was bekam ich als Antwort? „Wie kann eine Lehrerin ihm denn so eine Hausaufgabe stellen!“ Anscheinend wußte er überhaupt nicht, daß tagtäglich ähnliche Aufgaben das Kind total entnervten.
Damals ging die Devise in der DGhK um, auch hochbegabte Kinder hätten sich anzupassen. Nur nicht auffallen! Jetzt stand ich vor dem Problem, dem Kind zu raten, einfach das Heft zuzuschlagen oder die Nachfolger von 10.678 usw. aufzuschreiben. Beides hätte die Grundsätze „nur nicht auffallen“, „sich anpassen“ erheblich aus den Angeln gehoben. Der Psychologe wußte auch nicht weiter in dieser Situation. Kein Angebot seinerseits, sich einmal mit der Lehrerin zu unterhalten, keines, dem Kind aus der geistigen Vergewaltigung helfen zu wollen. Er hatte schließlich das Kind getestet und wußte über dessen geistige Kapazität Bescheid. Unter Tränen ließ ich das Kind die Aufgaben hinschreiben, schrieb manchmal selbst eine Zahl, damit es sah, daß ich ihm half. Heute, mit den gesammelten Erkenntnissen zu diesem Thema, würde ich dem Kind zurufen: „Schreie, wehre Dich, verweigere Dich diesem Stumpfsinn!“ Und den Eltern sage ich: „Laßt Euch diesen Stumpfsinn, dem Eure Kinder täglich ausgesetzt sind, nicht mehr gefallen.“

Die damalige Elterngruppe der DGhK „schwamm" gewaltig bei dem Thema Hochbegabung. Die einen sahen in Hochbegabung die einseitige Begabung im Hochformat, die sich dann in ungewöhnlichem Erfolg zeigte. Die anderen hatten hochbegabte Kinder, die die stumpfsinnigen Leistungsanforderungen der Schule verweigerten. Meinungen wie „Dann muß den Kindern die Leistungswilligkeit eben eingeprügelt werden, denn sie können doch auch später nicht machen, was sie wollen" bis hin zum Anspruch eines totalen Einzelgängertums waren damals innerhalb der DGhK vertreten. Es kam, wie es kommen mußte: Der Elternverein brach unschön mit vielen Anschuldigungen und letztlich mit einem Prozeß auseinander. Mit einigen Familien entwickelte sich jedoch eine freundschaftliche Beziehung, die über viele Jahre hielt.
Damals beschloß ich, meine Kinder genau zu beobachten, ihre Bedürfnisse herauszufinden und entsprechend zu handeln. Ziemlich schnell wurde mir klar, helfen konnte keiner, helfen mußten wir uns selbst.

Authentisch in der Erzählung ist, daß ich mit den Kindern nach Braunschweig umzog, damit sie an der einzigen Schule für hochbegabte Kinder in Deutschland entsprechend ihren Fähigkeiten und Bedürfnissen gefördert werden konnten. Die finanziellen Belastungen hatten wir selbst zu tragen, da unser Einkommen zwar nicht üppig, für eine Förderbedürftigkeit jedoch zu hoch war. Jahrelang bedeutete dieser Schritt eine erhebliche finanzielle Belastung für die gesamte Familie.

Wie alle Eltern dachte ich zuerst, daß es nur an der jeweiligen Lehrkraft liege, ob die Kinder gefördert werden. Durch den Umzug nach Braunschweig wurde mir jedoch bewußt, daß unser Bildungssystem für hochbegabte Kinder nichts bereithält, ja, daß sie – bewußt oder unbewußt – von den Verantwortlichen einfach ignoriert wurden. Nicht ganz unschuldig daran ist sicherlich die Hitlerzeit mit ihrem Mißbrauch der „Eliten“. Voll Wut nahm ich nun zur Kenntnis, daß diese unselige Zeit auch noch meine Kinder schädigte.

Ganz langsam begann ich mich aus der Hilflosigkeit und der Ohnmacht zu befreien, die mich jahrelang begleitet hatten. Ich fing an, über dieses Thema zu schreiben und traf damit oft den „Kern“ der Hochbegabung.
Als die Deutsche Gesellschaft für das hochbegabte Kind mich 1990 bat, für das Amt der ersten Vorsitzenden zu kandidieren, nachdem ich schon ungefähr ein Jahr den Hamburger Regionalverband geleitet hatte, nahm ich nach der Wahl das Amt an und versuchte, eine Veränderung sowohl innerhalb der DGhK als auch in der Politik zu bewirken.
Innerhalb der DGhK wurde ich sehr rasch ausgerechnet von Berufspsychologen angegriffen, als die ersten Leitartikel von mir im „Labyrinth“, dem Verbandsorgan der DGhK, erschienen. Was ich nicht wissen konnte: In diesen Leitartikeln hatte ich die Bedürfnisse hochbegabter Kinder schwarz auf weiß aufgezeigt und vor allem die Misere an den öffentlichen Schulen erstmals exakt dargestellt. Vielen Psychologen und Pädagogen aus „unseren“ Reihen wurde damit schlagartig klar, daß eigentlich sie als „Fachleute“ diese Dinge viel eher hätten formulieren müssen. Sie hatten jedoch entweder Angst, eine nicht populäre Meinung zu vertreten, oder hatten hochbegabte Kinder mit ihren anders gearteten Bedürfnissen bis zu diesem Zeitpunkt nicht einmal richtig erkannt. Deshalb glaubten sie nun, mich angreifen zu müssen, um ihr Versagen zu kaschieren. Viele meiner „Angreifer“ waren und sind „Staatsdiener“ und mußten ihrem Arbeitgeber als dem eigentlichen Blockierer einer Hochbegabtenförderung in Deutschland zur Seite springen oder meinten

zumindest, es zu müssen. Wie sagt der Volksmund so schön: „Das Hemd ist mir näher als die Hose." Statt an einer gemeinsamen Arbeit waren viele nur daran interessiert, mich als angebliche „Nichtfachfrau" loszuwerden.

Jedoch nicht alle „Mitstreiter" der damaligen Zeit möchte ich hier als unfair bezeichnen. Es gab einige, jedoch sehr wenige Mitglieder in der DGhK, mit denen ich sehr gut arbeiten konnte. Ihnen sei an dieser Stelle einmal recht herzlich für die Zusammenarbeit gedankt.

Studienkreis

Mit einem Verein, der keinerlei Voraussetzungen schafft, um zu klaren Aussagen zu kommen, welche Kinder er eigentlich vertritt, konnte ich mich nur schwer identifizieren. Als ein Schüler Schulbefreiung für ein Sommercamp erhielt, sprach mich – in meiner Funktion als erste Vorsitzende der DGhK – der zuständige Schulleiter an, ob ich sicher sei, daß das Kind hochbegabt sei. Nach diesem Gespräch wurde mir klar, daß ich mit einem Verein, der keine Diagnose für die Kinder, die er vertritt, vorschrieb, jederzeit angreifbar war, und Gegner der Hochbegabtenförderung ein gefundenes Fressen in dieser Unzulänglichkeit finden würden, sollten wir jemals mehr Öffentlichkeit mit der DGhK erzielen.
Noch ohne präzise Vorstellungen, wie den Kindern am sinnvollsten zu helfen wäre, tat sich urplötzlich eine ganz neue, vielversprechende Möglichkeit auf. Das Interesse an einer Hochbegabtenförderung des kommerziellen Unternehmens *Studienkreis,* der bundesweit im Nachhilfebereich tätig ist, kam gerade zum richtigen Zeipunkt. Das Angebot, Kurse im außerschulischen Bereich einzurichten, erschien mir als Möglichkeit einer angemessenen Förderung geradezu ideal. Meine Bedingung, als Grundvoraussetzung

zur Teilnahme an den Kursen eine Testdiagnostik vorzuschreiben, schien dem *Studienkreis* nach anfänglichem Zögern plausibel zu sein. Das Unternehmen sah ein, daß nur dadurch den richtigen Kindern wirklich hervorragend geholfen werden konnte.
Ich bewarb mich als Projektleiterin zur Hochbegabtenförderung im *Studienkreis* und wurde angenommen. Ein totaler Berufswechsel stand damit unmittelbar bevor, und mein Mann war nicht gerade sehr erbaut, daß ich nun auch noch beruflich von seiner Seite wich, nachdem ich mich schon emotional durch die Jahre in Braunschweig von ihm entfernt hatte. Schon mit der Übernahme des Amtes als Erste Vorsitzende der DGhK war für uns privat klar, daß ein gemeinsames Leben nicht mehr möglich ist, da zu gegensätzliche Interessen unseren Lebensalltag bestimmten. Eine schleichende Entfremdung der Eheleute Billhardt hatte es schon seit dem Umzug nach Braunschweig gegeben, die Kluft wurde immer größer und führte jetzt nach fast drei Jahrzehnten Ehe zur Trennung.

Sicherlich, etliche Leute hatten mich vor dem Unternehmen *Studienkreis* gewarnt, es sei für eine Hochbegabtenförderung nicht seriös genug. Ich aber wollte keine Vorurteile übernehmen, sondern mir selbst ein Bild verschaffen. Außerdem gab es einfach keine Alternative, den Kindern zu helfen.
Mit meiner Doppelfunktion, – Erste Vorsitzende der DGhK und Projektleiterin im *Studienkreis* – boten sich zwei unterschiedliche Möglichkeiten der Aufgabenverteilung: Zum einen die Elternberatung in der DGhK und zum anderen die Förderung der Kinder, zwar in einem kommerziellen Nachhilfesystem, aber in einer bestehenden Infrastruktur mit ungeahnten Möglichkeiten. Mit auch nur einigermaßen flexiblen Leuten hätte sich eine geeignete Hochbegabtenförderung in Deutschland entwickeln lassen. Damit hätte gleichzeitig eine Bewußtseinsänderung der Bevölkerung als Grundvor-

aussetzung dafür erzielt werden können, Politiker dazu zu bewegen, endlich im staatlichen Bereich die Kinder verstärkt zu berücksichtigen.

Im Juli 1991 wurde ich als Projektleiterin im *Studienkreis* eingestellt. Etliche Funktionsträger innerhalb der DGhK reagierten geradezu entsetzt auf diesen Schritt. Der Hauptvorwurf, der mir von der DGhK gemacht wurde, war, daß ich nun mit dem Thema Geld verdienen würde. Man muß sich einmal vorstellen, daß es in der DGhK tatsächlich Leute gab, die glaubten, nur mit ehrenamtlicher Arbeit könne man eine Hochbegabtenförderung bundesweit durchsetzen. Dreizehn Jahre hatte die DGhK fast ohne nennenswerten Erfolg versucht, das Leiden hochbegabter Kinder in Deutschland der Öffentlichkeit bewußt zu machen. Nun bot sich die Chance, in einem weit größeren Umfang und mit mehr Möglichkeiten den Kindern ein Angebot zu eröffnen, und es hagelte für mich nur Vorwürfe und Angriffe von Seiten der DGhK, die teilweise unter die Gürtellinie gingen. „Mobbing“ nennt man diese Art der Persönlichkeitsdemontage, und ein Anwalt riet mir später, sofort die Rädelsführer zu verklagen, sollte mir etwas Ähnliches noch einmal passieren. Grund und Beweise für eine Klage hätte ich seinerzeit genügend gehabt. Aber: Wer verklagt schon in einem Verein diejenigen Leute, von denen man annimmt, daß sie die gleichen Interessen verfolgen? Den Ratschlag des Anwaltes werde ich jedoch nicht vergessen.

Damit ich nun nicht in Arbeitszeitkonflikte mit dem *Studienkreis* kam – denn ich nahm die Interessen der DGhK als erste Vorsitzende sehr ernst – arbeitete ich nur vier Tage bezahlt im *Studienkreis* und einen Tag in der Woche unbezahlt für die DGhK. So konnte ich jederzeit auch Elternberatung für die DGhK durchführen und den Eltern helfen, ihre Kinder besser zu verstehen. Die DGhK erhielt während meiner zweijährigen Vereinstätigkeit rund 400 neue Mitglieder. Zum Vergleich: In dreizehn Jahren war die DGhK gerade eben auf zirka 800 Mitglieder angewachsen.

Der *Studienkreis* hatte damals eine professionelle, erfolgreiche Presseabteilung. Presse- und Öffentlichkeitsarbeit waren bis zu diesem Zeitpunkt von mir nur als Laie für die DGhK wahrgenommen worden. Jetzt stimmte ich mit der Presseabteilung meines neuen Arbeitgebers darin überein, daß wir nur über eine gezielte Informationskampagne zu diesem Thema einerseits die Lücke im Bildungssystem aufzeigen und andererseits viele der bislang unentdeckten hochbegabten Kinder finden konnten.
Die Arbeit für neun Pressekonferenzen und die Einrichtung von Kursen in neun Städten lief auf Hochtouren. Wir waren im *Studienkreis* zu einem fast perfekten Team zusammengewachsen und rissen mit unserer Begeisterung, aber auch mit unserem Know-how, viele Menschen bei ihrem Einsatz für die hochbegabten Kinder mit.

Der Geschäftsleitung des *Studienkreises* hatte ich von Anfang an gesagt, daß mit hochbegabten Kindern kein Geld zu verdienen sei, da die Referenten hochqualifizierte Leute sein müßten, die ihren Preis hätten. Und was machte der *Studienkreis?* Er wollte seine Nachhilfelehrer für hochbegabte Kinder umschulen. Ein Fiasko, da die umgeschulten Nachhilfelehrer noch nicht einmal eine bessere Bezahlung bekamen und nach ersten Erkenntnissen für eine Förderung unserer Kinder mehrheitlich nicht geeignet waren, von einigen wenigen Ausnahmen einmal abgesehen.
Vehement setzte ich mich für eine bessere Bezahlung der Nachhilfelehrer ein, um wenigstens ihre Motivation zu steigern, wohlwissend, daß die Mehrheit der fortzubildenden Nachhilfelehrer nicht geeignet waren, eine Hochbegabtenförderung durchzuführen. Aber

die Geschäftsleitung bestand darauf, bereits vorhandene Kräfte in ihrem Unternehmen zu nutzen. Mir war immer klarer geworden, daß wir auch qualifizierte Referenten „von außen“ holen mußten, und in geringem Umfang wurde mir dies auch gewährt. Das Ergebnis: Die Geschäftsleitung bekam jetzt Probleme mit zwei unterschiedlichen Besoldungsklassen, und der Personalchef war meines Erachtens als Persönlichkeit überfordert, den sozialen Frieden innerhalb der Einrichtungen bei unterschiedlichen Besoldungsklassen zu gewährleisten.

Aber nicht nur innerhalb des *Studienkreises* hatte ich für die Belange der Kinder zu kämpfen, auch die DGhK ging mehrheitlich auf Widerstand. Ihr ging alles viel zu schnell, einige waren doch tatsächlich der Meinung, der *Studienkreis* hätte auf Entscheidungen der DGhK zu warten, bis alle sich ein Bild von den anstehenden Maßnahmen gemacht hätten. Fast keiner begriff in der DGhK, daß der *Studienkreis* ein Wirtschaftsunternehmen war, das bei diesem Projekt nicht monatelang auf Entscheidungsprozesse der DGhK warten konnte, und ich reagierte auf diese Forderungen seitens der DGhK mit Ablehnung. Allein, daß Eltern für die Kurse bezahlen sollten, schien vielen in der DGhK völlig unmöglich und man forderte, ich solle versuchen, die Kurse für die Kinder unentgeltlich zu organisieren. Eine Forderung, die völlig an den Realitäten vorbeiging. Durch meine Doppelfunktion hätte eine gemeinsame Arbeit entstehen können, kostenlose Elternberatung in der DGhK, Förderung der Kinder in den *Studienkreisen* vor Ort gegen Bezahlung. Aber unter diesen Bedingungen war dies nicht mehr möglich, und ich beschloß, nicht länger als nötig der DGhK zur Verfügung zu stehen.

Als zwingend erforderlich hatte ich bei meiner Arbeitsaufnahme im *Studienkreis* darauf bestanden, daß die Kinder getestet wurden. Aus den persönlichen Erfahrungen mit den Kursen der DGhK wußte ich, daß ohne Test auch nicht hochbegabte Kinder an den Kursen teilnehmen würden, womit der Erfolg der Kurse in Frage gestellt wäre, und damit wiederum die Glaubwürdigkeit der Fördermaßnahme nicht zuletzt auch in den Augen von hochbegabten Kindern.

Aber auch private Dinge spielten in diesen Monaten eine Rolle. Schon bei der Übernahme des Vorsitzes für die DGhK hatte ich mich von meinem Mann getrennt. Die Jahre der Auseinandersetzung mit dem Thema Hochbegabung ohne seine Unterstützung, meine persönliche Weiterentwicklung und nicht zuletzt die Erkenntnis, daß er mich zwar nach außen jederzeit unterstützen würde, nicht aber gefühlsmäßig, hatten meine Abnabelung aus der Ehe bewirkt. Es war ein schleichender Prozeß, der jedoch beschleunigt wurde durch die Analyse eines recht jungen hochbegabten Mannes, der mir klar aufzeigte, daß auch ich jahrzehntelang meine Fähigkeiten nicht genutzt hatte. Diese Analyse gab letztendlich den Ausschlag, mich beruflich, privat und örtlich neu zu orientieren.

Möglich war dieser Neubeginn erst, als unser ältester Sohn zum Studium in die USA ging, und der jüngere sich entschloß, als Internatsschüler in der Christophorusschule in Braunschweig zu bleiben. Plötzlich aller Bindungen enthoben, wenn auch beruflich mehr als angespannt mit der neuen Aufgabe, bemerkten der Pressesprecher im *Studienkreis* und ich, daß uns nicht nur die gemeinsame Arbeit verband. Natürlich machte uns die gemeinsame Aufgabe nun noch mehr Spaß.
Die erste Pressekonferenz am 3. November 1993 in Düsseldorf verlief mit großem Erfolg. Wir hatten es geschafft, daß die Journalisten objektiv über das Thema berichteten. Ein hochqualifiziertes Team stand den Journalisten in der Pressekonferenz für zirka zwei

Stunden zur Verfügung. Nur der Geschäftsführer des *Studienkreises* und sein Personalchef fanden die Pressekonferenz anscheinend nicht so gut. Der Geschäftsführer hatte zum Auftakt eine sowohl vom Inhalt als auch von der Präsentation her unpassende Ansprache gehalten, die dann in keinem der Presseberichte erwähnt wurde. Namentlich erwähnt wurden jedoch der Pressesprecher und ich, die Experten von außerhalb und natürlich das Unternehmen, für das wir tätig waren.

Fünf Tage später erhielt der Pressesprecher eine sofortige Beurlaubung. Er sollte innerhalb von wenigen Stunden das Büro verlassen. Ich war völlig durcheinander. Weitere acht Pressekonferenzen standen an, und ohne Pressechef, der die Gespräche koordiniert, konnte ich mir einen Erfolg nicht vorstellen. Als Projektleiterin wollte ich die Hintergründe wissen und bekam zur Antwort, der Pressechef sei erkrankt.

Der Personalchef konnte bei seiner Aussage natürlich nicht ahnen, daß ich es besser wußte. Dreimal bat ich ihn um eine Stellungnahme, da so eine „Krankheit“ sich auf das gesamte Projekt auswirken könne, und um genauere Informationen, wie die nächsten Pressekonferenzen verlaufen sollten. Als Projektleiterin hatte ich wohl das Anrecht, wenn wichtige Mitarbeiter das Projekt verlassen müssen, die Hintergründe zu erfahren. Der Personalchef blieb bei seiner Version „Krankheit“, und dann handelte ich wie immer, wenn Menschen mich direkt belügen, obgleich ich ihnen Brücken gebaut hatte: Ich sagte ihm direkt ins Gesicht, er solle mich nicht belügen. Ein paar Tage später hatte ich meine Kündigung.

Trotzdem sollte ich (in gekündigter Stellung) weitere Pressekonferenzen – allein, ohne Pressechef – machen. Zu zweien gab ich meine Zustimmung und nahm dann eine sofortige Kündigung an.

Zum damaligen Zeitpunkt konnte ich mir nicht vorstellen, wie es weitergehen sollte. Ich wollte keine Hochbegabtenförderung ohne meinen Partner machen. Es war einfach zu schön gewesen, endlich einen Menschen an der Seite zu haben, der mit genau der gleichen Begeisterung, auch mit der Vehemenz, die mir zu eigen ist, in der Lage war, das Thema in der Öffentlichkeit zu vertreten. Zum Überfluß hatte sich nun endlich, nach etlichen Monaten, die DGhK durchgerungen, mich auch im *Studienkreis* zu unterstützen. Viel später erfuhren wir, daß ein Mitglied der DGhK mich im *Studienkreis* mit einem wirklich unverschämten Schreiben denunziert, der Pressesprecher mich und die DGhK vor der Geschäftsleitung geschützt hatte und ihm dies wiederum als unloyales Verhalten gegenüber seinem Arbeitgeber vorgehalten wurde. Das war mit ein Grund für seine Kündigung.

Nun saßen wir beide buchstäblich auf der Straße. Wir durften zwar eine Beziehung miteinander haben, er durfte jedoch bei der Gründung eines gemeinnützigen Vereins, der unser Förderprojekt durchsetzen sollte, nicht tätig werden, da er noch lange Zeit auch in gekündigter Stellung Angestellter des *Studienkreises* war.

Hochbegabtenförderung e.V.

Im Januar 1994 starteten wir die Gründung der „Hochbegabtenförderung e.V." (HBF). Mein Partner konnte und durfte nicht dabei sein. Auch die nächsten Pressekonferenzen als Erste Vorsitzende des Vereins mußte ich allein in die Wege leiten. Aber inzwischen beherrschte ich die Presse- und Öffentlichkeitsarbeit. Der *Studienkreis* bestätigte auf eine offizielle Anfrage schriftlich, daß ich eine hochqualifizierte Fachfrau, und der Kündigungsgrund eine private Angelegenheit des Personalchefs sei. Ich ließ es dabei bewenden.
Der Anfang der Hochbegabtenförderung e.V. war naturgemäß

mehr als schwierig, zumal nur das kleine dritte Zimmer meiner Wohnung als Büro dienen konnte. Gott sei Dank befand sich die Einrichtung für ein funktionsfähiges Büro in meinem Besitz und konnte jetzt erst einmal genutzt werden.
Susanne Matz aus Flensburg, eine Freundin, betroffene Mutter und Mitstreiterin für die hochbegabten Kinder, bekam all die Dinge, die im Hintergrund mit der DGhK und dem *Studienkreis* abliefen, hautnah mit und entschloß sich, die gleiche Aufbau-Arbeit für den Norden Deutschlands zu leisten, die ich für das übrige Gebiet leisten wollte.
Das wenige Geld, das ich privat besaß, investierte ich in die HBF für monatliche Telefonrechnungen, Bürokosten, erste Reisen zur Kontaktaufnahme etc. Die finanzielle Last des Aufbaus wurde allein von mir getragen. Viele Menschen im Umfeld versprachen zwar zu helfen, wenn es aber konkret darum ging, unentgeltliche Arbeitsleistung zu erbringen, sprangen die meisten wieder ab oder gaben zu erkennen, sie hätten mit einer festen Anstellung gerechnet.

Frau Matz erhielt als erste ein Aushilfshonorar, ein Jahr später folgte ich, und dann mußten und konnten wir uns auch eine Aushilfskraft „leisten“, da die Arbeit einen Umfang annahm, der uns einfach dazu zwang, Hilfe zu holen. Nur unsere Referenten für die Kurse wurden über einen Honorarvertrag bezahlte Mitarbeiter. Jede weitere Arbeit für die HBF mußte ehrenamtlich geleistet werden, da lange Zeit kein Geld für weitere Gehaltszahlungen vorhanden war.
Es wurde ein sehr einsamer Weg, die HBF aufzubauen. Mein Partner löste die private Beziehung – er mußte selbst zusehen, wo er beruflich blieb. Viele menschliche Enttäuschungen säumten schon meinen Weg, und ich hatte Schwierigkeiten, weiterhin an das Gelingen unseres Projektes zu glauben. Auch begann mit zunehmen-

dem Erfolg der HBF wieder die üble Nachrede, wahrscheinlich größtenteils aus „altbekannten Kreisen“.

Die BMW AG in München hatte als einziger Konzern auf unsere Sponsoring-Anfrage reagiert und die Dimension gesehen, die hinter unseren Aktivitäten lag. Um gemeinsame Aktionen veranstalten zu können, mußten wir uns persönlich kennenlernen – auch um zu entscheiden, ob wir als Partner geeignet wären. Heute ist das keine Frage mehr: Die Zusammenarbeit ist stets auf allen Ebenen sehr gut, hat sich bewährt, und eine Vertrauensbasis ist entstanden. Persönlich bedanke ich mich ganz besonders bei der BMW AG in München, daß wir als Hochbegabtenförderung e.V. durch ihre Unterstützung eine faire Chance erhielten: Ohne die finanzielle, aber auch ideelle Hilfe würde es eine Hochbegabtenförderung e.V. nicht geben. Wir hätten nicht überlebt.

Nachstehend stelle ich Ihnen das Förderkonzept der HBF vor. Sie werden erkennen, daß ein Teil unserer Ziele bereits verwirklicht wurde.

Hochbegabtenförderung e.V.

I. Die allgemeine Voraussetzung

1. Einleitung

Zum Jahresbeginn 1994 haben wir einen gemeinnützigen Verein zur Förderung hochbegabter und überdurchschnittlich intelligenter Kinder und Jugendlicher gegründet.
Hochbegabte Kinder und Jugendliche leiden erheblich unter der permanenten Unterforderung in den Schulen. Hieraus resultiert die Notwendigkeit einer qualifizierten Förderung betroffener Kinder und Jugendlicher, da der Staat dieser Aufgabe nur höchst unzureichend nachkommt. Dadurch macht sich schon jetzt ein spürbarer Mangel an teamfähigen, innovativen Führungskräften in Wirtschaft, Wissenschaft und Politik bemerkbar.
Hierzu sind wir allerdings zwingend auf die – auch finanzielle – Unterstützung von engagierten Partnern aus Wirtschaft, Wissenschaft und Politik angewiesen, ohne die die Einrichtung einer qualifizierten Förderung von Hoch- und Spitzenbegabungen auf breiter Grundlage nicht möglich sein wird.

2. Die Definition von Hochbegabung

Unter Hochbegabung versteht die Wissenschaft heute in der Regel die allgemeine geistige Befähigung. Damit ist eine besonders hohe Ausprägung der allgemeinen Intelligenz in Form einer hocheffizienten Aufnahme und Verarbeitung von Informationen und einer außergewöhnlichen Denk- und Problemlösefähigkeit in sehr abstrakter Form gemeint.
Die Ermittlung der Hochbegabung setzt in der Regel einen allge-

meinen Intelligenztest voraus, bei dem ein IQ von 130 und darüber (in den Untertests, die das abstrakte Denkvermögen abtesten) als allgemeiner Richtwert für Hochbegabung gilt. Entscheidend für das Testergebnis ist jedoch die von erfahrenen Fachpsychologen durchgeführte Gesamtauswertung des Tests auch nach den Parametern wie z.B. der Anamnese, dem situativen Testverhalten, dem individuellen Begabungsprofil usw.

Von der allgemeinen intellektuellen Hochbegabung unbedingt zu unterscheiden ist die Gruppe der speziellen Begabungen (z.B. Mathematik, Musik) sowie die Gruppe der „überdurchschnittlich intelligenten Kinder" (IQ-Richtwert: ca. 115–130, abstraktes Denkvermögen).
Die Wissenschaft geht von zirka zwei Prozent hochbegabten Menschen aus. Umgerechnet auf die Schülerzahl der Bundesrepublik wären das zirka 300 000 Kinder (Stand 1994). Die überdurchschnittlich intelligenten Schulkinder werden auf 1,2 Mio. geschätzt.

3. Die typischen Lern- und Verhaltensmerkmale

Hochbegabte und überdurchschnittlich intelligente Kinder sind aus eigenem Antrieb außergewöhnlich wißbegierig und neugierig, so daß sie sich oft schon im Alter von drei bis vier Jahren selbständig das Lesen und Rechnen beibringen, meist sehr schnell äußerst abstrakte Probleme lösen und auch fremde Sprachen in kurzer Zeit erlernen können.
Darüber hinaus gibt es eine Reihe von Merkmalen, welche ihre spezifischen Formen des Lernens, ihrer Interessen und ihres sozialen Verhaltens charakterisieren. Hier eine Auswahl in Stichworten:

1. Merkmale des Lernens und Denkens

- oft hohes Detailwissen
- ungewöhnlich großer Wortschatz, gemessen am Lebensalter
- ausdrucksvolle, ausgereifte und flüssige Sprache
- außerordentlich hohe Gedächtnisfähigkeit
- rasches Erkennen von zugrundeliegenden Prinzipien
- schnelles Herstellen gültiger Verallgemeinerungen
- Vorliebe für nicht-altersgemäße Bücher

2. Merkmale der Arbeitshaltung und der Interessen

- völliges Aufgehen in bestimmten Aufgabenstellungen und Problemen
- deutliches Bestreben, schwierige Aufgaben vollständig zu lösen
- selbstkritisches Arbeiten in bezug auf Tempo und Ergebnisse
- starkes Interesse an selbstgestellten und hohen Leistungszielen
- ausgeprägtes Interesse an „Erwachsenenthemen" wie Religion, Philosophie, Politik, Umweltfragen, Sexualität, Ethik
- Perfektionismus

3. Merkmale des sozialen Verhaltens

- hohes Moralbewußtsein, Ablehnung körperlicher Gewalt
- kritisches Prüfen von Meinungen, Grundsätzen, Autoritäten
- hohe Verantwortungsbereitschaft und Zuverlässigkeit bei Planungs- und Organisationsaufgaben
- deutlich soziales Engagement

Diese Merkmale sehen wir nur bei hochbegabten Kindern, die eine ihren Fähigkeiten entsprechende Förderung erhalten. Bei Nichtbeachten ihrer geistigen Kompetenz können diese Eigenschaften sich ins Gegenteil verkehren!

4. Die Ziele der Hochbegabtenförderung e.V.

Entsprechend der Satzung strebt der gemeinnützige Verein folgende Zwecke an:

1. Durchführung des Förderungskonzeptes durch differenzierte Kursangebote
2. Betreuung der Eltern und Erziehungsberechtigten durch ausführliche und persönliche Beratungsgespräche
3. Intensive Informations- und Aufklärungsarbeit für Pädagogen aller Schultypen sowie schulpsychologische Dienste
4. Erzieher- und Lehrerfortbildung in Form von Seminaren, Hospitationen usw.
5. Umfassende und gezielte Aufklärung der Öffentlichkeit über das Thema Hochbegabung
6. Einrichtung von Feriencamps

5. Der Förderungsbedarf

Der hohe Förderungsbedarf für hochbegabte und überdurchschnittlich intelligente Kinder ergibt sich vor allem aus

- dem starken Bedürfnis der Kinder nach einer qualifizierten Förderung in Lerngemeinschaften mit anderen gleichbefähigten Kindern, da sie aus schulischen Lerngruppen oft ausgegrenzt sind
- der z.T. massiven geistigen Unterforderung der Kinder und Jugendlichen in Kindergarten, Schule und Elternhaus

- dem teilweise hohen Leidensdruck und der Vereinsamung der Kinder im schulischen und sozialen Umfeld
- der teilweise enormen Belastung der vielfach überforderten Eltern und ihrem Wunsch nach einem differenzierten und entlastenden Förderungsangebot
- den häufig auftretenden psychischen Fehlentwicklungen und daraus resultierenden psychosomatischen Erkrankungen
- den bundesweit kaum vorhandenen schulischen und außerschulischen Fördermöglichkeiten vor Ort

Unter gesamtgesellschaftlicher Perspektive sprechen zahlreiche Gründe für eine qualifizierte und bundesweit flächendeckende Förderung hochbegabter und überdurchschnittlich intelligenter Kinder und Jugendlicher.

6. Vorteil für Industrie und Wirtschaft

- Hochbegabte Kinder, die nach dem Förderungskonzept gefördert werden, haben die besten Voraussetzungen für eine gesunde Persönlichkeitsentwicklung, die in Führungspositionen der Wirtschaft, Wissenschaft, Forschung und Technik verlangt wird
- Kinder und Eltern haben das positive Bewußtsein, von Industrie und Wirtschaft unterstützt worden zu sein
- positives PR der Industrie und Wirtschaft durch Engagement in diesem neuen sozialen Bereich
- Imagepflege innovativer Unternehmen durch Aufgreifen des Themas Hochbegabung

Durch die Förderung steigern wir die Attraktivität des Standortes Deutschland und die internationale Wettbewerbsfähigkeit.
Die Industrie und Wirtschaft in den USA, Japan, China und ande-

ren Ländern fördern bereits seit langem hochbegabte Kinder und überlassen dadurch diese Herausforderung nicht nur dem Staat.

II. Das Förderkonzept

1. Die allgemeinen Ziele

Allgemeines Ziel des Förderungsprojekts ist die optimale und ganzheitlich orientierte Intelligenz- und Persönlichkeitsentwicklung der Kinder.

Vorwiegend durch Projektunterricht erhalten sie Gelegenheit
- ihren eigenen Ideen und Lernimpulsen Raum zu geben
- in ihrem eigenen individuellen Lerntempo an einer Aufgabe oder an einem Projekt zu arbeiten
- ihre Intelligenz einzusetzen und sich geistig voll auszulasten
- ihre natürliche Neugierde und ihren hohen Wissensdrang zu stillen
- sich eigene Ziele und Lernaufgaben zu stellen und diese gemeinsam mit anderen abzustimmen und zu realisieren
- allgemeine Arbeits- und Lerntechniken zu entwickeln und zielbewußt auf ein gemeinsames Ergebnis oder Produkt hinzuarbeiten
- ihre individuellen Grenzen zu erkennen und ein realistisches Bild von sich selbst und anderen zu gewinnen
- Freude an der gemeinsamen Gruppenarbeit zu finden
- Teamfähigkeit zu erwerben und Freundschaften zu schließen

2. Das Förderungsangebot

Das Förderungsangebot richtet sich an Schüler/-innen aller Schulformen und Altersstufen.
Zwingende Voraussetzung für die Aufnahme in die Förderung ist

ein vorgeschalteter Begabungstest, der neben der Messung des allgemeinen Intelligenzquotienten vor allem die Entwicklung eines sehr differenzierten individuellen Begabungsprofils ermöglicht.
Der Test, der schon bei Kindern ab fünf Jahren durchgeführt werden kann, hat vor allem die Funktion, die Gruppen der hochbegabten und überdurchschnittlich intelligenten Kinder zu differenzieren und auf dieser Basis gleichbefähigte Lerngruppen zusammenzustellen.
Durchgeführt und ausgewertet wird der Test von erfahrenen Fachpsychologen.

3. Die Lernformen

Je nach den Erfordernissen der einzelnen Projekte und Fächer sowie nach den besonderen Bedingungen am jeweiligen Standort erfolgt die Förderung in
- Minigruppen von vier bis sechs Kindern
- Kleingruppen von sechs bis acht Kindern
- Maxigruppen bis zu zehn Kindern

Die Förderung findet entweder in den Nachmittagsstunden oder aber an den Wochenenden statt, aber auch Ferienkurse sind vorgesehen.

Fest geplant sind neben den Kursen in den angemieteten oder überwiegend gesponserten Räumlichkeiten am Standort auch externe Recherchen, Exkursionen, Hospitationen z.B. auch in einer Partner-Firma, Betriebspraktika usw.

Besonderen Wert legen wir ferner auf ungewöhnliche Formen der Vermittlung und Aneignung von Wissen und auf die Integration externer Gastreferenten, den Besuch bzw. die Veranstaltung von Vorträgen und Podiumsdiskussionen sowie den Austausch von Projektgruppen der einzelnen Förderungsstandorte.

4. Die Förderungsbereiche

Wir wollen verhindern, daß der Wissensabstand bezüglich des Schulstoffes zwischen den hochbegabten / überdurchschnittlich intelligenten und den normal begabten Kindern noch größer wird. Deshalb verzichten wir soweit wie möglich auf eine Förderung in den Schulfächern – und damit auf die Vermittlung von Schulwissen.

5. Das Bochumer Modellprojekt

Bereits Anfang 1994 hat die Hochbegabtenförderung e.V. aus eigenen Mitteln ein erstes Förderungsprojekt am Standort Bochum gestartet.
Kernkurs des Bochumer Pilotprojekts ist eine eigene „Lehrfirma“ mit einem echten Produkt, das in dieser Form noch nicht auf dem Markt ist und das in Behindertenwerkstätten hergestellt wird. Auf einem gemeinsamen Basar mit Behinderten wurden bereits Vorurteile auf beiden Seiten schnell beseitigt.
Der Firmenkurs fördert in hohem Maß die Teamfähigkeit der Kinder und hebt die Tabus wirtschaftlicher Themenstellungen an den Schulen auf. Die Kinder treten mit „echten“ Firmen in Kontakt und erleben ihre ersten kleinen Erfolge und Mißerfolge.

Außerdem konnten in Bochum bereits acht Computerkurse für Kinder im Alter von sechs bis zehn Jahren organisiert werden, zwei weitere Kurse stehen auf der Warteliste, da Raumkapazitäten fehlen. Aber auch Chinesisch ist für die Kinder im Ruhrgebiet ein zusätzliches Angebot.

III. Das Projektmanagement

1. Die Standortplanung

Seit April 1994 laufen in folgenden Standorten Kurse der Hochbegabtenförderung e.V.:

Bochum
Lehrfirma
Informatik
Chinesisch
Recht
Englisch
Biologie
Mädchenclub
Jungenclub

Braunschweig
Lehrfirma
Informatik

Bremen
Informatik
Italienisch
Spanisch
Mathematik
Philosophie

Dingolfing
Informatik

Düsseldorf
Lehrfirma
Informatik

Duisburg
Mathematik / Physik

Flensburg
Informatik
Philosophie
Informatik für Vorschulkinder
und Schulanfänger

Kiel
Informatik

Köln
Musical
Informatik

Lübeck
Informatik
Biologie
Chemie

München
Informatik
Technik
Philosophie

Nürnberg
Computerlinguistik als Ferienkurs
Informatik
Recht

Trier
Vernetztes Denken

In diesen Standorten werden bereits über 350 Kinder gefördert. Folgende Standorte werden voraussichtlich 1996 starten:

Hamburg, Frankfurt und Berlin

Die Einrichtung neuer Standorte wird von einer gezielten Presse- und Öffentlichkeitsarbeit begleitet werden.
Der Bedarf aus zirka zwanzig weiteren Städten wird uns gemeldet. Wir erhoffen uns finanzielle und ideelle Unterstützung aus der Wirtschaft, damit der Aufbau schneller erfolgen kann.
Für den Standort München können wir als Partner die BMW AG München nennen. Ohne diese finanzielle Hilfe wäre der Aufbau nicht in dieser Geschwindigkeit möglich gewesen. Wir danken an dieser Stelle unserem Partner im Namen der Kinder und Eltern für die Hilfe.

2. Das Team

Für den Aufbau von Zentren in einst geplanten siebzehn Städten stand im Januar 1994 ein qualifiziertes Team zur Verfügung. Da es nicht gelang, schnell ausreichende finanzielle Mittel einzuwerben, konnte niemandem ein fester Arbeitsplatz angeboten werden.
Der Aufbau der Förderung wird von Frau Jutta Billhardt und Frau Susanne Matz geleitet. Sie erhielten während der Aufbauphase für ihre Tätigkeit eine Aushilfsvergütung. Beide verfügen durch ihre reichen Erfahrungen mit eigenen und fremden, z.T. schon erwachsenen, hochbegabten Kindern über den nötigen Hintergrund. Frau Jutta Billhardt kommt beruflich aus der Wirtschaft, Frau Susanne Matz aus dem Sozialbereich.
Die Bochumer und Flensburger Zentrale werden von Aushilfskräften mit Erfahrungen zum Thema Hochbegabung unterstützt. Un-

terstützung erhält die Hochbegabtenförderung e.V. auch von vielen ehrenamtlich mitarbeitenden Mitgliedern. Für 1996 konnte eine Mitarbeiterin durch eine Arbeitsbeschaffungs-Maßnahme eingestellt werden.

3. Die Öffentlichkeitsarbeit

Für die Öffentlichkeitsarbeit stand ursprünglich ein qualifiziertes Team zur Verfügung, das sich jedoch aus finanziellen Gründen beruflich anderweitig orientieren mußte. Die Öffentlichkeitsarbeit wird im Augenblick von Frau Jutta Billhardt und Frau Susanne Matz übernommen.
Nur durch gezielte Öffentlichkeitsarbeit gelingt es uns, betroffene Eltern und Kinder anzusprechen. Folgende Wege haben wir beschritten:

- redaktionelle Medienarbeit, lokal und überregional
- PR-Anzeigen, lokal und überregional (gesponsert)
- Messeauftritte
- Vorträge in Schulen, Volkshochschulen
- öffentliche Podiumsdiskussionen
- Informationsbroschüren

Folgende Schritte sind geplant:

- Herstellung von Faltblättern, Lehrer-Materialien
- Präsentationen der Ergebnisse aus den Kursen
- weitere PR-Anzeigen
- Bemühungen um Kooperationen mit allen Institutionen, die sich mit Begabtenförderung befassen

Nur die Jugenddorf-Christophorusschulen in Braunschweig und Rostock, die hochbegabte Jugendliche ab Klassenstufe 9 des Gymnasiums mit einem Sonderkonzept fördern, verlangen als Eingangsvoraussetzung zur Aufnahme und Förderung einen Intelligenztest.
Alle anderen Instutionen in der Bundesrepublik, die sich mit begabten Kindern und Jugendlichen beschäftigen, seien es Vereine, Stiftungen, Sommercamps und Wettbewerbe, wenden sich an alle Kinder oder richten sich an Kinder, die bereits außergewöhnliche *Schulleistungen* z.B. in Form von Noten erbracht haben.

Die Hochbegabtenförderung e.V. mit ihren Eingangsvoraussetzungen ist damit einmalig in der Bundesrepublik.

4. Die Kurspreise

Die Kurspreise betragen zur Zeit (Stand 1996) 130 Mark im Monat. Für den Standort Dingolfing konnten wir den Kurspreis aufgrund der finanziellen Zuwendungen unseres Partners, der BMW AG Dingolfing, senken. Wünschenswert wäre, wenn auch in anderen Standorten diese Möglichkeit bestände. Gerade Kinder aus einkommensschwachen Familien sind hier benachteiligt. In Einzelfällen gelang es uns, Partnerschaften für die Kinder zu finden (z.B. das Deutsche Rote Kreuz, die Sozialhilfe, andere Eltern).

5. Die Testkosten

Die Testkosten, die ursprünglich bei Psychologen mit 300 bis 400 Mark veranschlagt worden waren, können aufgrund eines erhöhten Beratungsbedarfs oft in dieser Höhe nicht aufrechterhalten werden. Die Testkosten kann die Hochbegabtenförderung e.V. leider nicht tragen und vielen Eltern ist es aus finanziellen Gründen einfach nicht möglich, ihre Kinder testen zu lassen. Auch hier wäre in begründeten Fällen ein Sozialfonds dringend erforderlich.

Wir müssen die Eltern bitten, die Testkosten bei den Psychologen genau zu erfragen. Die Psychologen sind nicht an die Hochbegabtenförderung e.V. vertraglich gebunden, jedoch von uns sehr sorgfältig ausgewählt worden. Die Hochbegabtenförderung e.V. erhält von den ausgewählten Psychologen keine finanzielle Vergütung.

6. Die Referentenfortbildung

Der Unterricht hochbegabter und überdurchschnittlich intelligenter Kinder und Jugendlicher stellt ganz besondere Anforderungen an die fachliche und persönliche Qualifikation der Kursleiter.
Die Hochbegabtenförderung e.V. arbeitet überwiegend hervorragend mit hochbegabten Erwachsenen als Kursleitern/innen zusammen. Viele Kursleiter/innen sind Mitglied der Mensa, dem Verein für hochbegabte Erwachsene.

Die Kursleiter/innen werden persönlich von Frau Billhardt und Frau Matz ausgesucht und als Honorarkräfte eingestellt. Bevor sie einen Kurs übernehmen, müssen sie sich intensiv mit dem Thema Hochbegabung befassen, in bereits bestehenden Kursen hospitieren und einem Anforderungsprofil entsprechen. Die Kursleiter/innen erhalten für ihre Tätigkeit ein angemessenes Honorar.

Vermehrt melden sich auch Professoren und Doktoren bei uns, die aus sozialer Verantwortung diese Aufgaben mit übernehmen wollen. Wir danken ihnen an dieser Stelle für ihr soziales Engagement. Lehrer/innen und Referendare bzw. Referendarinnen des öffentlichen Dienstes können nach Anfrage in unseren Kursen hospitieren. Wir bitten jedoch um Verständnis, daß nicht mehr als eine Person pro Kurs zusätzlich bei den Kindern sein kann.

7. Die wissenschaftliche Begleitung

Wir bieten Wissenschaftlern die Möglichkeit, Erkenntnisse für die Forschung zu erhalten. Dieses Angebot wird bereits wahrgenommen. Ziel der Hochbegabtenförderung e.V. ist es, bald eine unabhängige Forschung an unser Projekt anzubinden. Staatlich finanzierte Forschungsarbeiten führten in der Vergangenheit dazu, daß für hochbegabte Kinder und Jugendliche an den Schulen keine Fördermöglichkeiten eingerichtet wurden. Anscheinend bestand dazu keine Veranlassung. Die staatlich durchgeführten Forschungsprojekte bedürfen in einer Demokratie auch einer Kontrolle.

IV. Die Finanzierung

Ohne eine langfristige Unterstützung in Form von Geld- und Sachmitteln durch Partner aus der Wirtschaft, Verwaltung, Politik und Privatpersonen können wir eine weitere flächendeckende Einrichtung von Förderkursen in Deutschland nicht ermöglichen.
Mit dem Ziel, eine Stiftung zur Förderung von hochbegabten Kindern und Jugendlichen ins Leben zu rufen, haben wir Anfang 1994 viele potentielle Partner mit unserem Förderkonzept angesprochen z.B.

- zirka fünfundzwanzig Großunternehmen mit dem branchenbezogenen Angebot des Konkurrenzausschlusses
- mehrere Stiftungen
- rund dreißig Personen des öffentlichen Lebens
- Rotary- und Lions Clubs
- das Bildungsministerium

Das Bildungsministerium war 1994 der Ansicht, daß unsere Förderung nicht möglich sei. Es müßte ein langsamer Aufbau erfolgen. Eine finanzielle und ideelle Unterstützung wurde abgelehnt.
Die Hochbegabtenförderung e.V. fragt sich: „Wie lange denn noch?“ Seit über fünfundvierzig Jahren warten die Kinder, die zwar hochintelligent sind, aber in Schulen kaum auffallen können oder wollen, auf eine Förderung!
Nur die BMW AG fragte gezielt nach unseren Aktivitäten. Fast alle anderen Partner sagten höflich ab mit der Begründung, sie seien schon in anderen Projekten stark engagiert.
Einige Firmen unterstützten uns mit einmaligen Geldspenden. In Rotary- und Lions Clubs hielten wir Vorträge und erhielten kleinere Spenden. Privatpersonen halfen uns in der Gründungsphase mit den finanziellen Möglichkeiten, die sie hatten.

Die Deutsche Angestellten Akademie (DAG), die Ruhr-Universität in Bochum und andere Universitäten, das Euro-Business-College in München und etliche Institutionen stellen uns kostenlos Räumlichkeiten zur Verfügung.

Wir sagen allen, die uns halfen und in Zukunft helfen wollen, unseren herzlichen Dank.

Die Sorgen und Nöte hochbegabter Kinder und Jugendlicher haben in Deutschland immer mehr Beachtung gefunden. Eine adäquate Lösung ist jedoch noch nicht erreicht. Alle Kinder eines Staates sind dessen Zukunft. Wenn wir jedoch ausgerechnet unser geistiges Potential so vernachlässigen, wie sich das seit Jahrzehnten bereits abzeichnet, müssen wir uns alle nicht wundern, wenn der Standort Deutschland in Forschung und Technik, Gesellschaft und Wohlstand den Anschluß an die anderen Industrienationen verliert.

Grundsätzliche Erläuterungen zum Finanzierungskonzept

Die Hochbegabtenförderung e.V. benötigt zur Durchsetzung ihres Förderkonzepts dringend folgende Mittel:

1. Aufbau einer Infrastruktur in den einzelnen Standorten, d.h. ausgestattete Büroräume, personelle Besetzung und Räume und Einrichtung für die Kurse
2. Eine Presse- und Öffentlichkeitsabteilung
3. Ein bundesweites Beratungstelefon und dessen professionelle Besetzung
4. Psychologische Beratungsstellen
5. Personelle Besetzung und finanzielle Ausstattung der Zentralen
6. Sozialfonds
7. Gelder für die wissenschaftliche Begleitung
8. Therapiestätten für schwergeschädigte hochbegabte Kinder
9. Erholungsstätten für Eltern
10. Räumlichkeiten für Seminare

Qualität hat ihren Preis. Eine qualifizierte Hochbegabtenförderung macht einen gut ausgebildeten Stamm von Mitarbeitern und Betreuern unumgänglich.
Über die zweckgebundene Verwendung von Geldern wird jährlich Rechenschaft abgelegt. Die Bücher der Hochbegabtenförderung e.V. werden von einem führenden Wirtschaftsprüfungsinstitut kontrolliert, bevor sie dem Aufsichtsrat vorgelegt werden.

Anschrift der Hochbegabtenförderung e.V.

Am Pappelbusch 45
44803 Bochum
Telefon 02 34 - 9 35 67-0
oder Autotelefon: 01 72 - 2 08 43 94
Telefax: 02 34 - 9 35 67 25
Vorstand: Jutta Billhardt, Susanne Matz
Bankverbindung: Sparkasse Bochum,
Kontonummer: 1 206 606, Bankleitzahl: 430 500 01
Amtsgericht Bochum, Vereinsregister Nr. 2754,
Anerkennung als gemeinnütziger Verein durch
das Finanzamt Bochum St.Nr.: 306/106/6482 vom 5.1.1994

Susanne Matz
Vogelsanger Weg 16
24943 Flensburg
Telefon 04 61 - 5 95 85
oder Autotelefon: 0 17 14 12 48 46
Telefax: 04 61 - 5 95 96
Bankverbindung: Sparkasse Schleswig-Flensburg,
Kontonummer: 77 348, Bankleitzahl: 216 501 10

Verhaltensmerkmale hochbegabter Kinder

bei Nichtförderung	bei Förderung
stellen jegliche Neugierde ein	lieben alles Neue
trauen sich nichts mehr zu	sind hochmotiviert, interessiert
stehen morgens nicht auf	sind kompromißbereit
haben keine Geduld mehr	sind sehr mutig
schreiben schlechte Noten	schlafen oft wenig
äußern Unmut über Langeweile	haben einen Hang zur Perfektion
verlieren das Selbstbewußtsein	denken übergreifend
Streit ist geistige Betätigung	lieben unübliche Lösungsvorschläge
wirken aggressiv	stellen unentwegt Fragen
werden zum Klassenclown	verfügen über schnelle Auffassungsgabe
gelten als „verhaltensauffällig"	hohe Abstraktionsfähigkeit
äußern „keiner versteht mich"	hohe Konzentrationsfähigkeit
ärgern den Klassennachbarn	hohes Ausdauervermögen
gelten oft als hyperaktiv	hohe Leistungsfähigkeit
Schulversager!!!	erstellen treffende Situationsanalyse
empfinden Nichtförderung als Liebesentzug	handeln bei Ungerechtigkeiten
werden zum Träumer	lieben Herausforderungen
versuchen, nicht aufzufallen	entwickeln soziale Kompetenz
stellen jegliche Mitarbeit ein	lieben Diskussionen
spielen nicht mehr mit anderen	haben auch nicht immer gute Noten
machen absichtlich Fehler	lassen Schüler oft abschreiben

bei Nichtförderung

verlieren jegliches Interesse
bekommen Angstzustände
bekommen „Ticks"

leiden unter psychosomatischen Beschwerden, wie Kopf- und Bauchschmerzen
flüchten in Drogen, Alkohol, Depressionen, Mager- oder Fettsucht, Kriminalität
Selbstmordgefahr!

bei Förderung

sind sehr selbstbewußt
wirken ausgeglichen
haben Interesse für altersunübliche Themen
überspringen Schuljahre
spielen lieber mit älteren Kindern
lieben neue Technologien
sind gute Klassensprecher

Bereicherung für unsere Gesellschaft

Der Intelligenztest

Die landläufige Meinung in Deutschland über einen Intelligenztest ist: „Der ist umstritten." Aber nur wenige Menschen haben einmal hinterfragt, warum er eigentlich umstritten ist. Tatsache ist: An den Universitäten in Deutschland müssen Diplom-Psychologen eine Prüfung über Testdiagnostik ablegen. Entweder die Universitäten lehren seit Jahrzehnten eine umstrittene Methode, oder die Bevölkerung ist über Intelligenztests nicht entsprechend informiert, und viele reden darüber nur als Laien. Ich hoffe, daß die zweite Version die richtige ist

Was mißt ein Intelligenztest? Die Intelligenz, d.h. die Denkgeschwindigkeit und Denkmöglichkeit eines Menschen. Er mißt nicht die Kreativität, die soziale Kompetenz, die Persönlichkeitsstruktur, die künstlerische Veranlagung, die sportliche Veranlagung und auch nicht, ob der getestete Mensch ein „besserer" Mensch ist. Der Test heißt Intelligenztest – nicht Kreativitätstest, nicht Persönlichkeitstest usw.

Denkgeschwindigkeiten und -möglichkeiten sind in der Tat meßbar, nämlich anhand von abstrakten Denkprozessen, vergleichbar mit Knobelaufgaben, die der eine löst und der andere nicht, der eine schneller, der andere langsamer. Wichtig bei einem derartigen Test ist, daß er standardisiert ist, d.h., daß der Schwierigkeitsgrad der zu lösenden Aufgaben bei mindestens 2 000 Menschen ausprobiert und die Gaußsche Kurve dabei nachgewiesen wurde.

Natürlich sind diese Tests kulturabhängig; einem kleinen marokkanischen Kind in der Wüste können wir selbstverständlich keine Fragen aus unserem Lebensbereich stellen, umgekehrt würde natür-

lich ein deutsches Kind hoffnungslos mit den dortigen Fragen überfordert sein.
Und natürlich ist so ein Test auch bildungsabhängig, d.h., es spielt in einigen Fragen schon eine Rolle, in welcher Umgebung ein Kind aufgewachsen ist. Die Testentwerfer haben sich jedoch große Mühe gegeben, die Bildungsabhängigkeit so gering wie möglich zu halten, und nach unseren Erfahrungen ist es ihnen auch gelungen: Denn sonst wäre es nicht möglich, daß ein Arbeiterkind auf der Sonderschule hohe Testergebnisse aufweist – und das ist kein Einzelfall – während Kinder aus akademisch gebildeten Elternhäusern einen ganz „normalen“ IQ aufweisen.

Die Tests sollten bei den Psychologen unter Verschluß liegen. Das allein kann jedoch den Mißbrauch nicht gänzlich verhindern. Es geht zur Zeit ein Gerücht um, daß Psychologen in einer Stadt mit Kindern Intelligenztests übten, damit diese in eine Sonderklasse für hochbegabte Kinder kommen, die in dieser Stadt demnächst eingerichtet wird.
Was diesen Kindern angetan wird, wenn sie plötzlich über Jahre so gefordert werden wie ein tatsächlich hochbegabtes Kind, wird dabei überhaupt nicht überlegt. In einigen Büchern und Zeitschriften werden Elemente von Intelligenztests gezeigt. Die Eltern sollten sich jedoch nicht täuschen lassen. Die Reihenfolge verändert, die Fragen anders formuliert, dem Inhalt der Fragen einen anderen Sinn gegeben, und schon zeigt sich, ob ein Kind tatsächlich logisch, d.h. selbständig folgerichtig denken kann.

Was soll mit diesen Tests erreicht werden? „Bessere“ Kinder? „Bessere“ Eltern?
Wer unter dieser Fragestellung sein Kind testen lassen will, sollte es lieber gleich sein lassen. Die Enttäuschung über ein „niedrigeres“

Ergebnis als erwartet würde die Eltern nur belasten.
Die Tests sind dazu da, um herauszufinden, ob ein Kind mit einer „Normalkost“ im schulischen und familiären Alltag unter- oder überfordert ist und ob Maßnahmen ergriffen werden müssen, dem Kind zu helfen. Mehr nicht!

Die Hochbegabtenförderung e.V. nimmt diese Tests als Aufnahmekriterium, um ein Kind an den angebotenen Kursen teilnehmen zu lassen. Dieses Kursangebot richtet sich jedoch nur an die Kinder, die dringend einer Förderung bedürfen.
Deshalb hat die Hochbegabtenförderung e.V. bundesweit ein Netz von Psychologen aufgebaut, die folgende Bedingungen erfüllen:

- Sie sind Diplom-Psychologen
- Sie sind erfahrene Testpsychologen
- Sie haben Erfahrung im Umgang mit hochbegabten Kindern
- Sie teilen den Eltern die Ergebnisse schriftlich mit
- Sie haben eine vernünftige Preisgestaltung

Die Hochbegabtenförderung e.V. hat keinen finanziellen Vor- oder Nachteil bei der Empfehlung von Psychologen. Die ausgesuchten Psychologen arbeiten frei und unabhängig.

Intelligenztest-„IQ": Was ist das?

- Ein nach allen Kriterien wissenschaftlich abgesichertes Meßverfahren, das die individuelle Fähigkeit des Kindes mit den Fähigkeiten der jeweiligen Altersgruppe vergleicht.
- Es werden z.B. beim AID (Adaptives-Intelligenz-Diagnostikum) dreizehn unterschiedliche Bereiche „intelligenten Handelns" erfaßt, so daß am Ende ein übersichtliches Profil über die stark, schwach oder normal entwickelten Fähigkeiten des Kindes erstellt wird.
- Die Bereiche beziehen sich nicht auf schulisches Wissen, sondern erfassen Dimensionen wie sprachlogisches Denken, formallogisches Denken, soziale Sensibilität, Konzentration, Aufmerksamkeit und ganzheitliches Denken.
- Der Test läuft als Gespräch zwischen dem Psychologen und dem Kind ab und kann nur als Einzeltest durchgeführt werden, dies auch deshalb, weil für die spätere Gesamtbetrachtung und Beratung das Verhalten des Kindes im Test selbst wichtige Hinweise liefert.
- In den einzelnen Bereichen werden dem Kind altersadäquate Fragen gestellt, für deren Beantwortung im Prinzip keine Zeitbegrenzung vorliegt. Das Kind sollte sechs, mindestens aber fünf Jahre alt sein.
- Die Aufgabenschwierigkeit wird im Laufe jedes Untertests den Fähigkeiten des Kindes angepaßt. Es wird dem Kind erklärt, daß die Aufgaben immer schwerer werden, weil wir auch wissen wollen, was es noch nicht kann.
- Aus den dreizehn Einzelergebnissen wird ein Durchschnittswert – der IQ – ermittelt.
- Für die Beratung allerdings ist die Profilinterpretation eine wesentlich wichtigere Grundlage als der Gesamt-IQ. Auch wenn keine allgemeine oder partielle Hochbegabung vorliegt, bietet die ab-

gesicherte Kenntnis der Begabungsschwerpunkte oder -lücken eine gute Grundlage für notwendige bzw. sinnvolle Fördermaßnahmen.

Beratung – keine Therapie

Grundlage der Beratung sind
- Ergebnisse aus dem Test
- Beobachtung des Kindes im Test
- Entwicklungsgeschichte des Kindes
- Problembeschreibung sowohl aus der Sicht der Eltern als auch aus der Sicht des Kindes
- Sozialer Kontext Familie – Kindergarten / Schule – Freizeit– Freundeskreis

Beratungsziele:
- Durch die Aufklärung über die Hintergründe des „auffälligen" Verhaltens des Kindes werden für die Eltern „plötzlich" Zusammenhänge und Verhaltensweisen verständlich.
- Die Eltern können innerhalb der Familie leichter, da zielgerichteter und sicherer, mit dem Kind umgehen.
- Beide Elternteile werden in die Lage versetzt, die „Andersartigkeit" bei hohem IQ ihres Kindes zu akzeptieren und auch gegenüber Dritten zu vertreten.
- Die Eltern in ihrer Erziehungsverantwortung wissen, wie sie ihr Kind fordern und fördern können: zu Hause, im Kindergarten, in der Schule, in der Freizeit; durch eigenes Aktivitätenangebot, durch Sport- und Spielgruppen.
- Die Eltern entwickeln selbst einen „Förderplan" für ihr Kind, der den individuellen familiären und sozialen Rahmenbedingungen angepaßt wird und praktikabel und machbar ist.

Ablauf:

- diagnostisches Vorgespräch; direkt anschließend:
- Testdurchführung (eineinhalb bis zwei Stunden)
- sofortige Auswertung und Interpretation
- schriftliches Begabungsprofil des Kindes (Kosten 400 Mark)
- individuelle Beratung auf Wunsch (Kosten: 200 Mark je Stunde)
- schriftliche Begutachtung (Kosten: 200 Mark)

Quelle: Diplom-Psychologe Hagen Seibt. Er ist Mitglied des Testbeirates des Bundesverbandes Deutscher Psychologen/innen und hat die Hochbegabtenförderung e.V. in den letzten zwei Jahren im Aufsichtsrat mitbetreut.

Der allgemeine IQ ist noch kein Indiz dafür, daß das Kind nicht vielleicht doch hochbegabt ist. Das Kind kann zum Beispiel an einem Tag indisponiert sein und keine „Lust" am Denken verspüren. Oder der Testpsychologe erinnert das Kind an einen „unangenehmen" Menschen bzw. die Umgebung wirkt auf das Kind hemmend. Kinder sind noch in einem weit größeren Ausmaß von sogenannten „Nebensächlichkeiten" abhängig als die Erwachsenen. Um so wichtiger ist es, daß der Psychologe grundsätzliche Hintergrundinformationen zu hochbegabten Kindern besitzt.
Einige hochbegabte Kinder blockieren sofort die Wissensabfragen und schließen in den Untertests in diesen Bereichen niedriger ab. Im abstrakt logischen Denken jedoch „blühen" sie auf und erreichen dort in den Untertests hohe Werte. Ein Mittelwert vertuscht unter Umständen die hohen Denkwerte des Kindes. Deshalb ist eine qualifizierte Auswertung erforderlich!

In einigen Testverfahren, die auch Zeitmessungen beinhalten, spielt die Feinmotorik eine Rolle. Das hochbegabte Kind „sieht" wie die Würfel zusammengesetzt werden müssen, aber seine kleinen ungeschickten Hände können nicht so schnell „arbeiten". Die Folge: Die Werte im Handlungsteil sind niedriger, da die Zeit überschritten wurde. So würde beispielsweise ein körperliches Defizit bei dem Mittelwert die hohen Denkwerte einfach „wegrechnen". Ein geschulter Psychologe wird jedoch darauf achten.

Sehr wichtig ist ebenfalls, daß der Psychologe den Eltern das Testergebnis durch ein Begabungsprofil oder ein Gutachten schriftlich bestätigt. Lassen Sie keine Intelligenztests machen, wenn Sie die Ergebnisse nicht schriftlich bekommen. In der Vergangenheit haben viele schulpsychologische Dienste mit einem „angeblichen Verbot der Herausgabe der Tests" buchstäblich die Eltern in die Irre geschickt. Viel Unheil hätte vermieden werden können, wenn diese Dienste – und auch andere Psychologen – sich ihrer Verantwortung bewußt gewesen wären, die Eltern über hochbegabte Kinder aufklären zu müssen. Entweder wußten diese Institutionen selber nicht, was ein hoher IQ aussagt, oder sie hielten es für unwichtig, den Eltern die Ergebnisse schriftlich zu geben. Viele Eltern, die dann in die Schulen gingen und sagten, ihr Kind sei hochbegabt, bekamen von den Lehrern zu hören, sie sollten sich nichts einbilden, sie – die Lehrer – wären da ganz anderer Meinung. Und was taten die Eltern?

Im angeblichen Interesse des Kindes ließen sie sich „mundtot" machen, damit ihre Kinder keine Schwierigkeiten bekammen. Oder sie wechselten die Schule durch Umzug oder Antrag, wenn sie merkten, daß die Lehrer nun erst recht beweisen wollten, daß das Kind ganz „normal" begabt sei.

Auch das geschieht heute noch in großem Ausmaß. Lehrer fühlen sich oft persönlich angegriffen, wenn sie hören, das Kind sei hochbegabt. Immer wieder hören wir, mit welcher Diskriminierung einige Lehrer hochbegabte Kinder behandeln. Dieses Verhalten be-

hindert die Entfaltung eines Kindes und ist menschlich, sozial und gesellschaftlich nicht zu rechtfertigen.
Aus Neugier schlug ich die Brockhaus Enzyklopädie des Jahres 1996, siebzehnte, völlig neubearbeitete Auflage, auf, um nachzulesen, wie Intelligenz nach den Erkenntnissen „neuer“ wissenschaftlicher Aussagen beschrieben wird. Unter anderem fand ich dort folgende Skala:

Brockhaus Enyklopädie (1970)		**meine Schlußfolgerungen**
IQ unter 69	**äußerst niedrig (schwachsinnig)**	**= 2 % Schulpflicht nicht möglich**
IQ 0–79	**sehr niedrig**	**= 7 % Sonderschulen**
IQ 80–89	niedrig	= 16 % Förderstunden (Schule)
IQ 90–109	durchschnittlich	= 50 % Schulformen aller Art
IQ 110–119	gut	= 16 % Differenzierung (Schule)
IQ 120–129	**sehr gut**	**= 7 % keine angemessene Schulform**
IQ 130 +	**hervorragend**	**= 2 % keine angemessene Schulform**

Weder die ersten noch die letzten neun Prozent der Kinder in dieser Tabelle sind in Normalschulen gut aufgehoben. Die Hochbegabtenförderung setzt sich für die letzten neun Prozent der Kinder in Deutschland ein, da sie keinerlei Fördermöglichkeiten an unseren Schulen erhalten.

Verhaltensauffälligkeiten der neun Prozent auf beiden Seiten können identisch sein. Da wir nur für die Kinder am unteren Ende der

Skala spezielle Schulen haben, sind Lehrer leicht geneigt, auch hochbegabten Kindern die sog. Förderschulen – gleich welcher Art – zu empfehlen.
Bei mehreren Schulgesprächen mit Schulräten waren wir zum Beispiel alle der Ansicht, daß es für ein hochbegabtes Kind, das sich nicht in den langweiligen Unterricht der ersten Klasse „einfügen" konnte, das beste sei, in eine Sprachheilschule zu gehen, auch wenn es keinen Sprachfehler hat. Die Betreuung mit nur zirka acht Kindern war auschlaggebend für unser Urteil, da in einer kleineren Klasse besser auf die Bedürfnisse eines hochbegabten Kindes eingegangen werden kann.
Und dann höre ich im Fernsehen von der Kultusministerin Nordrhein-Westfalens: In ihrem Land würde für hochbegabte Kinder bestens gesorgt.

Bis jetzt haben wir noch keine Schulen gefunden, die bereits ein Konzept zur Förderung von hochbegabten Kindern hätten, diese müßten ja, ähnlich wie in den Förderschulen, mit eigenen Lerninhalten versehen sein. Suchen wir also weiter!

Beratungsgespräch 1

A = Jutta Billhardt

E: Ich habe gehört, daß es die Möglichkeit für begabte Kinder gibt, an der Uni in Bochum Kurse zu belegen. Stimmt das?

A: Ja, das stimmt. Aber: Unsere Kinder müssen erst einmal einen Intelligenztest machen, weil wir gleichbefähigte Kinder in ihrer Denkgeschwindigkeit und mit ihren Denkmöglichkeiten zusammen die Dinge machen lassen wollen. Deshalb müssen wir uns darauf verlassen können, daß sie tatsächlich hochbegabt sind. Das ist die Grundvoraussetzung, um hier an den Kursen teilzunehmen.

E: Was wären denn das für Kurse?

A: Wir haben in Bochum beispielsweise Computerkurse. Wie alt ist das Kind?

E: Meine Tochter ist jetzt 15 geworden.

A: Wir haben außerdem einen Firmenkurs. Wir haben mit den Kindern zusammen eine Firma gegründet, mit einem echten Produkt, und gehen beispielsweise die Wege: Wie bekommt man das Produkt auf den Markt? Ist eine Zusammenarbeit mit der Behindertenwerkstatt möglich, um das Produkt herzustellen? Jetzt ist natürlich die Frage: Hat Ihre Tochter schon einmal einen Intelligenztest gemacht?

E: Nein, das hat sie noch nicht. Ich habe mir erst einmal Bücher zuschicken lassen, habe dann einige gelesen. Und na ja, es sind mit Sicherheit schon einige Anzeichen für eine Begabung da. Sie konnte sehr früh sprechen, sie war sehr früh sauber. Ich denke, daß ihre Begabung im sprachlichen, musischen Bereich liegt, und daß sie auch ein stark ausgeprägtes Sozialverhalten hat.

A: Man müßte das einmal über eine Diagnose feststellen, weil man sonst schwimmt. Man weiß nicht: Ist es so oder ist es nicht so. Das sind die Dinge, bei denen ich immer sage, ein Intelligenztest ist auch sehr wichtig für die betroffene Tochter; ganz einfach, damit sie weiß, wo sie steht, wo ihre Stärken liegen, wo ihre Schwächen sind. Dann kann sie damit auch besser umgehen. Es ist ebenfalls sehr wichtig für die Eltern zu wissen, ob sie ein hochbegabtes Kind haben, einfach, weil im häuslichen Bereich natürlich auch viele Dinge anders laufen als bei normal begabten Kindern. Aber man muß sehr vorsichtig sein. Man kann nur dann reagieren, wenn man es tatsächlich auch genau weiß. Und nicht: es könnte so sein. Dann können nämlich schwere Schäden entstehen. Hochbegabte Kinder sind einfach geistig ihrem Alter um Jahre voraus, und zwar auf allen Gebieten, also nicht nur auf einem. Das ist keine einseitige Begabung. Das ist die andere Seite von schwachbegabt.

E: Das ist mir schon klar. Ich bin selber Sozialpädagogin und unterhalte mich auch mit anderen Eltern, die ähnliche Kinder haben. Aber wie würden Sie mir denn raten, weiter vorzugehen?

A: Es wäre wichtig, per Diagnose feststellen zu lassen, ob Ihre Tochter tatsächlich hochbegabt ist. Das ist das eine. Das andere ist dann: Wie gehe ich damit um? Was beinhaltet das denn, wenn mein Kind überdurchschnittliche Denkgeschwindigkeiten und möglichkeiten hat? Das hat ja Auswirkungen in den gesamten Lebensbereich hinein und ist nicht einseitig zu sehen, bezieht sich auf die ganze Persönlichkeit des Menschen. Und da müßte dann unter Umständen, je nachdem, eingegriffen werden – ich weiß nicht, ob sie sich sehr glücklich fühlt, ob sie ein fröhliches Kind ist, ob noch alle Bedingungen des Umfeldes für sie akzeptierbar sind, oder ob sie bereits zu erkennen gibt: Hier stimmt etwas nicht für mich, für meine Fähigkeiten. Das kann ich schwer von außen beurteilen.

E: Was müßte man denn da machen?

A: Was müßte man machen? Also erst einmal einen Intelligenztest bei einem ausgebildeten Psychologen mit Testdiagnostik im Prüfungsfach. Das dürfen keine Laien machen. Das ist eine Wissenschaft für sich, auch die Auswertung. Ich gebe Ihnen einmal die Rufnummer von Herrn S. Das ist erst einmal, um eine Diagnose zu erhalten und das Ausmaß der Begabung festzustellen. Hier gibt es sehr große Differenzen. Ein Kind mit einem IQ von 150 hat unter Umständen ganz andere Bedürfnisse als ein Kind mit einem IQ von 130. Dann müßte man sich überlegen, ob Ihre Tochter unter Umständen an der Förderung des Firmenkurses teilnimmt. Aber: In dem Firmenkurs sind überwiegend Dreizehnjährige. Ob sie sich da so sehr wohl fühlen wird und ob ihr das Spaß machen würde, kann ich so nicht beurteilen. Deshalb sollte sie erst mal hospitieren. Wenn es ihr gefällt, dann kann sie am Kurs teilnehmen.

E: Das sind die beiden einzigen Sachen, die Sie anbieten – Computer und Firmenkurs?

A: Richtig. Computer- und Firmenkurs. Es wird, denke ich, im März eine Video-AG entstehen. Aber das ist erst im März. Und gerade wenn sie ihre Stärke im sprachlichen Bereich hat, eignet sich solch eine Firma. Ich denke hier an die Entwicklung von Prospekten und ähnlichen Dingen.

E: Ja, gut. Und könnte man nicht an der Uni, zum Beispiel im Sprachlabor, irgend etwas machen?

A: Da müssen Sie Kontakt mit der Uni aufnehmen, ob da irgendwelche Möglichkeiten bestehen. Ob sie eventuell an Vorlesungen teilnehmen kann. Nur: Sie müssen ausweichen auf den außerschulischen Bereich, denn sonst langweilt sie sich anschließend in der Schule.

E: Das ist schon klar. Wir versuchen das ja schon über Jahre. Die

Volkshochschule nimmt sie ja nicht, bei Inlingua fand der Italienisch-Kurs, den sie sich ausgesucht hatte, nicht statt. Und eine englischsprachige Theatergruppe nahm sie auch nicht, weil sie erst vierzehn war. Ich renn' ja überall vor geschlossene Türen, das ist das Problem.

A: Weil da keine Fördermöglichkeiten sind. Aber sie könnte eventuell an Sprachwettbewerben vom Bildungsministerium teilnehmen.

E: Das wäre vielleicht eine denkbare Möglichkeit. Also, ich kann das nur so sagen, das ist für uns auch ein bißchen ein Phänomen. Der Englischlehrer sagt, daß sie Sachen richtig macht, die sie vorher noch gar nicht …

A: … gehabt hat, noch nicht erklärt bekommen hat.

E: Das war von Anfang an so. Wir wußten aber auch, daß Sprache sozusagen ihr Hauptgebiet ist. Sie ist im bilingualen Zweig und hat jetzt mittlerweile auch Geschichte, Erdkunde und Politik in Englisch und Latein. Und Französisch und Russisch möchte sie auch lernen, außerdem vielleicht noch zwei Instrumente mehr. Sie spielt zur Zeit Klavier und Saxophon, nimmt Gesangsunterricht in einer vorberuflichen Fachausbildung in Musik – und alle Leute schütteln nur den Kopf, wie wir unser armes Kind zwingen. Aber: Sie macht das alles freiwillig.

A: Wenn sie das freiwillig und mit Spaß macht, muß man sich über solche Stimmen hinwegsetzen.

E: Das haben wir immer gemacht, aber wahrscheinlich haben wir sie in jüngeren Jahren ein bißchen gehemmt, weil man eigentlich denkt, sie muß auch ein bißchen spielen. Aber dieses Kind will nicht spielen.

A: Nein, die spielen anders. Und ihr Spiel sieht auch anders aus. Die spielen schon, aber auf einem anderen Level.

E: Das merkt man ja tagtäglich. Dadurch hat sie ja auch nicht so viele Freunde unter Gleichaltrigen, und ich denke, sie kompensiert das durch diese ganzen Kurse. Hier kann sie sich dann auch mit Leuten austauschen, selbst wenn das in der Regel Erwachsene sind.

A: Richtig, und die stehen ihr näher. Und was macht die schulische Situation? Ist sie da gut?

E: Ja, die schulische Situation, die ist von Anfang an eigentlich immer gleich. Das erste Halbjahr ist gut, im zweiten Halbjahr muß man ein bißchen aufpassen, daß sie nicht gänzlich abtaucht, weil natürlich die Lehrer zum Teil recht unterschiedlich reagieren. Viele sagen beispielsweise: „Ich brauch' die gar nicht dran nehmen, die kriegt schon ihre Eins."

A: Damit ist sie aber nicht zufrieden. Sie braucht ja auch eine Rückkopplung, daß das, was sie tut, auch Anerkennung findet. Sie einfach sitzenzulassen und zu sagen, „ich hab' nichts für dich, langweil' dich mal", so geht es natürlich nicht. Es kann passieren, daß sie irgendwann sagt: „Jetzt habe ich keine Lust mehr."

E: Ja, das haben wir bisher wahrscheinlich immer noch …

A: … kompensieren können, durch außerschulische Aktivitäten.

E: Wenn wir gemerkt haben, jetzt versteift sie sich drauf, da mach ich jetzt einfach nichts mehr, dann hat man sie gelockt, wie auch immer, und es ist uns gelungen. Wir denken einfach, bis zur zehn ten Klasse müssen wir durchhalten, danach kann sie sich ihre Kurse selber suchen, dann sieht das Ganze ein bißchen anders aus, bzw. es steht auch im Raum, daß sie die elfte Klasse einfach in England macht und dann wahrscheinlich hier mit der zwölften weitermacht.

A: Wäre vielleicht auch ein guter Ausweg. Ganz einfach, weil die Klassenstufe 11 keine Anforderungen an diese Kinder stellt.

E: Genau. Das hatten wir uns auch überlegt. Wenn alle erst mal auf den gleichen Level gebracht werden, dann hat sie ja gar nichts mehr zu tun. Sie entscheidet ja schon jetzt selber, gehe ich in die Schule oder gehe ich nicht in die Schule. Wenn sie beispielsweise drei Vertretungsstunden hat, geht sie nicht in die Schule.

A: Da hat sie ja auch recht. Da säße sie ja nur die Zeit ab. Aufenthalt im Ausland ist immer sehr gut. Die Anforderungen, die dann kommen, sind anderer Art und helfen den Kindern, mit anderen Lebenssituationen klarzukommen und motivieren sie dann auch noch, Dinge zu tun, die sie sonst normalerweise vielleicht fallen ließen. Tja, wie können wir Ihnen da – also ich denke, es wäre ratsam, wenn das Kind erst einmal wissen würde, wo es geistig steht.

E: Ja, gut, dann werde ich mich 'mal mit dem Herrn S. in Verbindung setzen.

A: Ich denke, das ist die beste Möglichkeit, um an die Hintergründe heranzukommen. Und es könnte Ihnen auch passieren, jetzt mit fünfzehn, daß sie vielleicht noch ein Jahr durchhält und dann das Handtuch wirft und sagt: „Ich hab' keine Lust mehr."

E: Ja, aber sie ist doch sehr ehrgeizig. Und dieser England-Aufenthalt lockt also schon.

A: Ja, natürlich, das ist auch eine gute Möglichkeit – das würde ich auch immer empfehlen. Meine eigenen Kinder waren auch jedes ein Jahr in den USA. Und Sie glauben gar nicht, wieviel Erkenntnisse, Möglichkeiten, Chancen damit verbunden sind.

E: Das denke ich ja auch. Das ist mit Sicherheit für sie ein gut gehbarer Weg. Zumal sie schon so seit zwei Jahren gerne europäisches Handelsrecht studieren möchte, irgendwo im Ausland was machen will. Da ist dann der Bogen zur Sprache geschlossen. Und das, was sie in Musik macht, das kann just for fun sein.

A: Ja, ja, das kann sie nebenbei machen.

E: Da hat sie ja auch Erfolgserlebnisse, und die braucht sie halt.

A: Ja, die müssen auch sein. Denn ohne Erfolgserlebnisse können die Menschen nicht existieren. Sonst haben sie nachher Defizite im Selbstwertgefühl.

E: Ein Junge, den wir kennen, der ist jetzt auf der Christophorusschule in Braunschweig. Er war vorher in ihrer Klasse, hatte davor eine Klasse übersprungen. Seine Eltern haben uns angerufen und gesagt, wir sollten uns das mal ansehen.

A: Ja, mein Jüngster ist auch da.

E: Obwohl die spezielle Förderung ja auch erst ab der neunten Klas se beginnt.

A: Ja, und das kommt relativ spät. Da sind viele Kinder schon extrem geschädigt.

E: Gerade Mädchen; die sind sowieso weiter.

A: Ja, ja. Die Mädchen, die passen sich ganz einfach an, reagieren aber dann sehr häufig mit psychosomatischen Beschwerden: Sie haben Kopfschmerzen oder Bauchschmerzen. Und man denkt natürlich: „Sicherlich, es sind Mädchen, und Frauen leiden nun 'mal ein bißchen mehr unter Migräne", und schiebt das dann immer auf solche Dinge. Dabei sind es ganz eindeutige Symptome: Das Kind wird mit seiner Situation nicht fertig und flüchtet. Das muß man ansehen wie eine Flucht. Flucht in andere Bereiche hinein. Wie entgehe ich der Langeweile und dieser geistigen Unterforderung? Denn irgendwo tut es ja auch weh, wenn man möchte und nicht darf. Und das erleben sie tagtäglich, und da auch sie den Zusammenhang nicht kennen, können sie das nicht einordnen. Wenn sie einen Intelligenztest macht, und es stellt sich heraus, daß sie überdurchschnittlich intelligent oder hochbegabt ist, dann kann sie die Hintergründe ausleuchten, dann kann sie besser damit umgehen. Dann weiß sie, ach so, wenn ich jetzt also so ein Unlustgefühl entwickle, dann weiß ich, woher das kommt, und dann kann ich etwas dagegen tun. Denn man muß sich vorstellen, wenn die Kinder morgens sechs Stunden in dieser Langeweile gesessen haben, brauchen sie unheimlich viel Kraft und Anlauf, um nachmittags aus diesem Loch wieder herauszukommen.

E: Ja, wir kennen das. Berichtigungen werden nicht gemacht. Wenn man dann darauf beharrt und nachhakt: „War es so schlimm?", dann kommt zur Antwort: „Nein, war nicht schlimm, hat nur Zeit gekostet."

A: „Und war im Prinzip eigentlich nichts für mich. Und ist auch unnütz." Und die Kinder fragen nun mal sehr intensiv nach dem Sinn dessen, was sie tun. Und wenn sie darin keinen Sinn entdecken, außer daß es Stumpfsinn ist, sagen sie: „Das mache ich nicht." Und geraten dann natürlich in Konflikt mit der Umwelt, weil es für viele andere Kinder Sinn macht.

E: Es gibt auch sehr wenig Lehrer, die darauf eingehen.

A: Die Lehrer haben dazu einfach keine Ausbildung.

E: Dann geben sie ihr, was weiß ich, so eine Zusatzaufgabe, schwierigere Sachen. Nur, wenn das dann alles so öffentlich gemacht wird, und dann heißt es: „Ach, die schon wieder."

A: Das ist auch schlecht. Und vor allen Dingen wird dann der Fehler gemacht, daß gesagt wird, erst die einfachen Aufgaben und dann die schwereren. Da sagt ein hochintelligentes Kind: „Ja, soll ich bestraft werden? Ich mach' die einfachen Aufgaben ganz langsam, wie die anderen." Die Kinder dürften normalerweise überhaupt nicht erfahren, daß es auch einfachere und langsamere Wege gibt, sondern sie müssen von Anfang an richtig gefordert werden: „Ihr könnt es, und das ist eine Selbstverständlichkeit." Nur, davon sind wir so weit entfernt.

E: Ich habe gehört, in dem bilingualen Zweig ist das berücksichtigt.

A: Ja, da ist wenigstens eine gewisse Anforderung drin. Aber wenn Ihre Tochter eine Sprachbegabung hat, dann macht sie das mit links.

E: Das macht sie tatsächlich. Sie braucht auch keine Hausarbeiten. Da mußten wir uns erstmal dran gewöhnen, mußten das lernen.

A: Das ist auch für die Eltern ein Lernprozeß. Aber das bringt auch Gefahren mit sich. Die Kinder entwickeln möglicherweise keine Lerntechniken. Das ist – wie wir sehen – etwas, das hochbegabte Kinder besonders in ihrem weiteren Lebensweg sehr behindert.

E: Das war auch unser Hauptproblem, weil wir gedacht haben: „Mein Gott, so eine Sprache wie Latein, die heute kein Mensch mehr spricht, da wird sie lernen müssen, das wird nie klappen." Aber irgendwie...

A: ... machen die Kinder das dann mit links. Wenn die Anforderungen entsprechend hoch sind, lernen hochbegabte Kinder zwanzig Vokabeln in fünf Minuten. Die anderen Kinder brauchen Tage, bis die Vokabeln bei ihnen sitzen. Dann sagen die hochbegabten Kinder natürlich: „Ach Gott, warum soll ich mich denn da überhaupt anstrengen?" So, also wir schicken Ihnen dann erst einmal weitere Informationsmaterialien. Und nach dem Test können wir dann ja nochmals miteinander sprechen.

Beratungsgespräch 2

A = Jutta Billhardt

A: Ist Ihr Kind getestet?

I: Ja, bei der Schulpsychologin.

A: Haben Sie das Ergebnis schriftlich bekommen?

I: Nein. Darum geht es ja. Ich habe vor, noch mal bei ihr anrufen. Ich überlege jetzt nur: Sie wird mich ja fragen, wofür ich das brauche, und ich bin sicher, daß sie mir das schriftliche Ergebnis nicht geben wird, wenn ich ihr sage, daß ich mein Kind springen lassen möchte.

A: Sie müssen noch gar nichts von Springen sagen. Sie möchten ganz einfach das Testergebnis schriftlich haben.

I: Und warum?

A: Weil Sie das gerne in Ihren Unterlagen haben möchten. Wenn etwas gesagt worden ist, möchten Sie das auch bitte bestätigt haben. Sie können auch sagen, Sie brauchten das Ergebnis für die Teilnahme des Kindes an bestimmten Kursen, was ja auch stimmt. Wir haben ja hier die Auflage, daß die Intelligenztests vorliegen müssen. Wo wohnen Sie?

I: In Siegen.

A: Da sind wir leider noch nicht mit Kursen vertreten. Aber als Argumentation sollten Sie das Thema Kurse ruhig benutzten. Wenn Sie sagen, daß das Kind springen soll, spricht die Schulpsychologin unter Umständen die Lehrer an, bevor Sie mit möglichen Maßnahmen zum Zuge kommen.

I: Wenn ich das Ergebnis habe, wie geht es dann weiter?

A: Dann sollten Sie sich mit einem Fachpsychologen in Verbindung setzen, der den Test nochmals interpretiert: Ist die Auswertung des Tests in Ordnung? Ist der Test von Fachleuten gemacht worden? Unter Umständen hat die Schulpsychologin keine Ahnung von Tests. Erst, wenn das Testergebnis von einem ausgebildeten Experten interpretiert worden ist, kann man argumentieren.

I: Wie gehe ich überhaupt vor, um mein Kind springen zu lassen?

A: Da müssen Sie einen Antrag stellen und dann mit der Klassenlehrerin sprechen. Auf diese Weise können Sie eine Sondergenehmigung erwirken. Das bedeutet aber Kampf, Überzeugung, Überzeugung, Überzeugung. Aber da erhalten Sie die Unterstützung der Hochbegabtenförderung. Im Augenblick setzen wir einen solchen Antrag nach dem anderen durch.

I: Wie lange dauert das?

A: Das kommt drauf an, wie man mit den Schulen spricht. Wie schnell man die Verantwortlichen überzeugt. Gestern hatte ich einen Schullehrer am Telefon und nach einer Viertelstunde sagte er: „Alles in Ordnung, Frau Billhardt, ich werde Sie unterstützen. Völlig klar, das Kind muß springen. Und das noch vor Weihnachten." Aber das hängt vom Schulleiter und den Lehrern ab, ob sie begreifen, worum es geht. Einige gehen sogar auf Widerstand. Dann muß man von oben kommen. Dann gehen wir an die Schulräte und machen dort unsere Aufklärung, und wenn die Schule dann von oben eine Anweisung bekommt, muß sie das Kind springen lassen.

I: Und Sie meinen, mit dem Springen wird die Situation für das Kind auch besser?

A: Aber natürlich, wenn es hochgeistig befähigt ist und bekommt dann ein „geistiges" Angebot, macht es das spielend, mit links. Nur auf einem einfachen Level blockieren die Kinder und tun nichts mehr.

I: Ja, was mich gewundert hat, das war der Einschulungstest, den hat mein Sohn weit über dem Durchschnitt als bester gemacht.

A: Ja, sehen Sie, da war er noch motiviert. Und jetzt verstehen auch die Lehrer nicht, warum dieses Kind, das mit Freude und mit Hurra in die Schule ging, nach drei Monaten dasitzt und zum Fenster rausguckt. Er hat drei Monate gewartet, daß endlich etwas kommt, das ihn interessiert. Und sich dann einfach gesagt: „Ich mach' nicht mehr mit, das ist alles so blöd." Typisches Verhalten eines hochbegabten Kindes.

I: Aber er muß doch irgendwie durch die Schule durchkommen.

A: Ja, aber er kommt nur durch, wenn er die seinen Fähigkeiten entsprechenden Anforderungen hat. Andernfalls wäre es genau das gleiche, als wenn Sie einem schwachbegabten Kind „Normalkost" geben. Das Kind würde ersticken. Und genau so ist es auf der anderen Seite auch. Nur, das Bewußtsein ist nicht da, daß diese Seite genauso gefährdet ist.

I: Er macht auch nur noch Unsinn in der Schule.

A: Er lenkt das um. Was soll er auch anderes tun?

I: Und er vergißt auch ständig irgend etwas. Beispielsweise im Schwimmverein: Jede Woche bleibt da ein Handschuh oder sonstwas liegen.

A: Das sind die Banalitäten des Lebens. Das vergessen hochbegabte Kinder. Die einfachen Dinge des Lebens: die Kinder sind ständig in Gedanken mit anderen Dingen beschäftigt und vergessen die einfachsten Sachen. Ja, das kennen wir. Mein Siebzehnjähriger hat auch gerade eine neue Jacke verloren, weg ist sie mit einer nagelneuen Brille. Nach noch nicht mal zwei Tagen. Und wenn man dann fragt: „Wo bist du mit der Jacke gewesen?", kriegt man als Antwort: „Ich kann mich gar nicht entsinnen, daß ich überhaupt 'ne Jacke angehabt habe." Der zerstreute Professor. Wir kennen das aus dem Volksmund.

I: Wie bei meinem Sohn: Mitten im Winter würde das Kind seine Jacke hängen lassen.

A: Das sind genau diese Banalitäten. Die interessieren hochbegabte Kinder nicht.

I: Meinen jüngeren Sohn will ich jetzt auch mal testen lassen: Der fängt genauso an. Aber während der ältere ruhig und still geworden ist, hampelt der kleinere nur noch rum. Und die beiden spielen nur mit Kindern, die auf der Sonderschule sind.

A: Vielleicht sind es Kinder, die zu Unrecht auf der Sonderschule sind.

I: Das kann ich nicht beurteilen.

A: Beobachten Sie die Kinder einmal etwas genauer. Derartige Fälle kommen immer wieder vor. Sie glauben gar nicht, wieviele hochbegabte Kinder die Hochbegabtenförderung mittlerweile schon von der Sonderschule geholt hat.

Firmenkurse für Kinder

Wir wollten verhindern, daß die Kinder in schulischen Fächern nicht einen noch größeren Wissensvorsprung erreichten, als sie ihn schon hatten. Um der Langeweile in den Schulen entgegenzuwirken, mußten wir Kursthemen finden, die für die Kinder „neu" waren.
Hintergrund dieser Kurse sollte auch sein, den Kindern aufzuzeigen, daß ein Einzelgänger in unserer Gesellschaft kaum Chancen hat, irgend etwas zu bewirken, sondern daß wir in einem Netzwerk von Menschen agieren, die wir mit unseren Ideen, unseren Möglichkeiten und Anschauungen überzeugen und damit gewinnen müssen. Der Rückzug in sich selbst, den viele jugendliche Hochbegabte bereits vorgenommen hatten, erschreckte mich sehr. Ihm mußte unbedingt entgegengewirkt werden.

Aus dem Erlebnis meiner eigenen Schulzeit, in der wir eine „Lehrfirma" mit einem echten Klassenbüro mit allen Abteilungen eines Betriebs hatten – wir schrieben Briefe, führten Bestellungen aus usw. – entstand die Idee einer richtigen Firma.
Unsere Kinder würden sich nicht damit zufriedengeben, Briefe in einen fingierten Kasten zu stecken. Sie würden gerne ganz real mit einem konkreten Produkt arbeiten. Und genau solch ein Produkt, das zudem noch nicht auf dem Markt war, hatte ich tatsächlich:

Vor Jahren, als die eigenen Kinder noch klein waren, beschwerten diese sich, daß bei ihren Spielstraßen und Eisenbahnen keine stabilen und haltbaren Bäume zur Verfügung standen. Denn diejenigen, die es damals gab, zerkrümelten viel zu schnell, lösten sich förmlich in ihre Bestandteile auf. – Wir hatten seinerzeit eine Bürstenfabrik, und anstatt Draht drehte mein Mann Wolle in den Seelendraht. Dann beschnitten wir die Wolle, steckten die Drahtenden in Knetmasse und erhielten auf diese Weise sehr echt aussehende Bäume. Mir kam damals die Idee, diese Bäume zu vermarkten. Das Herstellungsverfahren wurde geändert, ein Holzfuß entworfen, und ca. 700 Stück wurden als Muster hergestellt. Aber kaum war die Produktion fertig, fiel der Entschluß, mit den Kindern nach Braunschweig zu ziehen. Die 700 Bäume wurden in Kartons verpackt und – Gott sei Dank – aufgehoben. Denn jetzt konnten wir sie gut gebrauchen.

In drei Städten – Bochum, Braunschweig und Düsseldorf – gibt es als Ergebnis dieser Überlegungen nunmehr die Firmenkurse der EUROKITS – ein Name, den die Kinder sich selbst gaben. Ihre Begründung: Sie seien keine Kinder „Kids“, sondern wollten Brüche kitten.

Die Eurokits in Braunschweig übernahmen Herstellung und Vertrieb. Dort werden die Bäume in Zusammenarbeit mit einer Behindertenwerkstatt angefertigt, kalkuliert und versandt. Außerdem werden von dort aus Aktionstage gestartet und Wochenendseminare durchgeführt.

Die Bochumer Gruppe übernahm die Werbung und wird demnächst auch eine Zeitung über die Eurokits und ihre Firma herausbringen.

Die Düsseldorfer Gruppe betreibt unter Leitung von Prof. Dr. Clemens Heidack „Management“. Sie wird nachfolgend von dem Referenten exemplarisch für die generelle Arbeitsweise in den Kursen vorgestellt.

„EUROKITS“ – Firmenkurs für Hochbegabte

Die Düsseldorfer „Firmengruppe“ – ihre Arbeit und Ausprägung als „Vertriebsgesellschaft“

von Prof. Dr. Clemens Heidack, Düsseldorf

Es haben sich bis zum Firmentreffen der „Eurokits“ vom 16. bis 19. Mai 1996 in Braunschweig drei Firmengruppen gebildet. Die Düsseldorfer Gruppe ist die jüngste Firma, die sich „Eurokits Vertriebsgesellschaft Düsseldorf“ nennt.

Eurokits + Emblem

Braunschweig | Düsseldorf | Bochum

Abb. 1: Organigramm

Der Name *EUROKITS* soll, nach eigener Darstellung der Kinder, auf das Zusammenwachsen Europas als einer Wirtschaftseinheit – ökonomisch wie auch ökologisch – hindeuten: „Europa kitten!“

Dazu sollen symbolisch auch die kleinen grünen Bäumchen beitragen, die als anschauliches Produkt der Eurokits von den Braunschweigern in besonderer Weise gepflegt, bei den Bochumern in deren Werbemitteln im Zentrum stehen.

In diesen Gedanken kommen bereits die *Ziele* ganzheitlicher, übergreifender Wirtschafts- und Firmenbetrachtung mit den sozio-ökonomischen (Arbeit, Beruf) wie sozial-ökologischen (Familie, Schule, Freizeit u.a.) Umfeldern für die hochbegabten Kinder zum Ausdruck.

In der *Lernsituation,* insbesondere der Düsseldorfer Firmengruppe, wird über die ganzheitliche Betrachtung der Inhalte und ihrer Zusammenhänge hinaus versucht, methodisch die *kooperative Selbstqualifikation* in die Unterrichtsgestaltung einzubringen und bewußt im Programm (theoretisch) und im Ablauf (praktisch) zu pflegen, um vor allem einem momentanen Aktivismus einzelner Kinder und der Gruppe insgesamt vorzubeugen.
Kooperative Selbstqualifikation bedeutet, im Gruppenverband an einem Problem, einer Aufgabe miteinander, voneinander und füreinander zu lernen/lehren, was das bereits vorhandene Wissen und die Erfahrungen des einzelnen Kindes aktiviert und zur Geltung bringt, wenn bestehende und entstehende *Konflikte* beachtet und gehandhabt werden.
Dies ist zwar von besonderer Bedeutung für die Qualifikation und Weiterbildung im Umfeld von Erwachsenen, kann aber nicht früh genug eingeübt werden und hat für Hochbegabte in ihrem Umfeld eine besonders brisante Bedeutung.

Bei der Gründung der Düsseldorfer Firmengruppe kam für diese Methodik der Zufall zu Hilfe, und er wurde auch genutzt. Der „Zufall“, mit Blick auf die Lern-/Lehrsituation der kooperativen Selbstqualifikation (Abb. 2), bestand darin, daß der Firmenkurs in Düsseldorf einen Vorlauf in der Industrie- und Handelskammer Dortmund und bei der Deutschen Angestellten Akademie (DAAD) in Essen hatte, ehe die Gruppe mit elf Kindern vor dem Fernsehteam des Westdeutschen Rundfunks (WDR 3) in der DAA in Düsseldorf am 16. September 1995 startete. Drei von diesen Kindern kannten bereits aus diesem Vorlauf die Arbeitstechnik, zum Einstieg Kärtchen zu schreiben, nach der Metaplan-Methode anzupinnen und die Stichwörter zu strukturieren. Aufgrund dieser Kenntnisse erlebte das Fernsehteam, das den Kurs den ganzen ersten Tag begleitete, eine interessante kooperative Selbststeuerung im Sinne des Lernens/Lehrens bei der anfänglichen Pinnwand-Gestaltung.

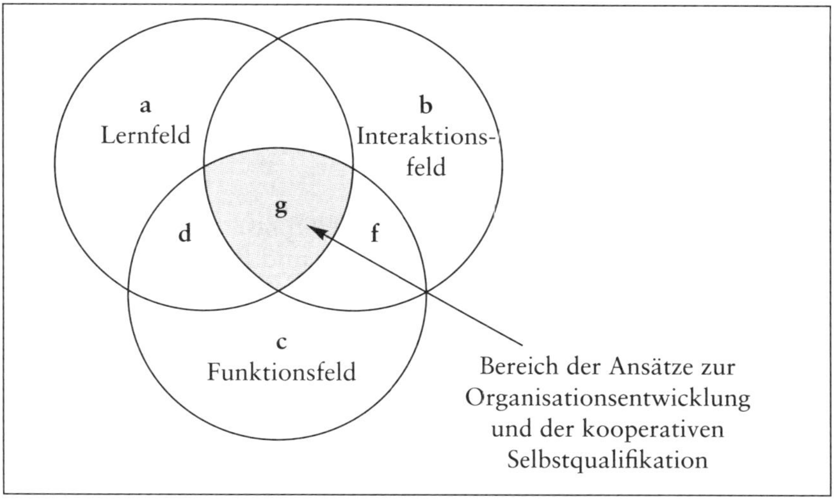

Abb. 2: Kooperative Selbstqualifikation
Aus: C. Heidack (Hrsg.), Lernen der Zukunft, 2.Aufl. 1993, München

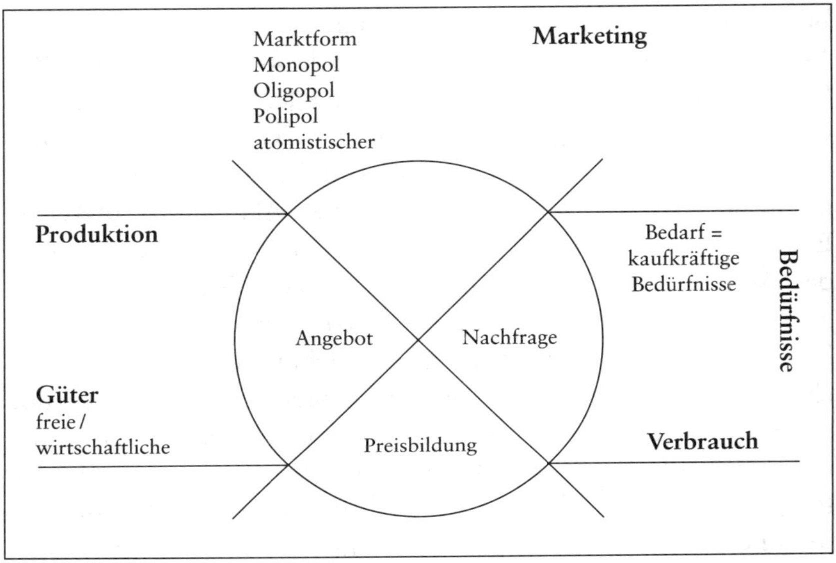

Abb.3: Die marktbestimmten Zusammenhänge des betriebswirtschaftlichen Handelns *(Darstellung der Hochbegabten-Firmengruppe in Düsseldorf)*

Inhaltlich wurde zunächst die Basis für das Wissen, was in einem Betrieb geschieht, mit Einfällen zu folgenden Fragen gelegt:

> Welche Aufgaben und welche Funktionen gibt es im Betrieb?
> Wie unterscheiden sich diese Aufgaben und Funktionen voneinander?
> Welche Bedeutung haben sie für die Organisation eines Betriebes und seiner Leistung für die Mitarbeiter und die Kunden eines Unternehmens?

Die dabei wie in einem Brainstorming/Brainwriting genannten Antworten wurden als wichtige Begriffe und Ideen – unter Anleitung der drei Kinder, die dieses Vorgehen schon kannten – auf Meinungskarten geschrieben, an eine Pinnwand geheftet und später nach übergreifenden, organisatorischen Gesichtspunkten (Organisation als Zuordnung von Menschen und Sachen) strukturiert.

Um den eigenen Vorstellungen der Kinder einen ganzheitlichen Rahmen und Überblick über das Wirtschaftsgeschehen vom Markt her zu geben, wurden danach diese Zusammenhänge in einem Modell an der Tafel erarbeitet (Abb. 3), theoretisch hinterfragt sowie mit praktischen Beispielen und kleinen Fällen belegt.
Nach einer längeren Pause übertrugen jeweils kleine Gruppen von zwei bis drei Kindern einzelne Strukturzusammenhänge, die auf den Pinnwänden und der Tafel dargestellt waren, auf den Computer, verarbeiteten die Strukturen gemeinsam weiter und druckten die Ergebnisse aus.

Dieses dreigestaltige Schema bestimmte im allgemeinen auch das *methodische Vorgehen* der folgenden Kurstage:

1. Sammlung von Gedanken zu bestimmten Inhaltsbereichen der Organisation, Darstellung ihrer jeweils zu erbringenden Leistungen sowie ihrer theoretisch-praktischen Zusammenhänge, festgehalten an der Pinnwand
2. Die analytische Verarbeitung der Ergebnisse auf der Tafel bzw. in Grafiken auf Folien über den Tageslichtprojektor
3. Partnerarbeit in kleinen Gruppen am Computer

An den folgenden Tagen drehte sich die Diskussion um die eigene Aufgabe als Vertriebsgesellschaft, die im betriebswirtschaftlichen Kontext auf den Kunden und den Markt im Rahmen der neuen Lean-Philosophie zugespitzt wurde.

Der sich anschließende zweite Teil war in der Regel eine Herausforderung der Gruppe an das *begriffliche* und *analytische Denkvermögen,* die gleichzeitig die eigene Lernsituation als Hochbegabte bewußt machte. Komplexere Grafiken wie das Marktgeschehen (siehe Abb. 3), der Motivationsvorgang nach dem Flitzebogenmodell (Abb. 4), das Meffersche Marketing-Rad bzw. das Strategie-Gitter wurden analysiert und in ihrem Praxisbezug aufgearbeitet.

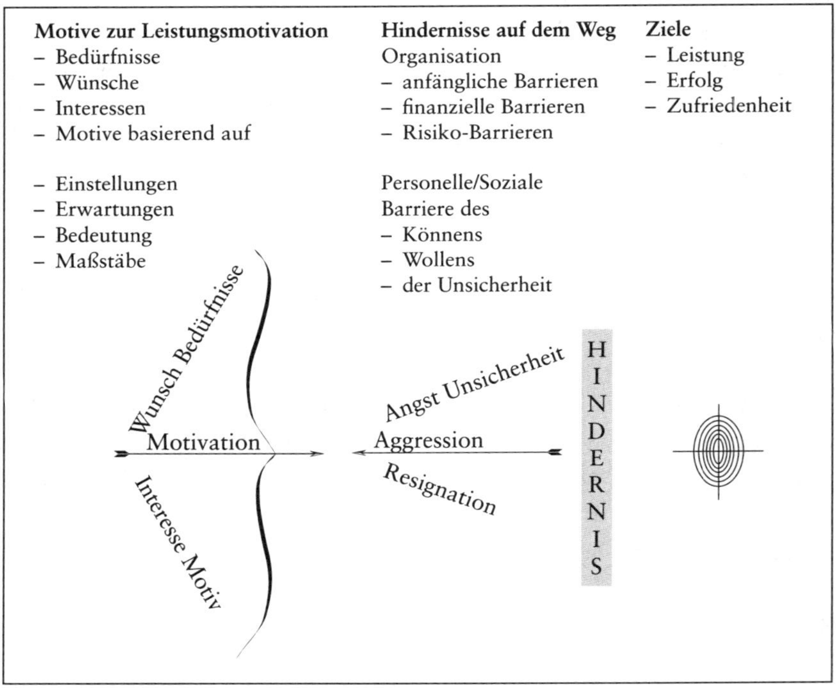

Abb. 4: Der Motivationsvorgang am Beispiel des Flitzebogenmodells
(nach C.Heidack)

Die *gemeinsame Arbeit* am Computer nach der Pause steigerte nicht nur die Eigenaktivität, sondern zeigte auch auf, daß *ungeplanter*

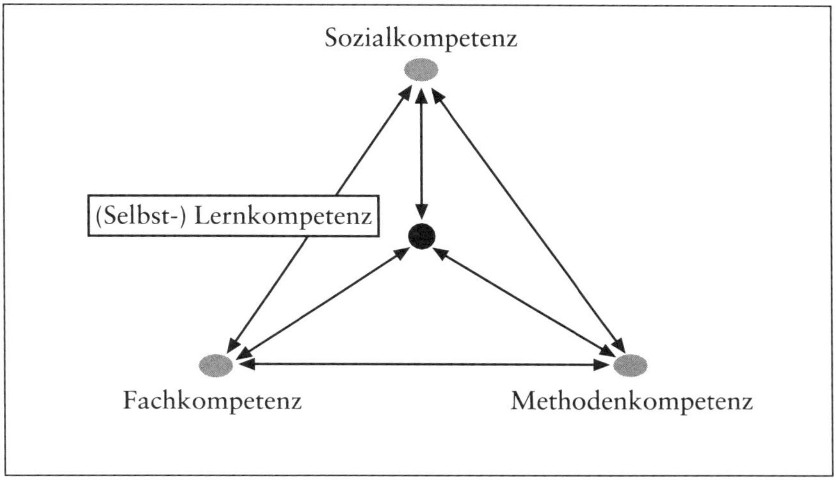

Abb. 5: Sozialkompetenz und insbesondere Selbst-Lern-Kompetenz als Grundlage der Kooperativen Selbstqualifikation

Aktivismus keine positiven Ergebnisse erbringt, und daß die Organisation im Betrieb *Koordination* und durchgängige *Zusammenarbeit* mit den anderen verlangt.

Die Arbeit mit dem PC diente, konkret betrachtet, der gemeinsamen organisatorischen Aufgabe, wie Briefe an die anderen Firmenkurse aufzusetzen und zu versenden. Interessanterweise zeigten sich in der Koordination und Kooperation der Kinder oft chaotische Züge, die die Arbeit nicht vom Fleck brachten.
So einfach und selbstverständlich es den Kindern erschien, Kommunikation mit den anderen Firmengruppen in Bochum und Braunschweig zu betreiben, so wurden doch Anfragen um *Erfahrungsaustausch* ohne direkte, fremdgesteuerte Anleitung zum selbsterfahrenen Organisationsproblem und zu einem Konflikt, der zunächst einmal positiv miteinander ausgetragen werden mußte.

Das gleiche galt für gemeinsam oder auch einzeln erstellte Grafiken (z.B. für das Protokoll), die nachgearbeitet werden mußten, oder für die Erstellung des Organigramms der Eurokits-Gruppen in ihren verschiedenen Fassungen (siehe Abb.1). Der notwendige gegenseitige Erfahrungsaustausch von Computerwissen, um Grafiken gemeinsam zu erstellen, wurde deutlich erlebt und stärkte die *soziale Selbsterfahrung und Kompetenzentwicklung* (Abb.5).

Die Einsicht in fehlende zielorientierte, vorher zu planende Zusammenarbeit wurde im Sinne der Vorgänge und Kompetenzen der kooperativen Selbstqualifikation aufgearbeitet und erlebt. Eines der Mädchen sagte in diesem Zusammenhang, selbst sehr betroffen, „Es ist schlimm und für mich traurig, daß von uns jeder einzelne weiß, wie das geht, wir es aber nicht schaffen, zusammen als Gruppe die Briefe fertigzustellen!"

Einüben und Erleben von Sozialkompetenz und Nehmen und Geben in wechselseitiger Selbststeuerung wurden im „Unterricht" hinterfragt (siehe Abb.5) und bewußt gemacht, z.B. durch Hinweise auf Zusammenhänge der Motivationsabläufe und ihrer Hindernisse, wie sie in Abb. 4 im Flitzebogenmodell dargestellt sind.

Motivation, Führung und Fördern von Human-Ressourcen wurden als besonders wichtige Probleme auch zu einem besonderen Anlaß vertiefend bearbeitet: In einem Interview für das Dritte Programm des Hessischen Rundfunks wurde mit einem Journalisten, der Psychologie studiert hatte, dieser Komplex sowohl vom Thema her dargestellt und diskutiert, als auch vom Erlebnis des eigenen aktuellen Prozesses, am Beispiel des Flitzebogenmodells (siehe Abb. 4), bezogen auf den Betrieb, erarbeitet.

Inhalte und Kenntnisse der ersten Runde konnten im *Zweiten Programm* mit einem großen Teil der weiterhin verbleibenden Kinder wiederholt und vertieft werden. Bei dem Treffen der drei Eurokits-Gruppen in Braunschweig, anläßlich der Präsentation auf der Messe „Harz und Heide", ergab sich die Möglichkeit, die bisherigen Ergebnisse zu nutzen. Die Erkenntnisse und Ereignisse des ersten Kurses wurden begeistert auf der Pinnwand und auf Folien als Grafiken dargestellt und aufgearbeitet, die Techniken der Präsentation gelernt und eingeübt und gleich sinnvoll umgesetzt.

Sicherlich spielte hier der Zufall durch die Rundfunksendung eine Rolle. Wird uns aber bei kreativem Suchen in kooperativer Selbstqualifikation und dem gemeinsamen Willen zur Innovation und der Überwindung ihrer Hindernisse und Konflikte nicht immer wieder gerade der Zufall zu neuen Ideen verhelfen?

Zum Schluß ein Hinweis zum ganzheitlichen Umfeld-Verständnis (siehe Abb.2): Erfolgreiche, soziale *Integration durch „Management Hochbegabung"* umfaßt die Hochbegabtenumfelder „Eltern/Familie", „Schule", „Wirtschaft/Unternehmen", „Freizeit". Eine wichtige Ergänzung für die Firmenkurse der hochbegabten Kinder ist die *Kompetenzentwicklung der Eltern und aller Beteiligten im Umfeld von Hochbegabten,* ein Management „Hochbegabung" für die erfolgreiche Selbststeuerung in der Gruppendynamik der genannten Umfelder. Wie bereits in Tossens im Herbst 1995 wird auch in Braunschweig 1996 ein zweieinhalbtägiges Managementseminar zur kooperativen Selbstqualifikation im Umfeld „Hochbegabung" neben der Veranstaltung der Eurokitsgruppen angeboten.